人民调解的中国样本
（乡村案例卷）

杨光照　陈　海 主编

浙江工商大学出版社
ZHEJIANG GONGSHANG UNIVERSITY PRESS

·杭州·

图书在版编目（CIP）数据

"枫桥经验"：人民调解的中国样本．乡村案例卷 ／
杨光照，陈海主编．—杭州：浙江工商大学出版社，
2023.10
　　ISBN 978-7-5178-5784-6

　　Ⅰ．①枫… Ⅱ．①杨… ②陈… Ⅲ．①民事纠纷－调
解（诉讼法）－案例－浙江 Ⅳ．① D927.550.05

中国国家版本馆 CIP 数据核字（2023）第 197631 号

"枫桥经验"：人民调解的中国样本（乡村案例卷）
"FENGQIAO JINGYAN": RENMIN TIAOJIE DE ZHONGGUO YANGBEN (XIANGCUN ANLI JUAN)
杨光照　陈　海 主编

出 品 人	郑英龙
策划编辑	张　玲
责任编辑	张　玲　王黎明
责任校对	韩新严
封面设计	观止堂＿未氓
责任印制	包建辉
出版发行	浙江工商大学出版社
	（杭州市教工路 198 号　邮政编码 310012）
	（E-mail：zjgsupress@163.com）
	（网址：http://www.zjgsupress.com）
	电话：0571-88904980，88831806（传真）
排　　版	杭州彩地电脑图文有限公司
印　　刷	杭州高腾印务有限公司
开　　本	710 mm×1000 mm　1/16
印　　张	20.5
字　　数	344 千
版 印 次	2023 年 10 月第 1 版　2023 年 10 月第 1 次印刷
书　　号	ISBN 978-7-5178-5784-6
定　　价	58.00 元

编委会

总　序

纠纷是社会生活中的常见问题，冲击、威胁着社会秩序。预防纠纷、化解纠纷是维系社会正常运转的需要，调解员的使命就是通过自己的努力，有效预防和化解纠纷。而通过选编案例的方式记录社会纠纷、反思调解过程、提高调解技巧，不仅可以引导当事人化解纠纷，教育大众更好地生活，还可以帮助有志于从事调解工作的人士学习调解技巧，成为助力广大调解员提升自我、精进业务的桥梁和渠道。《"枫桥经验"：人民调解的中国样本》呈现给读者的，就是调解工作形成的案例汇编。本丛书通过真实的案例、生动的叙事、饱满的细节，以事实的力量、语言的力量、逻辑的力量，让读者了解人民调解与基层社会治理之间的内在联系，品味"枫桥经验"的本质和精髓。在此，以作序为契机，谈谈自己对调解事业的几点认识。

一、作为一种文化，调解体现了"东方经验"中的"和合"精神

调解具有悠久的历史，是一项具有中国特色的非诉讼纠纷解决方式，被国际社会誉为化解社会矛盾的"东方经验"。通过调解的方式化解矛盾纠纷，充分体现了中国"和合"文化中的圆融通达智慧。"和"的本义为声音的相互应和，《说文》云"和，相应也"，引申为群己关系紧密，人与人之间相处和谐。"和"字具体展开，即为"和合"，涵盖社会生活的各个方面，如：家和万事兴、和气生财、政通人和、协和万邦等等。

中国传统社会重视通过调解化解矛盾纠纷，早在西周时期，青铜器铭文中已有对"调处"的记载，有"调人""胥吏"专门负责调停冲突、平

息诉讼。而《左传·郑伯克段于鄢》中也记载了颍考叔调解郑伯母子矛盾的故事：郑伯和共叔段是兄弟俩。由于母亲姜氏支持弟弟共叔段反对作为君主的哥哥郑伯，在平息共叔段的反叛后，郑伯扬言与母亲姜氏"不及黄泉，无相见也"。颍考叔向郑伯敬献贡品，郑伯赏赐颍考叔共同用餐。其间，颍考叔把菜中的肉挑拣出来，放在旁边。郑伯询问原因，颍考叔说：这些肉要带回家，让母亲品尝。郑伯深受感动，同时表达了自己对母亲的悔意。颍考叔提出，母子二人可以在地道中相见。在颍考叔的安排下，母子二人见了面，互相表达了相思之苦，最终和好如初。颍考叔可谓调解大师，不仅关切君王的生活，还具备高超的调解技巧，站在对方的立场看问题，创造性提出了化解矛盾纠纷的方案。试想，如果颍考叔不能设身处地，将自己对母亲的情感"代入"其中，又如何能够唤醒郑伯心中深埋的母子情谊？《左传》作者深入诠释了"郑伯克段于鄢"这六个字饱含的微言大义，多角度点评了这个调解案例：颍考叔将心比心，唤醒了郑伯"孝"的意识，因而值得褒扬（"颍考叔，纯孝也，爱其母，施及庄公"）；对于共叔段的反叛行为，应予以批判（"段不弟，故不言弟"）；郑伯不教育弟弟共叔段，使其酿成大祸，应受到贬斥（"称郑伯，讥失教也"）。

　　《郑伯克段于鄢》这篇文章广受后人重视，被清人吴楚材、吴调侯收入《古文观止》，广泛流传。从调解的角度解读，可以发现其中蕴含着深刻的"和合"思想。由此可见，优秀的调解案例需包含对矛盾纠纷的清晰记录，对争议焦点的准确描述，对化解策略的细致说明，对内在哲理的深入揭示，对调解效果的客观呈现，等等。此外，如果能从调解员的第三方视角对调解过程中的基本原则和变通分寸进行分析考量，对调解结果的合理性进行客观评价，那无疑对挖掘调解价值、揭示调解意蕴、丰富调解文化，具有更重要的作用。

二、作为一项事业，调解筑起维护社会稳定的"第一道防线"

　　当今世界正经历百年未有之大变局，传统性风险与现代性风险纵横交织，本土性风险与全球性风险相互叠加，如何有效化解基层矛盾纠纷，推进社会治理，已成为一项重要研究课题。基层群众自治制度是中国特色社会主义政治制度的重要内容，是基层群众参与社会治理的有效路径。"小事不出村，大事不出镇，矛盾不上交"，是"枫桥经验"化解矛盾纠纷的基本策略，也是基层群众发扬主人翁精神的重要体现。

遍布城乡的人民调解组织，既是化解矛盾纠纷的主力，也是维护社会和谐稳定的中坚力量。2022年，全国人民调解组织共开展矛盾纠纷排查667万次，调解各类矛盾纠纷892.3万件。人民调解是基层群众实现自我管理、自我教育、自我监督和自我完善的有效形式。人民调解坚持法、理、情相结合，以法为据、以理服人、以情感人，弘扬传统美德，维护公序良俗，是实现自治、法治、德治相结合的生动实践。

为了提升人民调解整体水平，《中华人民共和国人民调解法》明确规定：基层人民法院负责人民调解组织的业务指导。如诸暨市人民法院枫桥人民法庭不仅通过"四环指导法"（诉前环节普遍指导、诉时环节个别指导、诉中环节跟踪指导、诉后环节案例指导）对人民调解实行指导，还向前来起诉的原告发送《人民调解劝导书》，提醒其慎用诉权，劝导其首先选择人民调解的方式解决纠纷。对产生于互联网时代、信息时代，适合现代社会纠纷解决的"在线矛盾纠纷多元化解平台"特别予以推介，鼓励当事人选择简便、快捷、灵活和有利于关系修复的人民调解方式解决矛盾纠纷。通过人民调解的漏斗式过滤，大量民间纠纷得到及时有效调解，真正实现了矛盾纠纷的就地化解。2018年以来，枫桥人民法庭收案数量连续下降，人民调解的作用得到充分发挥。

三、作为一份工作，调解倡导当事人和平化解矛盾纠纷

首先，调解须建立在双方当事人自愿的基础之上。调解的首要任务是帮助双方平心静气地充分沟通和交流，发现彼此的共同利益，明确各自的关切重点，从而促使双方当事人产生调解纠纷的意愿，乃至强烈愿望。

其次，调解也是帮助双方当事人决策的过程，这也是最具创造性、挑战性的部分。调解需要照顾双方当事人的共同利益，并提高双方当事人的站位，实现"从非此即彼到折中认同"的认识飞跃。在调解员主持下，双方当事人谈判、协商，换位思考，发现问题症结，最大限度地挖掘多种可能性，并最终找到化解的方案，达成双方都能接受的协议。可以说，调解有利于避免信任危机，促进合作共赢；有利于坚持伦理法则，维护道德价

值；有利于通过理性和契约，增强双方当事人的幸福感。即便纠纷最终没有得到化解，通过调解程序亦能缓和双方情绪，教育当事人和平解决纠纷，这也是调解价值的体现。

最后，回访是调解的延伸，有助于及时掌握当事人的思想动态，确保矛盾纠纷化解不反弹。在调解后一个月内，调解员要通过电话、短信、微信甚至当面对当事人进行回访，询问调解效果、掌握履行情况、聆听调解评价等。回访是调解独有的程序。在回访过程中，调解员需要表达对当事人生活、工作的关心，对当事人在精神上适当予以鼓励、关怀和支持。当然，当事人对调解工作的肯定性评价，亦有助于提振调解员的信心，促使其持续改进调解工作，不断成熟、进步。

四、作为一种责任，调解有助于大众树立法治意识，维护公平正义

虽然调解追求快捷、低成本地化解矛盾纠纷，但这并不意味着"和稀泥"，忽视公平正义。在调解过程中要特别注重矛盾纠纷的依法化解、公正化解，严把事实关、证据关、程序关，注重法律效果和社会效果相统一，坚决抵制损害当事人权益或"和稀泥"式的"硬调""乱调"。在公平正义缺失的情况下，是不可能真正化解矛盾纠纷的。调解应在程序和实体上都体现公平正义。

首先，在程序上，要征得双方当事人的同意，以协商的方式解决争议。在调解前须对纠纷解决方式进行约定，签订调解申请书即表明双方存在调解意愿。倘若当事人认识不一，调解员要耐心向其说明调解的本质是协商、沟通、谈判，求同存异，达成一致。当事人对纠纷解决方式有最终的决定权，调解员引导当事人做出最佳选择。

其次，在实体上，如何解决争议，以什么条件解决争议，达成什么样的协议，应当是双方当事人协商的结果，不得违背当事人意愿。在调解过程中，调解员要注意引导当事人换位思考，综合考量利益、友谊、情感、安全等价值，坚持整体原则，杜绝简单化、极端化。要用发展的眼光看问题，给对方留下机会，给自己留有余地。合法是调解的基础，要把法律法规作为调解纠纷的主要依据，并尊重善良风俗。调解达成的协议要合情、

合理、合法。

最后，调解就是教育当事人诚信、守法的过程。有了调解经历，双方当事人将明白法律的权威、感情的珍贵、友情的重要，珍惜和睦的生活和社会关系。当其再次面对矛盾纠纷时，能寻求理性、平和的方式予以化解。

总之，调解是社会治理的重要内容，是矛盾纠纷多元化解机制的重要组成部分，是践行基层群众自治制度、加强行业治理的有效途径。赏识调解事业，才能更好推动其发展完善。《"枫桥经验"：人民调解的中国样本》总结、提炼了在"枫桥经验"指引下人民调解实践的典型经验和做法，立体化地介绍了人民调解工作，承载了坚持发展新时代"枫桥经验"的使命担当，是学习、践行新时代"枫桥经验"的重要参考资料，更是呈现人民调解事业的五彩画卷。衷心希望本丛书的出版发行，为公众提供了解人民调解事业的特殊窗口，为人民调解事业研究提供基础的史料，也为人民调解员学习掌握调解技能提供丰富的素材。

是为序。

西北政法大学教授、全国人民调解专家
浙江大学新时代枫桥经验研究院执行院长

2023 年 5 月 30 日于诸暨

序

　　枫桥是一方神圣的土地，历史悠久，人文荟萃，俊贤辈出，王冕、杨维桢、陈洪绶更是中国文化史上矗立的三座丰碑，被誉为"枫桥三贤"。

　　枫桥水土养育了一方人，枫桥人民创造了"枫桥经验"。20 世纪 60 年代初，在毛泽东思想指引下，枫桥的干部群众创造了依靠群众，通过说理斗争，把绝大多数"四类分子"就地改造成为对社会主义建设有用的新人，做到捕人少，治安好，矛盾不上交。被毛泽东同志称为"矛盾不上交"的"枫桥经验"经批示在全国学习推广，成为我国公安政法战线的一面旗帜。2003 年以后，特别是自党的十八大以来，在习近平新时代中国特色社会主义思想的孕育下，"枫桥经验"不断创新发展，形成了"矛盾不上交、平安不出事、服务不缺位"的新时代"枫桥经验"。新时代"枫桥经验"成为创新基层社会治理、促进社会平安和谐的重要法宝，成为党领导人民推进国家治理体系和治理能力现代化的重大经验。

　　一代又一代的枫桥人，不忘初心，与时俱进，代代相传，使"枫桥经验"始终走在时代前列。枫桥人民在"枫桥经验"的长期实践中形成了以"敢为人先、勇立潮头的创造精神，以民为本、春风化雨的和合精神，就地解决、舍我其谁的担当精神"为基本内容的"枫桥精神"。在坚持发展和创新"枫桥经验"的实践当中，涌现出以陈友堂、梁焕木等为代表的一大批先进模范人物，而杨光照同志更是当今时代的杰出代表。

　　杨光照同志是我很敬重的一位老同事，是 20 世纪 90 年代后期践行"枫桥经验"中涌现出来的先进典型。调处纠纷、化解矛盾是"枫桥经验"产生发展的一条主线，也是新时代"枫桥经验"的核心要义和基本任务。杨光照同志从部队转业到枫桥派出所从警24年，长期扎根基层调处纠纷、化解矛盾。退休后，他仍"退休不退岗、退休不褪色"，成立了"老杨调解中心"，继续从事各类矛盾纠纷的调解工作。几十年来，杨光照同志积累了150多本调解工作日记，记录了近3万个调解案例，这次出版的《"枫桥经验"：人民调解的中国样本（乡村案例卷）》选取了其中的74个典型案例。它凝聚了杨光照同志几十年来的心血和智慧，倾注了其对人民的真情和大爱，谱写了其践行"枫桥经验"的辉煌人生。在工作实践中，杨光照同志创立了"调解八法"，化解了大量的矛盾纠纷，使一个个家庭重归于好、邻里关系和睦如初，使一起起纠纷得到圆满调处、矛盾冲突得到有效化解，维护了群众的合法权益，促进了社会的平安和谐。2018年，杨光照同志被司法部选聘为全国人民调解专家，获得"CCTV 2018年度十大法治人物"的荣誉称号。杨光照同志是全国百万警员队伍中的先进代表，是全国千万调解员队伍中的时代楷模。

党的二十大报告提出，在社会基层坚持和发展新时代"枫桥经验"。这本书的编辑出版为我们坚持和发展新时代"枫桥经验"，预防和化解矛盾提供了生动鲜活的案例，为基层党员干部及从事调解工作的同志提供了一本好的读本。我们要弘扬杨光照同志的精神，学习、借鉴他化解矛盾纠纷的好方法，在社会基层坚持和发展新时代"枫桥经验"的实践当中不断结出丰硕成果。

浙江省新时代枫桥经验研究院院长　金伯中

2022 年 11 月 22 日

目　录

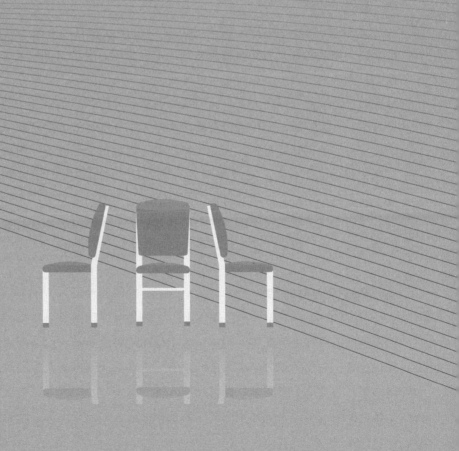

第一章

赡养纠纷调解案例

SHANYANG JIUFEN TIAOJIE ANLI

兄弟相争闹矛盾　父母赡养起纠葛

◈ 案情简介

　　大军与小军兄弟两人，早年因为家产分配问题有过争执。近年随着父母年事渐高，兄弟两人又为父母赡养问题产生了分歧。由于父母常年居住在哥哥大军家里，大军提出弟弟小军应与自己轮流照顾父母的生活。弟弟小军认为：平时父母说话、做事处处偏向大军，而且数年前家产分配存在不公平问题，过于偏向哥哥大军；分家以后，父母还经常给予哥哥大军一些经济上的照顾，反倒是自己从未在父母那里得到过帮助。为此小军心里一直觉得父母没有一碗水端平，故拒绝照顾父母的晚年生活。2019年9月的某一天，小军与大军因为两家围墙问题发生了口角，小军一怒之下将哥哥大军家浴室的玻璃门砸碎了，为此兄弟间纠纷扩大，矛盾激化，虽然村干部多次上门劝和调解，但两家都不肯认输。为了避免事态进一步扩大，村里把此案件移送老杨调解中心进行调解。

◈ 调解过程及结果

　　2019年12月上旬，老杨调解中心受理此案。调解员先是会同村干部对两户人家的纠纷原因进行调查，对小军故意损坏哥哥家的浴室门及两家围墙问题进行探讨分析，并预约双方当事人进行调解。但这一次当事人大军因故缺席，调解无果而终。为全面了解案情，调解员深入村"两委"、周围邻居再次开展调查走访工作，发现大军、小军兄弟俩的矛盾累积已久，早前村干部、亲戚等就已多次进行协调，但均未成功。根据这些信息，调解员判断本案的关键在于小军对父母有心结，于是决定采取背靠背的方法进行调解。调解员先上门与大军、小军的父母进行了交谈。一进门，调解员看到老人的居住环境干净整洁，就说："大哥大嫂，你们居住的房子比城里的好多了呢。"老父亲听了调解员的话，乐呵呵地回答："现在生活条件好，农村城里一个样的。"调解员说："就是啊，现在条件好了，凡事要以身体健康、家庭和睦为重。今天我们来的目的就是想了解一下情况，弄清你们两个儿子闹矛盾的根源，商量一下如何解决。"通过唠家常的方式，调解员立马拉近了与老人的距离。在交谈中，两位老人显然对大军更为认可，觉得大军要比小军孝顺，同时也承认，原先大军的经济情况比小军差，为了让两个儿子都能过得好一些，所以分家时的确有所偏向，没想到小军因此心存芥蒂。听完当事人父母的陈述后，调解员劝诫他们要转变观念，对两个儿子都要认可，手心手背都是肉，只有兄弟和睦才能解决养老问题。

摸清大军、小军父母的想法后，老杨调解中心想方设法继续联系各方力量做当事人父母的工作。既坚持原则，又释法说理。经过村干部的多次上门谈话和亲戚们的疏导、规劝，大军、小军父母终于想通了。两位老人表示，今后一定会一视同仁，毕竟都是自己的孩子。

另外，兄弟两人也表示愿意参加调解。根据当事人的申请，村调委会于2019年12月下旬再次组织村镇所联动调解，调解采用背面结合的方法。调解员根据梳理出来的矛盾关键点，决定首先从扭转小军的思想认识方面入手，在与小军交谈中注重叙家常、讲情理，向其讲述父母生儿育女的艰辛与不易，然后就纠纷中涉及的法律问题进行释法说理，明确赡养父母乃每个子女应尽的法定义务。调解员指出，《中华人民共和国老年人权益保障法》第十四条规定："赡养人（老年人的子女以及其他依法负有赡养义务的人）应当履行对老年人经济上供养、生活上照料和精神上慰藉的义务，照顾老年人的特殊需要。"父母对个人财产享有充分的自主分配权，不管是出售还是赠予，子女都无权干涉。即便子女感觉父母偏心、财产分配不公，也不得以此为由拒绝履行赡养父母的法定义务。通过调解员入情入理的开导，小军终于认识到自己的过错，明白为人子女的责任，并主动提出修复哥哥家的浴室门，为自己之前的冲动之举向哥哥大军道歉。而大军在村干部反复劝导下，态度也有所缓和，同意将浴室移位，两家围墙问题得以解决。经过调解们的不懈努力，双方达成调解共识：（1）小军负责修复浴室，浴室移位由小军补贴误工费 200 元；（2）父母赡养费于 2020 年 1 月起由兄弟二人各半分担，父母生病时将由兄弟二人轮流负责照顾看护。

◈ 案例点评

农村有句俗话："树大分权，儿大分家。"在分家过程中，有些子女往往因财产分配不均发生矛盾，并把矛盾的根源归结到父母身上，通过赌气不赡养父母的方式来报复他们对某个子女的偏爱。"百善孝为先"，敬老、养老、助老是中华民族的传统美德。当成年子女不履行赡养义务时，没有劳动能力或者生活困难的父母有权利要求子女给付赡养费。赡养费标准还应当根据父母的实际生活需要和子女的实际负担能力酌情确定，但不能低于当地的最低生活标准。调解员在接手此类纠纷调解时，一定要弄清事情的来龙去脉，耐心听取双方诉求，打好亲情牌，使调解能顺利进行。本案中，因父母偏爱一方，兄弟之间产生了隔阂，继而引发父母赡养纠纷。处理此类案件的关键是要从亲情感化入手，要善于以亲情为催化剂，消除家人间的隔阂。一旦当事人认识到亲情的可贵，便可成功寻到调解的突破口，从而有效化解家庭内部矛盾。此外，调解员还援引相关法律条例，始终站在第三方的立场上，客观、公正地分析问题，找出争议焦点，逐步缩小矛盾各方的分歧，从而达到事半功倍的效果。在该纠纷的调解过程中，调解员还注重情理交融，让三方相互体谅，换位思考，进而慢慢打开了当事人的心扉，最终促成了调解协议的达成，维护了家庭和谐与社会稳定。

（注：2021 年 1 月 1 日起，《中华人民共和国民法典》正式施行，婚姻法、继承法、民法通则、收养法、担保法、合同法、物权法、侵权责任法、民法总则同时废止。）

（老杨调解中心）

王老师家烦心事　上门调处解忧愁

◈ **案情简介**

　　退休教师王老师夫妇育有子女四人，长子王某桂、次子王某元、长女王某萍、次女王某平都已成家立业。几年前，王老师夫妇就为自身养老问题召集子女做过协商，兄弟姐妹最后达成共识：王老师夫妇居住在小儿子王某元家；王老师每月从退休金中支取 4500 元给小儿子王某元，作为夫妻二人的生活护理费、养老费；结余的存款 15 万元由王老师自己保管，如果以后两位老人失去自理能力需要请人陪护，经四兄妹认可，可从这笔存款中支取相关费用。时间过去了三年，王老师夫妇年高体弱，日常生活已经不能自理，需要请护工来照顾生活起居，因此日常开支骤增，原先每月的 4500 元已远远不够用。因此，王某元认为其他兄弟姐妹应该和他一起承担父母的护工费用。如果继续由他独自承担，那么父母的 15 万元存款应由他全权处理。而王某桂、王某萍、王某平认为之前大家已经达成共识，而且父母都有退休金，不应再由他们来承担父母的护工费用。另外，父母的存款百年后兄弟姐妹都有权利享受。父母的 15 万元存款的使用，需要经过兄弟姐妹认可。为此，兄弟姐妹四人产生分歧，发生纠纷。次子王某元一气之下坚决要求解除护理赡养协议，并表示如果要他继续照顾父母，那就必须满足他提出的条件。王老师夫妇感到十分为难，只好来到老杨调解中心申请调解。

◎ 调解过程及结果

老杨调解中心受理后，及时组织当事人王家四兄妹及村干部、镇退管会工作人员到村调解室参与调解。调解过程中因兄弟姐妹之间分歧较大，现场争吵不断。又因为被赡养人王老师住院不能到现场参与调解，此次调解无法直接反映王老师本人居家养老的意愿，对于支付赡养费用的具体内容和金额也无法达成一致，调解工作无法继续进行下去。

为充分征求各方当事人意见，达成王老师夫妻居家养老的意愿，调解组觉得王老师最好能先出院，亲临现场，参与调解。为使调解客观公正，符合被赡养人的意愿，调解组及村干部专程到王老师的居所征求赡养意见。看到调解组同志上门，王老师流下了激动的眼泪，调解员连忙握住王老师的手说："王老师，千万不要多想，身体要紧，您有什么想法和要求，可以慢慢说，不要着急。"平复情绪后，王老师表示，夫妻二人选择仍在小儿子王某元家居住养老，并承诺只要王某元为他们养老送终，就把所有的养老金、退休金及现有存款（共计15万元，含出借款6万元）全部交予王某元。另外，在原先4500元的基础上，每月再从王老师的退休金中支出1000元，作为王老师夫妻二人的零用钱。王老师夫妻的生活、养老护理、医疗、送终均由次子王某元负责，其余兄弟姐妹则应尽自己的孝心和义务，关心和照顾父母的晚年生活。

弄清王老师夫妻的诉求后，调解员再次组织村干部、镇退管会工作人员及当事人在村调解室进行调解。调解员不仅从道德伦理的层面对王老师的子女进行思想教育，还从法律层面进行释法说理，指出敬老是子女的担当和义务。经过调解员苦口婆心的教育和规劝，子女们最终达成共识，表示尊重父母意愿，由次子王某元夫妇负责王老师夫妻的晚年赡养、护理送终。亲人之间达成共识并自愿签订协议，王老师夫妻的养老问题落到了实处。王老师夫妻的烦心事终于画上了句号。

◎ 案例点评

多子女引发的赡养纠纷，往往源于各子女家庭经济状况不同、生活方式不同，对赡养的认识也就不同，这致使他们无法对父母赡养问题达成统一意见。调解此类赡养纠纷时，调解员可召集所有子女开家庭座谈会，或进行个别谈心，让子女认识到赡养是一项法定义务，纠正那种子女之间平均分摊的错误思想。条件好的多负担，条件差的少负担，有钱的多出钱，有力的多出力。家和万事兴，家人之间的亲情是任何物质或别的感情所代替不了的。在农村，赡养纠纷是一种比较常见的家庭纠纷，通常涉及父母与子女之间的关系。在调解赡养纠纷时，调解员需要充分了解家庭成员之间的关系和背景，同时，还要考虑他们各自的经济条件和公平性等因素。最好的解决方法是通过沟通和适当让步，确保家庭成员之间的关系和谐。

（老杨调解中心）

六兄妹拒养老母　调解员施策帮忙

◈ 案情简介

　　周老太辛辛苦苦养育了四个儿子、两个女儿。到了晚年，周老太虽尚有生活自理能力，但终究年高体弱，看病就医的情况常有发生，日常开销较大，生活变得较为困难。早年因家庭土地分割问题，兄弟之间发生了纠纷，进而造成当前对老母亲的赡养问题互相推诿、互不关心的状况。因为生活困难，周老太曾多次求助儿女，希望他们能帮助解决，但都没有结果。周老太只得把情况诉于村"两委"、村调委会，期待他们能出面协调，解决她的赡养问题。面对周老太的合理诉求，村干部、村调委会自然义不容辞，多次上门劝导、协调，但周家兄弟姐妹各执己见，相互推脱，特别是四个儿子因为之前土地分割的矛盾，对调解工作极不配合。调解由此陷入困境。为了使周老太能安度晚年，村调委会将周老太的赡养纠纷案件移送枫桥镇联合调解中心进行调解。

◈ 调解过程及结果

　　2020年3月某日，枫桥镇联合调解中心受理此案后，及时与村"两委"、村调委会、村辅警对接沟通，分析案情，制订调解方案，落实调解措施。为了顺利达到调解目的，枫桥镇联合调解中心还对本纠纷涉及的土地分割问题做另案调解。因为土地所有权属村集体所有，土地问题便交由村"两委"落实，让兄弟分割使用。至于老母亲周老太的赡养照顾问题，则由枫桥镇联合调解中心协调处理。

为调解好这起纠纷，调解员采用背靠背的调解方法，进行综合分析、分步实施、定人定责、单线联系，各个击破后及时汇总，尤其是对重点人员（四个儿子），落实主攻。调解员和村干部约兄弟四人到村调解室进行谈话。调解员有意无意地和他们拉起了家常，原先有抵触情绪的兄弟四人态度开始缓和。调解员适时转入正题，语重心长地说道："你们有没有想过，自己也有子女了，现在不尽心孝敬父母，自己的孩子看到后有样学样，今后也会这么对待你们。不管什么原因，对老人不管不顾，不进行赡养，于情于理于法都是说不过去的。所以要对父母多一点关心和理解，给孩子树立一个良好的榜样。"

此外，调解员还根据《中华人民共和国婚姻法》第二十一条、《中华人民共和国老年人权益保障法》第十四条第一款及第十九条进行释法说理。面对调解员的耐心劝导，兄弟四人虽然态度上有所转变，但还是强调各自在分家时所遭受的不公，坚持谁得好处谁就应给母亲养老送终，至少要多分担些。调解员看到兄弟四人口风有所松动，又了解到兄弟四人平时和镇上开店的陈老板关系都比较好，就主动联系陈老板，说明情况并邀请他参与调解工作。

在调解员及调解志愿者陈老板反复开解下，在孝道伦理、社会公德的感召下，六兄妹终于达成敬老共识：老母亲由四兄弟从大到小按月轮流照顾，直至老母亲寿终；赡养费在每人每年600元的基础上增至每人每年1000元，大米每月30斤由兄弟四人平均分担；若母亲生病住院则由兄弟姐妹六人轮流陪护，医药费用由四兄弟平均分摊；母亲寿终丧葬费用由四兄弟平均分摊。在调解员们的共同努力下，六兄妹自愿签订协议，老母亲周老太的赡养问题终于得到了落实，实现了老有所养、老有所依、老有所居的愿望。

◈ 案例点评

农村老年人受经济条件限制在晚年生活上会面临许多困境。在经济来源上，大部分农村老年人主要依靠的是务农收入或微薄的养老金。虽然农村物价水平较低，上述收入可以支撑老年人日常生活花销，但是因年龄增长产生的病痛，使老年人在医疗上支出增加。高昂的医疗费用往往成为他们生活中不能承受之重。如今，中国正快速步入老龄化社会，赡养纠纷已成为农村家庭纠纷的重要内容之一。家庭纠纷本身的特征加上农村老年人根深蒂固的"厌讼"情绪，使农村老年人在矛盾产生初期，往往选择隐忍不发，只有在矛盾累积到难以解决时，才会向外界寻求帮助。老年人在遇到子女拒绝赡养的情况时，要勇于拿起法律武器，维护自身合法权益，更要敢于发声，寻求帮助，通过依法调解化解矛盾纠纷。本案例的成功调处，充分体现了"人民调解为人民"的宗旨。调解员采取合情合理的手段，借助社会力量，依法依规进行调解，不厌其烦，唤回良知，感召亲情，这也体现了人民调解员的敬业精神。

（枫桥镇联合调解中心）

母女隔阂难奉养　解开心结亲如故

◈ 案情简介

吴老太养育了两个女儿，大女儿大凤招女婿入赘，小女儿小凤出嫁到外镇。吴老太平时就和大女儿一家生活在一起。吴老太一生勤俭持家，为人聪明能干，但个性较强，可谓是"眼里容不下一粒沙子"。久而久之，吴老太与大女儿大凤在日常生活中常会因为一些琐事发生摩擦。只要碰到不合她心意的事，吴老太就会向小女儿小凤诉说心中的不满和委屈，并多次表达了不愿和大女儿一家一起生活，宁愿一个人居住的想法。为此，小凤经常质问大凤，指责她对母亲不孝顺。对于小凤的责备和不理解，大凤感到十分难过，她告诉小凤，如果母亲真的觉得委屈，可以去小凤家养老。于是，两个女儿经常就此事发生口角，而且吴老太和大女儿大凤的关系也越闹越僵。为落实好母亲吴老太晚年的居家养老问题，小女儿小凤向村干部反映情况，并申请调处。虽然村干部多次前往调解，但因为涉及吴老太财产分割问题，事情进展并不顺利。为使老母亲老有所养、老有所依、老有所居，小女儿小凤在村干部的建议下，转而求助枫桥镇联合调解中心。

◈ 调解过程及结果

枫桥镇联合调解中心受理后，召集双方当事人及村干部、枫桥镇孝德文化协会会长到枫桥镇联合调解中心参与调解。调解组首先耐心倾听了当事人的陈述，弄清各方的诉求。在调解现场，枫桥镇孝德文化协会楼会长给吴老太泡了一杯清香的菊花茶，并请她就座。调解员顺势说道："老大姐，我看你的气色真好，看来女儿们对你是孝顺的，像我们这种年纪，身体健康就是自己的福气，当然也是儿女们的福气。今天你对两个女儿有什么想法和要求，可以提出来商量。"在调解员的劝导下，吴老太敞开了心扉，开始诉说自己的要求和想法。吴老太坦言本来招了上门女婿，她就应在大女儿处居住养老，但由于目前住得不是很舒心，她想搬出去一个人生活，等以后生活不能自理了再另作打算。她主张晚年生活费用由姐妹共同承担（姐妹每人每月支付生活费200元），自留地及老宅一间可归大女儿所有。听完吴老太的诉求，调解员又分别征求两个女儿的想法和建议。大女儿大凤主张老母亲赡养费用姐妹各承担一半，自留地及老宅归她所有，老母亲百年后治丧费用姐妹各承担一半。小女儿小凤认为如果老母亲赡养、生活、护理及百年后治丧所产生的费用均各半承担，那么老母亲百年后她的财产也应各半继承，否则老母亲晚年的所有赡养事项应由得益一方承担。基于方便吴老太生活的原则，调解员对各方的诉求做了综合分析，运用法、理、情对两个女儿进行疏导教育，明确各方应承担的责任和义务。考虑到吴老太年事已高，身边需要人照顾，调解员便建议吴老太选择一方一起居住，方便照料。大女儿大凤强调母亲吴老太的个性脾气实在太让人受不了，最好不要跟她一起居住生活了。调解员又劝导大凤，在日常生活中要本着一颗孝心，对母亲多一些忍让。调解员对大女儿大凤说："家人之间要相互包容和信任，有争执要积极化解，不要任由矛盾僵持。"调解员强调，子女对父母有赡养的义务，毕竟父母养育了我们，等他们老了之后，我们也应该尽心尽力地去照顾他们。子女对父母的"孝"，不仅仅是物质上的照料，还有精神上的陪伴，要尽可能做到"顺"老人的心思。经过调解员悉心劝解，当事人不再坚持己见。调解员趁热打铁，采取背靠背方法，从亲情角度分别与各当事人进行交流，劝说吴老太放下之前种种，以后遇事尽可能多交流，母女之间没有隔夜仇，有些事情说开了就好了。调解员又继续开导大女儿大凤，解开她的心结，指出崇尚"孝道"是我国传统美德，作为女儿要多理解、体谅老母亲，多嘘寒问暖，发自内心地孝顺母亲，让老母亲觉得老有所依。此外，调解员还建议两个女儿都以每月提供生活补助的方式照顾母亲。

在调解员不厌其烦的劝导下，母女三人最终捐弃前嫌，和好如初。三人自愿达成调解共识：由大女儿大凤负责吴老太的赡养及提供生活补助，本村的老宅和自留地归大女儿大凤所有；小女儿小凤对母亲应尽自己孝心，给予合理照顾，并且有权监督和落实老母亲的赡养问题。此起赡养与财产继承纠纷经调解员悉心调解，母女三人拆除了心墙，重归于好。

◈ 案例点评

农村赡养纠纷产生的原因多样，表现的形式也各异，但此类纠纷归根结底是发生在家庭内部、围绕当事人的身份关系所产生的财产和情感上的矛盾。解决此类纠纷并不仅仅是做出"裁决"，更多的是为了化解矛盾、消除对立、弥合关系。因此，调解这类赡养纠纷的关键在于从根源上解决矛盾纠纷，使当事人切切实实从矛盾状态中抽离出来。要把化解家庭矛盾、弥合受损家庭关系作为调解工作的价值追求。本案通过调解员的不懈努力，最大限度地修复了老人与子女之间的关系，让老人老有所养、老有所依、老有所居，安享晚年。

（枫桥镇联合调解中心）

父亲赌博儿拒养　改邪归正拾亲情

◈ 案情简介

老楼与儿子小楼为赡养费常常发生争吵。事情的起因是老楼平时开支不够节制，除大手大脚比较浪费外，还经常参与"小搞搞"（赌博），不知不觉中欠下了数万元赌债。对此，老楼毫无愧意，不仅生活开支上未见半点节约，还要求儿子小楼出面帮其偿还赌债。对于父亲的这一无理要求，儿子小楼断然拒绝，并在一气之下拒绝再支付父亲的赡养费。父子俩为赡养费与债务问题发生激烈争执。老楼怒斥儿子不孝，为这点事儿就把老父亲丢一边不管不顾。小楼又气又恼，觉得老楼简直不可理喻，打定主意这次决不妥协。老楼又气又恼，为了解决老年赡养问题及债务偿还问题，只好到枫桥镇联合调解中心，请求其介入调解。

◈ 调解过程及结果

枫桥镇联合调解中心接到当事人求助后，及时受理。调解员约儿子小楼及其妻子到枫桥镇联合调解中心面谈。经过一番交流，调解员弄清了父子之间存在的主要分歧。原来老楼一直喜欢"小搞搞"，经常把儿子给的赡养费用于赌博，这次居然还欠下了 20000 余元赌债。小楼气愤地表示：自己平时工作很忙，赚点钱也不容易，父亲老楼非但不体谅自己，还尽给自己添乱。每个人都要为自己的行为买单。这次的赌债，自己无论如何是不会替父亲偿还的。调解员了解情况后，认为小楼拒付父亲赡养费确实是事出有因，自己表示理解，但并不认同。调解员严肃地对小楼说："赡养父亲是你应当承担的义务，不能用任何理由来推卸自己作为子女的责任。再说，谁又不犯错呢？小时候你犯了错，父母是丢下你不管了呢，还是好好教导，给你机会去改正？所以，换个位置想一想，父母终究是父母，若有不当的行为，子女该劝导还是要劝导，但是要多一点耐心，而不是像现在这样对其不管不顾。"接着，调解员又表示，参与赌博是违法行为，所以老楼要求儿子小楼代还赌债的请求肯定是不予以支持的，下次自己见到老楼也会对其进行批评教育。小楼听了调解员这番合情合理的劝解后，内心有所触动，态度上有了转变。

过了一天，调解员再次将父子双方约到枫桥镇联合调解中心，进行面对面调解。一方面，调解员对老楼提出的解决晚年赡养问题的请求表示支持，指出儿子、儿媳理应给予其合理的生活保障，除了每月应支付给老楼一笔生活费外，如果老楼生病住院了，儿子、儿媳应该照顾他并且支付相关费用。另一方面，调解员对老楼参与赌博的违法违规行为，做出了严肃的批评教育，并对其要求儿子小楼支付赌债的请求不予以支持。在调解员拉家常式的规劝下，老楼也认识到"小搞搞"的行为要不得，答应以后再也不参与任何形式的赌博活动了，至于之前欠下的赌债也会尽可能自己偿还。

经过调解员面对面的反复协调、劝和，双方的态度都发生了明显的转变。最后父子双方达成调解共识：儿子小楼每月支付 500 元生活费给老楼；老楼所欠的赌债，原则上由老楼本人自行承担；以后老楼生病住院产生的费用及生活护理费用均由儿子小楼承担。父子双方自愿签下了调解协议书，这起由父亲赌博引发的赡养纠纷，终于顺利地画上了句号。

◈ 案例点评

有些农村老年人文化程度不高，平时也没什么娱乐活动，就连城市老年人酷爱的广场舞都离他们很遥远。玩牌、赌钱几乎就是他们日常的娱乐消遣。因此，这些农村老年人不仅冬季窝在屋里玩牌，就连农忙时节都会"见缝插针"，在干农活的间歇赌上几把。老年人喜欢玩牌、打麻将，本是图个乐子，但总有人想"加点料"，想玩得更刺激些。于是，玩牌、打麻将慢慢变成了赌博，老年人常常因此既输钱又伤身、伤心，所以赌博行为对老年人的危害很大。本案中的老楼就是因为所谓的"小搞搞"，欠下了数万元赌债，弄得父子差点反目成仇。但小楼以老楼喜欢"小搞搞"并欠下赌债为由，拒绝尽赡养扶助的义务，也是法律所不允许的。子女应报父母恩，父母应恤儿女情，这样才能共同营造和谐幸福的家园。另外，我们也要注意到，在农村受"吃饱穿暖万事不愁"的传统思想的影响，子女并不太关注老年人的精神需求。老年人因为缺乏子女的陪伴和关怀参与"小搞搞"活动的也并不少见，因此作为子女还需要在日常生活中尽可能做到多关心多陪伴父母亲。总之，农村赡养问题是一个复杂的问题，需要我们以家庭和睦为前提，以亲情为纽带，以法律为准绳，以调解为手段，尽可能避免矛盾和纠纷的发生。同时，我们也应该弘扬传统美德，让家庭成员更加团结和睦，让老年人得到更好的照顾和关爱。

（枫桥镇联合调解中心）

赡养变更起争议　联合调解化矛盾

◈ 案情简介

退休教师黄老师因病于 2021 年 1 月亡故。早在 2020 年，黄老师一家就签订家庭协议，协议商定：黄老师夫妇晚年随小儿子阿江生活，并由小儿子阿江养老送终；黄老师夫妇的 9 万元存款及黄老师的退休金全额归小儿子支配使用。黄老师病故后，其妻黄师母由于种种原因后悔原先所签的家庭协议，要求变更赡养人，表示要跟随大儿子阿军生活。为此，大儿子阿军与小儿子阿江为父母的存款与政府发放的抚恤金归属问题发生了争执。大儿子阿军要求将父母的 9 万元存款及抚恤金全额转给他。小儿子阿江认为抚恤金归阿军是可以的，但之前父亲治病、办丧事等，自己一人已用去了 10 余万元，所以只同意将 9 万元存款的一半付给阿军做母亲的生活费。双方的诉求难以达成一致，兄弟之间为此发生激烈争吵，虽经村干部出面协调，但都没有结果。因此双方当事人请求老杨调解中心介入调解。

◈ 调解过程及结果

老杨调解中心接到双方当事人的求助后，及时受理，并约双方当事人及村干部于 3 日后到村调解室进行调解。调解员采用面对面的调解方法，首先倾听了黄师母本人的意愿，让黄师母自行选择到某个儿子家里居家养老，共同生活。然后又倾听阿军、阿江兄弟俩对此的意见。对于黄师母选择到大儿子阿军家养老，兄弟双方都表示尊重母亲的选择。在黄师母养老生活费的分配落实问题上，兄弟双方对抚恤金的归属也没有异议，但对 9 万元存款的分配争议依旧较大。大儿子阿军认为，父亲已经故去，这 9 万元理应归母亲所有，因此必须全额转给母亲做养老生活费。小儿子阿江认为原先签有家庭协议，商定父母晚年跟随自己生活，由自己养老送终，9 万元存款归自己支配使用。父亲生前住院时都是自己在照顾，病故后他的丧事也是自己在操办。9 万元存款，父母各分一半，因此最多只付一半作为母亲的养老生活费。调解现场两人互不相让，恶言相加，冲突进一步激化。眼看局面即将失控，调解工作难以为继，为稳住双方情绪，调解员及时请来了两位娘舅，采用背靠背的调解方法，由他们先分别做好兄弟两人的安抚工作，等他们冷静下来，再重回调解室面对面协商赡养问题。经过讨论，调解员和两个娘舅认为要解决纠纷，关键在于转变小儿子阿江的认识。调解员和两个娘舅决定一起做小儿子阿江的思想工作。调解员首先肯定了他前期对黄老师夫妻的细心照顾，表示他的孝心大家都是认可的，然后又劝说道："母亲现在选择到阿军家养老，以后的所有赡养费用都由阿军一人承担，因此能否出于亲情和孝心考虑，将 9 万元存款全额转给阿军。你和阿军是亲兄弟，血浓于水，你们的亲情是永远无法割断的。再说，一直这么闹下去，对你们的母亲也是一种煎熬。不如退一步，让老母亲安安心心过好晚年生活，这就是最大的孝。"阿江默默地听完调解员的劝说，声音有些哽咽地说道："钱的事都是小事，只要我母亲心里舒服，能健健康康过好晚年生活就行，这比什么都重要！"在调解员的反复劝导下，受亲情的感召，小儿子阿江的态度发生了改变，他表示愿意接受调解员的建议。阿军也对弟弟阿江这么多年对父母的细心照顾表示认可，表示自己今后也会尽心竭力把母亲照顾好的。兄弟两人握手言和，最终达成调解共识：母亲黄师母由大儿子阿军赡养，随阿军共同生活直到寿终；存款 9 万元全额转付给大儿子阿军；父亲黄老师亡故后，政府发放的抚恤金也归大儿子阿军支配使用。此纠纷在长辈、亲属的见证下，村镇所联动协调下，就地得到了化解，达到案结事了的良好效果，兄弟两人的关系也重归和睦。

◈ 案例点评

农村赡养纠纷归根结底是发生在家庭内部的，即使双方当事人之间存在这样或那样的矛盾，也不可能磨灭掉亲情与恩情。此案中调解员充分强调、渲染了这一点，用亲情感化当事人，使兄弟两人从内心认识到父母对自己的财产拥有完全自由的处分权。调解员在调解中坚持道德感化，在化解矛盾的同时，还注重修复家庭成员间的情感裂痕，使得案结事了后，亲人间也能重归和睦。道德与法律是调整社会关系的两大规范，道德是最高标准的法律，法律是最低限度的道德，道德感化有时能起到比说理说法更大的作用。在调解这起多子女诱发的赡养纠纷时，调解员围绕双方当事人所产生的财产和情感上的矛盾，依靠各种社会力量，综合运用各种方法解决纠纷，真正做到"小事不出村，大事不出镇，矛盾不上交"。

（老杨调解中心）

一桩官司伤亲情　人民调解促和谐

◈ 案情简介

老黄夫妇育有两个儿子和两个女儿。因家庭琐事，家人之间时常发生纠葛纷争，并随着时间的推移，矛盾逐渐激化。对于老黄夫妇的赡养问题，子女之间相互"踢皮球"，拒不履行赡养义务。都说"养儿防老"，老黄夫妇没想到自己育有四个子女，到头来竟然无人愿意给自己养老。两位老人的晚年安养问题，虽经村干部多次协调，但均无结果。老黄夫妇为使自己的晚年生活有保障，迫于无奈于 2015 年上半年诉于诸暨市人民法院枫桥人民法庭。法院受理后进行审议并判决：黄家兄弟俩各自按当年浙江省农村居民人均消费支出标准的 35% 支付赡养费，黄家姐妹俩各自按当年浙江省农村居民人均消费支出标准的 15% 支付赡养费。

法院判决后，各方勉强依约支付赡养费。但好景不长，两年后，因大儿子一家的家庭矛盾扩大，夫妻感情破裂，大儿子终止支付父母的赡养费。老黄夫妇为维护自己的权益，落实晚年生活保障，多次申请法院强制执行。法院执行无果，对大儿子连续两次实施司法拘留。为此，老黄夫妇与大儿子之间怨恨加深，亲情疏远，互不来往。老人为落实自己的诉求，从而走上信访之路，并再三请求政府有关部门和基层人民调解组织介入调解。

◈ 调解过程及结果

镇驻村干部了解相关情况后，与派出所驻村民警、村辅警等沟通，商定由老杨调解中心牵头，成立联合调解组展开工作。在开始正式调解前，调解组多次走访邻里，开展调查，了解到虽然法院的判决让老人的合法权益得到了一定维护，但也导致本就不睦的家庭关系愈加恶化，尤其是在大儿子被两次司法拘留后，家庭关系更是降到了冰点。在分析案情、找准难点后，调解组成员分工协作：一方面，由村里的老书记（调解志愿者）去做老黄夫妇的工作；另一方面，由村干部、村警、调解员去做大儿子一家的工作。调解组决定先用亲情感召法缓和这一家人之间的关系，使得双方愿意坐到一起，面对面进行调解。

在调解组三次上门，多方协作，反复做思想工作下，当事人基本同意面对面进行调解。调解组趁热打铁，及时谋划方案，召集各方当事人到村委办公室参与调解。由于大儿子与父母隔阂较深，拒绝前往，最后由其儿子，即老人的大孙子代表其出席调解会，其他兄弟姐妹也都如约参加。会上，调解员首先就相关法律条款对当事人进行释法说理，使当事人认识到赡养老人是一种法定责任，然后又用孝理规劝各方要善待老人，莫要等"子欲养而亲不待"才追悔莫及。从嗷嗷待哺到蹒跚学步，从上学读书到工作成家，父母辛辛苦苦养育子女，到老了却无人尽孝，这着实令人痛心疾首。调解员这番入情入理的话，让在场的各位子女都有所触动。在村干部与有关亲属反复做工作后，在亲情的感召下，老人的大孙子站了出来，表示愿意承担爷爷奶奶的赡养责任，对于父亲与爷爷奶奶之间的纠葛在适当的时候也愿意出面调和。

有了老人的大孙子做表率，各子女也明确表态，会履行好自己的义务，让父母安享晚年。各方当事人都做出让步，并达成调解共识：（1）父母赡养费按诸暨市人民法院民事判决书履行。长子、幼子每人每年按浙江省农村居民人均消费支出标准的35%支付赡养费，即每人每年承担14000元；长女、幼女每人每年按浙江省农村居民人均消费支出标准的15%支付赡养费，即每人每年承担6000元。赡养费分两期支付，第一期为每年6月30日前支付，第二期为每年12月31日前支付。（2）父母亲医药费用，按诸暨市人民法院民事判决书凭发票平均分摊。（3）现有父母亲居住平房两间，待父母亲百年后，也按诸暨市人民法院民事判决书方案分配。（4）父母亲生病住院卧床不起，失去生活自理能力需要护理时，子女四人无条件轮流护理照料。

一起久拖不决的赡养纠纷，在各部门的共同协调下，在调解组的不懈努力下，终于就地得到化解，使当事人从积怨数载的阴影中解脱了出来。真是，一桩官司伤亲情，人民调解促和谐。

🔶 案例点评

在现代法治社会，诉权是公民为了保障其权利不受侵害而寻求司法救济的权利，属于公民普遍享有的基本宪法权利，具有救济权利、制约权力、表达个人利益诉求的重要价值。作为弱势群体的老年人，当他们面临子女不尽赡养义务时，有的人会主动走向法庭，用法律武器保护自己的权利，有的人或碍于面子，或因无法行走，或丧失表达功能，而选择忍气吞声。因此，仅靠法律制度是无法及时、快捷、有效地保护老年人的合法权益的。像本案中，老黄夫妇的赡养案经法院判决后，仍有子女拒不执行，老人最后被迫走上信访之路。这种对父母不赡养、不负责的行为是极不可取的，它不仅破坏了家庭和睦，更影响了社会稳定。

在农村，除部分老人的子女"混得好"，大部分老人的子女都与他们的父辈一样，世代为农，家庭收入仅能满足日常生活需要。因此在赡养问题上，双方必然会存在一定的矛盾分歧。调解员在调解因经济困难引发的赡养纠纷时，一定要向子女阐明支付赡养费的必要性。赡养费一般是根据当地经济发展水平、被赡养人的实际需求、赡养人的经济能力综合确定的，数额不会很大，只要努力总有办法解决。不要因为一点钱，就置父母、亲情于不顾，父母的今天就是我们的明天。在可能的情况下，要尽力帮助纠纷家庭寻找脱贫之路，扭转其经济状况，从根本上保证老人赡养问题得到解决。

（枫桥镇联合调解中心）

母亲痴呆儿拒养　拆除心墙促和谐

◈ 案情简介

任老太育有两子四女，任老太丈夫于 2020 年上半年因病逝世。任老太丈夫在世时，六个子女立有一份协议，约定由两个儿子共同承担老人养老送终的相关事宜，同时父母财产也归两个儿子均等继承。2020 年上半年任老太丈夫亡故后，任老太又患上阿尔茨海默病，生活无法自理，经常看病就医，需要有人时时照料。面对新增加的种种困难，兄弟间为赡养、护理母亲发生纠纷，两人都不愿意把母亲任老太接到自己家中照料。四姐妹见状极为不满，与兄弟俩协商不成，六人间也发生了争执。为妥善处理好母亲晚年的赡养、护理问题，四姐妹数次向村镇办事处求助，但此赡养纠纷经村镇办事处多次协调都没有结果。为尽快落实任老太晚年老有所养、老有所依、老有所居的问题，村委会及任老太的四个女儿来到枫桥镇人民调解委员会申请调解。

◈ 调解过程及结果

枫桥镇人民调解委员会受理后，两次预约纠纷当事人前来参与调解，但因兄弟姑娌间矛盾较深，都以一方缺席而作罢。为使调解工作有效实施，调解员要求村委会提前做好各方当事人的思想工作，并预约各方当事人于一周后到枫桥镇人民调解委员会参与调解。在调解准备阶段，调解员对任老太的两个儿子陈某松、陈某新的家庭情况做了摸底，弄清楚他们在赡养母亲任老太上所面临的实际困难。原来兄弟俩都有自己的小家庭，生活压力本来就比较大，加上母亲任老太现在的病情，要单靠某个子女来养老确实是困难重重，但有困难并不是推卸责任的理由。调解会上，调解员明确指出赡养老人是儿女们的法律责任与义务，教育子女们绝不能因为母亲现在痴呆了就弃养，再说办法总比困难多。

随后，调解员与六兄妹一起对赡养的具体问题逐条分析定责。在充分发扬民主、畅所欲言的前提下，针对任老太患有阿尔茨海默病的实际情况，就如何让她有个好的养老环境，如何解决养老所需费用等问题，调解员和陈某新、陈某松逐渐形成比较一致的认识。兄妹六人经过调解员四个多小时的疏导，也基本达成调解共识，并逐条约定母亲任老太晚年赡养的相关事宜。

（1）各方一致同意将母亲任老太送至枫桥镇养老院居住，每年春节由次子陈某新负责接回家居住数天。养老院居住期间产生的费用由陈某松、陈某新各半承担。

（2）如果后期母亲不住养老院，其生病卧床，失去生活自理能力需要护理时，确定居住在次子陈某新家一楼，并由子女六人无条件按日轮流护理照料。母亲百年后，由次子陈某新负责办理后事。母亲患病产生的医药费用除医保外的自费部分，由兄弟二人各半分担。

这起赡养纠纷案在调解员的悉心调解下终于案结事了。老母亲得以安享晚年，六兄妹解除心结，拆除心墙。

◈ 案例点评

虽然当前农村生活水平有了很大提高，但仍有部分农民家庭经济状况较差，负担较重。由于经济困难，许多农村家庭在抚养子女和赡养老人问题上显得力不从心。遇上老人体弱多病，若各方不能相互理解、体谅，子女之间、子女与父母之间极易产生矛盾，从而引发赡养纠纷。一般来说，赡养纠纷的当事人都是亲属关系，所以赡养纠纷的调解要以打"亲情牌"为主，以打"法律牌"为辅，需要调解员运用经验、智慧、方法、技巧等灵活处理，才能避免矛盾纠纷激化或升级。阿尔茨海默病是老年性痴呆的一种，随着空巢老人的增加，阿尔茨海默病的发病率也增加了。我们总是习惯性将生活的重心、注意力放在工作和孩子上，却不知家中的老年人也需要我们的关注。若家中老人不幸患上老年性痴呆，作为子女要用平常心，像对待自己孩子一样对待自己的父母。目前，农村经济状况有了改善，但是生活质量还有很大的提升空间。其中最突出的一个问题就是高龄老人因子女不在身边而阶段性无人照看。因此，政府主导，社会力量参与，开拓农村居家养老新模式显得十分迫切。只有把农村"养老压力"问题解决好，才能实现真正意义上的乡村振兴。

（枫桥镇人民调解委员会）

财产继承起争议　依法调解得赡养

◈ 案情简介

　　马老太夫妇共养育三个子女，长子老吴，次子小吴，女儿阿君（已出嫁）。马老太丈夫病故后，马老太按原约定，一直居住在长子老吴处，自己的房子则由次子小吴居住。近年来，马老太体弱多病，照料难度增大，老吴提出母亲的晚年赡养问题及父亲的房产继承问题尚未明确，要求重新明确相关事项，而小吴认为应该继续依照原约定来处理，为此，兄弟俩起了争执，老吴拒绝继续一个人赡养母亲，小吴也表示不会接母亲来家里养老。此纠纷虽经村调委会多次协调，但都没有结果。马老太的女儿阿君看在眼里，急在心里。为使母亲马老太晚年老有所养、老有所依、老有所居，阿君于2022年某日上午来到枫桥镇老杨调解中心申请调解。

◈ 调解过程及结果

　　老杨调解中心接到马老太女儿阿君的申请后，及时受理，并在听取阿君的情况介绍后，立即预约各方当事人于3日后到枫桥镇人民调解委员会参与调解。为使调解更有效果，达到止纷息诉的目的，调解员采用了联动联调的方式。由村干部、村警、枫桥镇孝德文化协会会长等组成了调解团队，采用背靠背的方法，依法对当事人进行疏导。

　　其间，调解团队就马老太的养老问题反复征求兄弟两人的意见，发现双方争议的焦点主要集中在三个方面：（1）母亲历年的赡养费要算清；（2）母亲失去生活自理能力后的居住、就医、护理问题需要落实；（3）父亲名下的房产继承问题需要明确。在与调解员交流时，哥哥老吴提出：父亲名下的房产要兄弟各半继承；十余年来母亲居住在老吴家的花销清算后各半承担；母亲现在失去生活自理能力，兄弟俩要轮流照顾；母亲生病住院护理费及医药费也要兄弟各半承担。调解员将老吴的诉求照实反馈给弟弟小吴，然后征求小吴的意见。小吴认为之前母亲在自己家也生活了好几年，所以赡养费不做一一清算。父亲名下房产的继承权他可以放弃，房屋归哥哥老吴所有，母亲的医保卡、退休金、抚恤金、存款也全部由老吴支配、使用，但从此母亲的居住、就医、护理及后事均由哥哥老吴承担。在调解团队耐心疏导、规劝下，兄弟俩基本达成调解共识，但对老母亲生病住院费用承担问题还存在争议。调解员再次用亲情、孝道这些中华优秀传统伦理道德对兄弟俩进行规劝，要求双方各自做出让步，一起承担母亲住院期间陪护及住院医保报销范围外的费用。

考虑到问题的解决要以老人安居为前提，调解团队提出综合建议，兄弟双方经自愿协商，达成如下共识：（1）母亲马老太由大儿子老吴赡养，母亲生病住院5天内由老吴陪护，住院5天以上由兄弟俩轮流陪护。除医保报销外，每次住院医药费5000元内由老吴承担，超过5000元则由兄弟俩各半承担。（2）母亲马老太的医保卡、退休金、抚恤金、存款等由大儿子老吴支配、使用。（3）父亲名下的房产全部归大儿子老吴继承，次子小吴、女儿阿君自愿放弃继承权。（4）签订本协议后兄弟姐妹间对母亲赡养的各类费用互不追算，之前所签订的分家协议自动作废，以本协议为准。

最终兄弟姐妹三人签订调解协议，争议多时的家庭赡养纠纷就地化解，老人也达成了老有所养、老有所依、老有所居的愿望。

◈ 案例点评

农村赡养纠纷和其他婚姻家庭纠纷类似，我们需要综合运用各种纠纷解决方式，依靠各种社会力量，如村委会、调解委员会、司法部门、民政部门、妇联等，推动建立一个合理有效的多元化纠纷解决机制，使老年人的赡养纠纷及时得到解决。赡养纠纷经常是由其他家庭矛盾日积月累导致的，这就要求调解人员在调解时，要找准问题核心，集中力量对当事人进行疏导，化解赡养纠纷产生的深层次原因。在调解赡养纠纷时要找准法律和道德的结合点，除了让当事人知法懂法，明白赡养老人是一项法定义务外，更重要的是从道德角度让当事人明白孝敬老人是中华传统美德。在现代社会，财产继承问题越来越复杂，很多家庭因此产生了矛盾和纠纷。但是，我们不能忘记家庭的本质是亲情，而不是财产。在处理财产继承问题时，要尽可能避免矛盾和纠纷的发生。在这个案例中，调解员的调解方案非常值得借鉴。让尽主要赡养义务的子女适当多分财产的方案，不仅解决了争议，还维护了家庭亲情，同时也能够让老人得到更好的照顾和关心。

（枫桥镇人民调解委员会）

兄弟推诿拒赡养　联动调解止纷争

◈ 案情简介

　　黄老太夫妇共养育儿女三人，长子唐某军，次子唐某庆，女儿唐某芳。夫妇二人勤俭节约，含辛茹苦，把三个子女养大成人，且让他们一一成了家。子女们有了自己的家庭后，为了落实好父母晚年养老问题，三兄妹商定并且经过父母同意后签订了分家赡养协议书。协议书明确规定：父亲由大儿子唐某军养老送终，母亲黄老太由小儿子唐某庆养老送终。

　　父亲在世时，父母同住在大儿子唐某军家颐养天年。父亲病故后，母亲开始独居生活。随着年事渐高，母亲慢慢失去了生活自理能力，需要专人陪护照料。根据当初签订的赡养协议书，母亲理应由小儿子一家养老送终。但小儿子唐某庆夫妇认为，母亲有劳动能力时一直在帮哥哥唐某军干活做事，失去自理能力后却要他这个小儿子全程赡养护理，这样实在不公平，从而提出要三兄妹共同承担母亲的赡养责任。小儿子唐某庆一家推翻之前的约定，将母亲的赡养护理责任推给其他兄弟姐妹，这引起了大家的不满。三兄妹谁也不肯让步，谁也不肯吃亏，致使老母亲的赡养问题迟迟得不到落实。虽然村委会多次协调，但三兄妹就各自承担的赡养费用比例始终达不成统一意见，使调解无果而终。为维护老人的合法权益，解决其老有所养、老有所依、老有所居的生活问题，村委会将黄老太的赡养纠纷案件移交枫桥镇人民调解委员会进行调解。

◈ 调解过程及结果

枫桥镇人民调解委员会受理后，立即预约各方当事人及村委会干部、镇驻村指导员，于 2022 年 3 月某日上午到枫桥镇人民调解委员会共同参与调解。此次调解采用村镇联动的方式。调解会上，杨光照带领调解员率先对案情进行实事求是的分析，批驳了小儿子唐某庆夫妇提出的推脱赡养的理由，并对其进行普法教育。杨光照指出，根据《中华人民共和国民法典》第二十六条，父母对未成年子女负有抚养、教育和保护的义务，成年子女对父母负有赡养、扶助和保护的义务。从法律层面上说，子女不可以任何理由推卸自己应尽的义务。同时，他明确告知小儿子一家，现在调解仍要以原来的分家协议为基础，也就是说母亲黄老太的养老送终应由小儿子唐某庆负责。当然，这只是为了分清责任。身为子女，各方都应自觉承担起对老母亲的赡养义务。

杨光照教育三兄妹要转变思想观念，他语重心长地规劝道："母亲的今天就是你们的明天。你们也都是有子女的人，你们现在的一言一行，小辈们都看着呢。现在你们是怎么对待他们奶奶的，以后他们就有可能怎么对待你们。"在杨光照苦口婆心的劝说下，各方当事人逐渐转变了想法。考虑到小儿子一家的实际困难，杨光照又劝导大儿子、女儿，应看在兄弟姐妹的情分上，适当为兄弟分担一些。依据调解的初步意见，大儿子和小儿子各承担老母亲赡养费用的 50%。对此，大儿子唐某军提出反对，认为父亲已由自己单方送终，母亲按理应由小儿子全额承担。现在自己最多承担 40% 的赡养费用，这已经是看在母亲的面上对弟弟的最大照顾了。对于是否再多承担这 10%，双方又开始了激烈争执，调解陷入了僵局。

杨光照当即将双方分开，采用背靠背的方法进行调解，他耐心劝说双方多为老母亲考虑，不要执着于谁付出多、谁付出少。另外，对于这 10% 的赡养费用差额，经过讨论分析，杨光照建议由女儿承担，并且顺利做通了女儿的思想工作。在枫桥镇人民调解委员会的合理建议下，在村镇干部的亲情感化下，各方当事人自愿达成调解协议，主要内容如下：（1）老母亲赡养费用由小儿子承担 50%，大儿子承担 40%，女儿承担 10%。住院费用除医保报销外，凭发票按各自赡养份额分担。（2）老母亲失去自理能力后，每月由小儿子陪护 12 天，大儿子陪护 12 天，女儿按月份大小陪护 6—7 天，陪护期间伙食各方自理。（3）母亲百年后治丧所有事项及费用全由小儿子负责和承担。争论多时的赡养纠纷就地得到化解。黄老太心里的一块大石头终于落地了。

◈ 案例点评

　　都说"清官难断家务事"，在农村，当家庭内部出现矛盾时，经常会请本村老党员、村干部等组成的调解队伍出面协调，因为相互之间知根知底，信任有加，所以有可能把矛盾解决在萌芽中。调解员们在运用亲情感化、伦理道德说服的同时，一定要用法治思维来指导调解工作。法律的价值在于定分止争，作为调解员，要有意识地在调解的同时进行普法宣传工作。为了更好地保障老年人相关权益，在处理赡养纠纷案件中调解员不仅要注重发挥法律的强制功能，还要注重发挥法律的教育、指引功能，综合运用宣传、说理、教育等调解方法，通过柔性的模式实现"巧断家务事"，最终通过办理一件件看似普通的案件来实现移风易俗，在潜移默化中实现地方法治的良性循环，不断提高地方治理法治化水平。

（枫桥镇人民调解委员会）

小　结

◇◇◇◇◇◇◇◇◇◇◇◇◇◇

　　赡养老人、保护老人，是我国家庭关系的一项重要内容，也是我们中华民族的传统美德。让老人都能安享晚年，尊老爱幼的传统美德才能传承。俗话说：养儿防老，儿女是大部分中国农村老人晚年生活的倚仗。受传统多子多福、养儿防老思想的影响，现在农村老人的子女大多在三个及以上，然而多子并不一定多福，子女数量多并不一定在赡养老人时起到正面作用，另则，由于子女误以为父母有偏爱，反而导致每个人之间互相推诿，不承担或者少承担赡养义务。现实中，相当多的老人得不到子女的赡养，他们在精神上受到打击，物质上处于困境。日益增多的农村赡养纠纷已经成为基层治理中难以逃避的问题，解决此类问题需要我们综合依靠各种社会力量，实事求是，重视亲情感召与道德感化。农村赡养纠纷的解决，对于构建和谐社会、化解基层矛盾、维护农村老人利益、保障农村老人享有美好的晚年生活具有重大意义。在做调解工作时，我们还需要熟悉相关法律法规。《中华人民共和国民法典》规定，成年子女对父母负有赡养、扶助和保护的义务。子女对父母的赡养是无条件的，不因任何原因而消除，子女不能以自己对父母的亲疏好恶等来选择是否赡养父母。并不是只有无劳动能力的或生活困难的父母才可以要求子女给付赡养费。赡养义务主要包括经济上的供养、生活上的照料、精神上的慰藉。赡养父母是法定义务，是不能附加任何条件的，只要父母要求子女赡养，有负担能力的子女就应当履行赡养义务。父母经济困难与否只影响赡养费的数额，而不能决定赡养义务的有无。许多赡养纠纷其实是由家庭纠纷引起的，比如婆媳矛盾、夫妻矛盾、父子矛盾等。在实际调解过程中，我们要找准纠纷真实原因，有针对性地进行调解，调解赡养纠纷常用的方法有情感唤起、情理教育、法律教育及换位思考等。在调解此类纠纷时要注意：

（1）调解要做到耐心、细心、诚心。要耐心听当事人的倾诉，耐心做当事人的说服和教育工作；细心安排调解时间，尽可能通知当事人到场，能照顾到每个人的情绪变化；诚心对待当事人，用诚意感化当事人。

（2）调解要找准矛盾焦点。赡养纠纷往往牵扯到其他家庭矛盾纠纷。因此，在调解过程中，既要将调解重点放在赡养义务的履行上，又要以其他家庭矛盾纠纷的解决为切入点。调解员要找准矛盾焦点，有的放矢，既要注重调解效果，也要讲求工作效率。

（3）依法调解。在调解中，调解员应当动之以情，晓之以理，不仅要从法律的角度做当事人的思想工作，更重要的是从道德的角度让当事人明白赡养老人是其应尽的义务。

（4）调解员要充分发挥外部力量的协助作用。把网格员、村干部、志愿者等力量纳入调解平台，壮大基层调解力量，让他们共同协助做好当事人的调解工作。利用社会舆论给当事人施加一定压力，让其从思想根源上树立履行赡养义务的法律意识。

（5）调解项目及内容应尽可能详细。由于赡养纠纷调解内容比较细琐，这就要求调解员必须认真仔细地对每一项具体内容开展调解工作，尽可能使每一项调解内容都做到具体明确，这不仅有利于充分保障当事人的合法权益，也便于以后执行。

有句话说得好，父母在，人生尚有来处，父母去，人生只剩归途。请珍惜和父母在一起的机会，因为不知道还能和他们说多少话，不知道还能与他们在一起多长时间！

第二章

婚恋纠纷调解案例

HUNLIAN JIUFEN TIAOJIE ANLI

恋爱被拒生怨气　互殴致伤求调解

◈ 案情简介

　　小兰姑娘是贵州人，怀着对美好生活的向往，孤身一人来到枫桥工作。在枫桥打工的日子里，个性豪爽的小兰认识了枫桥镇某村村民老王。在日常交往过程中，小兰和老王比较聊得来，为人热心的老王对小兰也是颇为照顾，但自始至终小兰都把老王当作普通的好朋友，没有其他想法。2019 年某一天上午，小兰没有去上班，在她租住的单身公寓休息。热情的老王电话联系了小兰，问小兰在哪里，有没有上班。小兰说在公寓休息，老王表示想到小兰住处去看看她，没有心机的小兰就邀请老王过来坐会儿。老王急急忙忙赶去小兰住处，两人聊着聊着，老王就提出要与小兰发展成情侣关系。面对这突如其来的告白，小兰有点摸不着头脑，并当场拒绝了老王。出乎意料的结果，让懊恼的老王觉得面子上挂不住。老王指责小兰，既然没有那层意思，为什么平时要和他走得这么近？小兰反唇相讥，说老王"癞蛤蟆想吃天鹅肉"。老王听了小兰的话，不由得大怒，就与小兰发生了激烈的争吵，结果场面失控，双方引发了肢体冲突。在互殴中身体瘦弱的小兰被老王弄伤了左手，造成左手掌骨折。

　　小兰受伤后立即拨打 110 报了警。经办案民警调查取证，小兰与老王属于感情纠葛，双方发生互殴，事实清楚，证据确凿。按照《中华人民共和国侵权责任法》第十六条的规定，办案民警对老王的所作所为进行了批评教育，并对双方当事人进行政策宣讲，明确双方责任。最后双方基本达成调解共识：小兰先去医院治疗，伤愈后老王一次性对小兰做出合理的损失补偿。这次住院治疗，小兰一共花去医药费 5000 余元。小兰伤愈后，应两人请求，案件被移送老杨调解中心，就民事赔偿事宜进行依法调解。

◈ 调解过程及结果

老杨调解中心接到办案民警移送的案卷后，当即组织双方当事人到老杨调解中心进行现场调解。调解员采用背靠背的方法与双方当事人谈话沟通。在与老王谈话交流时，调解员先是肯定了老王为人热情、肯帮人，同时也指出感情的事要双方自愿才可以，动手伤人更是错误行为，要承担相应责任。老王听了调解员的劝导后，认识到了自身错误，表示愿意承担相应的赔偿。调解员在与小兰的交流谈话中，明确表示支持小兰合理合法的赔偿要求，同时也向小兰指出男女之间的关系要处理得当，平时的交往要保持适当的距离，不要给对方留下臆想的空间，并建议小兰不要提出过高赔偿诉求，赔偿金额要在老王能承受的范围内。对于调解员这些非常中肯的建议，小兰表示认同，遂提出由老王一次性补偿医药费、误工费、后续治疗费等各类费用共计人民币 30000 元。对此赔偿金额，老王表示认可。双方当事人自愿达成协议，补偿款当即兑现，达到案结事了、握手言和的良好效果。

◈ 案例点评

从古至今都讲究男女交往要掌握尺度，男女在交往的过程中要保持一定的距离感，如果没有了界限，那么彼此之间的关系就容易变味。成年男女在正常交往中应把握好"度"，言行举止要尽可能避免让对方产生误解。在本案发生的第一时间里，办案民警依法依规对双方当事人进行批评教育，明确了双方应承担的责任，并初步达成先疗伤，待伤愈再合理索赔的调解共识，这为最终调解成功打好了基础，避免了双方矛盾的进一步激化。在一些纠纷调解中，双方往往会因为对赔偿金额异议较大，难以达成一致，使得调解工作无法顺利推进。而本案中的双方当事人对赔偿金额并没有多少分歧，这一方面是由于调解员做了大量的说服工作，另一方面是因为双方当事人都本着协商解决问题的态度，从而使纠纷最终得以顺利化解。

（老杨调解中心）

与情人婚外育子　妻打斗受伤索赔

◈ 案情简介

　　赵某和妻子俞某自由恋爱，两人结婚后还生育了一子一女。赵某开了一家油漆店，夫妻两人凭着吃苦耐劳的精神和灵活的经营方式，将店里的生意越做越红火，家庭生活也是美满如意。但另一女子王某的出现，改变了这个家庭的一切，打乱了赵某原本和谐的家庭生活。王某和赵某在一次偶然的接触中彼此产生了好感，一来一往后两人发展成了情人关系。随后，赵某更是直接从家里搬出，开始和妻子俞某分居；同时，公然与王某在店里同居，还和王某生育了一个儿子。俞某原本还指望丈夫过段时间能回心转意、回归家庭，听闻此消息，如同晴天霹雳。她虽十分气愤，但是为了家庭和子女，仍选择隐忍下来，不愿与赵某和王某撕破脸，把事情闹大。2019 年 5 月某日上午，俞某去丈夫赵某经营的油漆店里拿几本色卡，正巧碰上赵某的情人王某。真是仇人相见分外眼红，俞某终于难忍心中怒火，就与王某发生了口角，在激烈的争吵中，双方进而发生互殴。俞某将王某脸部抓伤，王某则咬伤俞某的右手食指。在店内其他人员的奋力劝说下，双方才停止了互殴行为。俞某被咬伤后，就去医院住院治疗，最后花去治疗费 6000 余元。经过这次事件，俞某对婚姻生活已充满绝望。为了解决与赵某、王某的婚姻纠纷和获得合理的医药费赔偿，2019 年 5 月底，俞某来到老杨调解中心申请调解此案。

◈ 调解过程及结果

老杨调解中心受理此案后，立即召集当事人到场，分别进行谈话教育。调解员首先依照相关法律规定对赵某和王某的不道德行为做出了严肃批评。《中华人民共和国婚姻法》规定："禁止重婚。禁止有配偶者与他人同居。""对重婚的，对实施家庭暴力或虐待、遗弃家庭成员构成犯罪的，依法追究刑事责任。"调解员的一番释法说理，让赵某与王某对自己的违法行为有所认识。赵某表示自己与俞某的感情早已破裂，之前俞某因为一对儿女一直不同意离婚，现在事情闹到这个地步，双方都不可能再回头了。他恳请调解员帮忙做通俞某的思想工作，让俞某同意解除两人的婚姻关系。此外，调解员指出王某对俞某造成人身伤害应承担侵权民事赔偿责任。赵某、王某自知理亏，表示愿意对俞某的人身伤害做出合理的补偿。

在与调解员面对面交谈中，俞某悉数夫妻两人一同开店创业的艰辛和之前的幸福生活，控诉王某作为第三者破坏了她的家庭。俞某越讲越激动，直指自己要不是为了一双儿女，早就走上绝路了。调解员耐心倾听俞某诉说在婚姻家庭中所受到的种种委屈，待其情绪稳定后，又真心实意地劝说她不要冲动，要多想想儿女，千万不能有走绝路的想法，同时建议她合理合法地处理好与丈夫赵某的婚姻关系。随着交流的深入，俞某的情绪得到了安抚，调解员顺势对她在互殴中造成王某脸部受伤的行为做出了批评。最终在调解员的劝说下，俞某也认同了由王某做出合理补偿的建议。当事人自愿达成一致意见，由行为人王某、赵某一次性补偿俞某各类医药损失费 7000 元，补偿款于调解之日当场兑现。

解决完伤害赔偿纠纷后，调解员又建议俞某依照法律程序对婚姻和财产分割纠纷提起诉讼。这桩婚姻的破裂主要是由赵某婚内出轨生子，违背社会公序良俗造成的。俞某作为无过错方，有权提出离婚损害赔偿请求。

◈ 案例点评

在此案中，由于夫妻双方感情破裂且已难以修复，故调解员在依法对双方进行调解时，没有过多纠缠于婚姻和财产，而是抓住了重点，使伤害赔偿调解得以顺利完成。本案给我们的启示是：当夫妻双方出现矛盾时，需要正视并正确地予以处理。在婚姻关系未解除之前，忠诚是对婚姻双方的基本要求。保持性爱的专一性，实行一夫一妻制是中国婚姻制度的基本原则。一夫一妻制反映了社会文明的发展和道德的进化，并最终表现为男女双方对对方人格价值的尊重，婚外恋行为有悖于此。而婚外育子更是一种违背婚姻道德和法律的行为，丈夫赵某和情人王某都应该为此承担责任。俞某在打斗中受伤，丈夫赵某和情人王某也都应该对此负责。在此案件中，王某应该承担民事赔偿责任，赵某也应该承担道德和法律责任。一个家庭就像一辆马车，夫妻二人就是车轮，只有在夫妻同步，方向一致，并且速度一致的情况下，马车才会跑得稳、跑得快！在本案中，赵某出轨生子行为给俞某造成了很大的精神打击，给家庭带来了灾难。无过错方有权提出离婚损害赔偿请求，依照实际造成的后果，可依法获得相应赔偿。

（老杨调解中心）

试婚不成寻短见　异地调解止纠纷

◈ 案情简介

　　丁女士与夏先生都是绍兴人。2018 年 6 月，两人经朋友介绍相识，交往后确立了恋爱关系，甚至一度谈婚论嫁。两人商议在结婚前先同居一段时间，为后面的婚姻生活做好准备。于是，双方开始租房共同生活，但是好景不长，在共同生活期间两人为经济和其他因素时常发生争吵，双方感情逐渐变淡。夏先生在未将这段感情妥善处理情况下，就违背承诺另找了女友，为此，双方矛盾激化。丁女士觉得感情受到了欺骗，心结一时难以解开，遂变得情绪低落，行为偏激，多次欲割腕轻生。在亲属的陪伴、劝告下，丁女士才慢慢稳定情绪。事后，丁女士多次找夏先生索要补偿，但夏先生总是借故推托，避而不见，这使得丁女士及其家人非常不满，后面事态甚至发展到两家亲人参与纠葛。有一次，丁女士的亲属上门讨要说法，因遭到夏先生拒绝而向派出所报警，两家闹得水火不容。

　　丁女士为得到共同生活期间的经济补偿，曾求助于双方恋爱的介绍人来协调此事。通过介绍人的协调，夏先生同意对丁女士予以经济补偿并且立下了两张借据，写明借款共计 20 万元。丁女士拿到借据后，纠葛暂时得以平息。时间又过去了两个月，丁女士多次向夏先生催讨，夏先生都以没钱为理由拒绝支付，并两次报警称丁女士敲诈。当地公安机关立案调查后，对两次报警都做出证据不足、不予立案的决定。丁女士就此事向绍兴北海派出所、灵芝派出所多次提出民事调解申请，但都以协调无果而告终。丁女士万般无奈下，于 2019 年 10 月底来到老杨调解中心求助。

听完丁女士反映的情况后，为使纠纷不扩大，矛盾不激化，老杨调解中心调解员杨光照及时与枫桥镇联合调解中心主任毛仲木做了沟通，并当即与北海派出所联系。北海派出所领导当即表态，支持以枫桥镇联合调解中心与绍兴两个派出所为主对此案进行调解。为使工作落到实处，使调解过程更加客观、公正，杨光照专程到北海派出所阅读卷宗、分析案情，明确要解决的问题并提出相应的调解思路。此次调解，由北海派出所事先与双方当事人约定联调的时间和地点。

◈ 调解过程及结果

2019年11月中旬，杨光照接到北海派出所通知，立即前往北海派出所参与夏先生和丁女士感情纠纷案的调解工作。鉴于案情的特殊性，调解组采用背靠背的调解方法，首先对当事人夏先生及其母亲进行释法说理，严肃指出夏先生在恋爱期间出轨属于严重过错，"脚踏两条船"是极不负责的行为，即便要分手也应该及早提出来并妥善处理好这段关系。至于恋爱期间，与丁女士共同租房生活所产生的费用更是他理应承担的民事责任部分。对于恋爱纠纷发生后夏先生在介绍人处写下的借据，经核实后，应实事求是地协商解决。对于前两条，夏先生均无异议，但对于借据一事，他坚称是当时自己想尽快摆脱丁女士的纠缠，一时糊涂写下的，两人之间并不存在任何借贷关系。他表示最多给予丁女士4万元的一次性补偿。

其后，调解员又单独与丁女士进行谈话，听取其调解意向和诉求。调解员在谈话中，一分为二地分析了双方各自的问题与应承担的责任，并对丁女士曾经割腕自尽的行为进行劝诫和开解，帮助其扫清思想障碍，重新开始新生活。另外，调解员又对借据一事进行了核实，劝说丁女士申请赔偿要基于客观、公正的原则，就目前来说20万元精神补偿款的诉求过高，不仅当事人夏先生无法接受，而且与情理也不符，必须降低补偿金额，双方才有可能达成一致。通过调解员入情入理的劝说，耐心细致的沟通，丁女士终于坦言赔偿不是目的，她要的是一个说法，赌的是一口气。调解员见丁女士口风有所松动，顺势继续开解、反复疏导，终于使丁女士解除了思想疙瘩。丁女士表示只要夏先生认错，赔礼道歉，经济补偿方面可以做出较大让步，愿意从原请求补偿20万元降到一次性补偿8万元。

调解员见此，忙与夏先生协商，指出这次纠纷本是他有错在先，应该向丁女士道歉，让双方都顺利翻过这一篇，各自开启新的生活。夏先生当场表示认可，并同意将补偿款提高到 6 万元。双方在补偿金额上的差距越来越小，调解员一鼓作气，乘胜追击，经过反复做工作，双方当事人最终基本达成共识，即夏先生一次性支付丁女士 7 万元精神补偿费，补偿款于调解之日当场兑现。双方在调解桌前握手言和。

这起恋爱期间劈腿引发的纠纷，在绍兴北海、灵芝两个派出所干警和枫桥镇联合调解中心的共同努力下，经过释法说理使当事人夏先生母子前后态度发生了深刻转变，从原来姿态强硬地拒绝调解到自愿支付补偿款了结纠纷，真正实现了案结事了。这也是异地联调疑难纠纷的一个成功案例。

◈ 案例点评

在日常生活中，当男女关系成熟且符合法定结婚条件时，一定要及时办理婚姻登记手续。结婚证是婚姻登记机关签发的证明婚姻关系有效成立的法律文书。有结婚证，婚姻关系才受法律保护。在婚姻关系存续期间，夫妻之间应当互相忠实，互相尊重，互相关爱，这样才能更好地保护双方在家庭中的合法权益。就女性来说，对婚前同居应该慎之又慎，不要轻易拿自己的幸福开玩笑。本案在调解中，采用了异地调解的方式。这适用于双方当事人矛盾较深、争议较大的纠纷。由于此类纠纷中，双方对立情绪大，在调解过程中双方对调解员是否能公正"断案"特别关注，因此调解员对双方当事人无论在行动上还是语言上都必须贯彻客观、平等的原则。否则，当事人会认为调解人员偏心，不会公正地处理纠纷，从而给调解工作平添障碍。另外，异地调解由于远离纠纷发生地，调解过程中可能会出现事实不清、调查困难等问题。为了搞清一个事实，调解人员必须再次深入纠纷发生地，这势必影响调解工作的进展。因此，采取异地调解方法，必须做好充分的准备工作。

（枫桥镇联合调解中心）

婚外相恋起纠葛　分清责任止纷争

◈ 案情简介

在诸暨打工的张女士，因夫妻关系不和经常上网聊天，在网上结识了汪先生。在聊天过程中，双方都自称未婚单身，慢慢地两人越聊越投机，相见恨晚，于是建立了恋爱关系。与汪先生确定恋爱关系后，张女士更是背着丈夫去外面租了房子，开始和汪先生过上同居生活，两人多次发生性关系。随着时间的推移，激情慢慢淡化，张女士开始害怕自己的婚外情被丈夫发现，担心到时候闹得不可收拾，就要求与汪先生和平分手，并拒绝再与汪先生同居。心有不甘的汪先生趁张女士不注意时，私自配了张女士房子的钥匙。面对"为爱疯狂"的汪先生，张女士害怕出事，就与汪先生再次同居。数月后，张女士怀孕了。此时，张女士才不得不将怀孕和家有丈夫的情况告诉了汪先生，并提出要与汪先生终止恋爱关系，要求汪先生补偿流产费及身体损伤费。而汪先生觉得张女士欺骗了自己的感情，属于欺诈行为，拒绝给予任何补偿。双方因补偿问题发生纠纷。为预防事态扩大，矛盾激化，2019 年 11 月底，双方当事人求助老杨调解中心介入调解。

◈ 调解过程及结果

老杨调解中心受理后，采用背靠背的调解方法分别向双方当事人了解案情与诉求。在谈话时，汪先生强调自己在与张女士交往过程中付出了真情，张女士的行为是一种欺诈行为，自己看在曾经感情的分上可以不要求她赔偿损失，但也不会对她进行任何形式的补偿。调解员认真倾听了汪先生的诉说，对汪先生未了解清楚对方婚姻状况就冲动恋爱，造成有夫之妇怀孕的过错行为进行严肃批评，并指出汪先生的行为已经对他人的家庭造成不良影响，应该主动断绝恋爱关系，并要承担张女士做人流手术的费用及身体损伤费。由于张女士在与他交往过程中，并没有涉及金钱往来，且房子也是张女士自己出钱租下的，因此调解员对于汪先生强调的欺诈的理由不予认可。调解员语重心长地对汪先生说："你要想清楚，她是一个已婚的女人，有家庭有孩子，而你还是单身，你的生活应该回到正轨上来。"在调解员合情合理的劝说下，汪先生态度上发生了变化，同意对张女士做出 1 万元的补偿，以尽快解决纠纷。

在与张女士的谈话中，调解员对她违反道德准则搞婚外情的过错行为给予严厉批评，明确指出由婚外情造成的怀孕理应由她自己承担相应责任，对张女士提出一次性补偿 2 万元的请求不予支持。张女士则向调解员强调是因为婚姻生活不幸福，所以当初她才和汪先生同居。调解员对张女士说道："婚姻是一段漫长相处的时光，在这段时光里更多的是家长里短、鸡零狗碎。特别是有了孩子以后，精力更多放在孩子身上，日子难免过得平淡如水。久而久之，夫妻之间失去了新鲜感，这个时候任何一个人，往这死水里扔一块小石头都能激起一些波澜。"接着调解员话锋一转，又对张女士说："在感情的世界里，最幸福的事，大概是你喜欢的人，也刚好深深地喜欢你。但是这里面包含着一个前提，就是男女双方都要抱着对彼此的真诚和尊重，走进一段美好的感情。如果一方别有用心，抱着无法告人的目的和对方谈情说爱，那么这种感情只会遭到厌恶和唾弃。"经过调解员的批评教育，张女士自愿做出让步，将一次性补偿费降至 1.5 万元。调解员把张女士的诉求转达给汪先生，并讲清责任与后患，汪先生最后也表示愿意做出让步，同意在补偿 1 万元的基础上适当增加补偿款。这为双方最后达成调解共识打下了基础。

在调解员充分释法说理下，双方当事人都做出了让步。最终当事人自愿达成一致意向：（1）双方终止恋爱关系，达成协议后，双方互不纠缠；（2）张女士做人流手术后由汪先生一次性补偿医药费、身体损伤费等共计人民币 1.5 万元；（3）补偿款于调解之日当场兑现 1 万元，另外 5000 元在张女士完成人流手术后，凭医院证明当即兑现。张女士收款后出具收据。此后双方互不亏欠，互不纠缠。

◈ 案例点评

　　家庭是社会的细胞，家庭和睦是社会稳定的基石。婚外情是违背传统道德观念，违背社会公德的行为，会给个人、家庭和社会造成极大的危害。一旦进入婚姻，就代表着多了一份责任，在面对激情退去后生活的一地鸡毛时，夫妻双方都要相互包容、体谅，切勿为了一时的新鲜感或寻求刺激而做出伤害夫妻感情、违背公序良俗的事情。本案中，单身的汪先生由于不清楚情况，盲目爱上了已婚的张女士，这样的爱情让人忧心忡忡。痴情也有界限，先不说已婚女人的责任和身份，就是其身后的那一堆牵绊，单身男人恐怕也捋不清楚，所以恋爱之初一定要认清对象，否则一旦陷进去了，再想出来就会有许多纠纷和矛盾。

（老杨调解中心）

单身受骗怀身孕　异地联动化干戈

◈ **案情简介**

　　2019 年，有妇之夫周某与单身女子骆某通过手机在网上相识，双方在互相交流中，产生了好感。周某隐瞒自己已婚身份，开始和骆某谈情说爱。两人以恋爱为名在骆某租房处同居，最终致使女方骆某怀有身孕。天下没有不透风的墙，周某妻子及母亲发现了他的不轨行为，这引发了激烈的家庭矛盾。周某妻子与母亲还多方打听骆某的情况与居住信息。随后，周某母亲等人多次赶到骆某住所及骆某母亲家中吵闹，要求骆某断绝与周某的关系。面对如此难堪的状况，骆某明确表示要和周某断绝关系，但周某必须付出 20 万元人流补偿款和精神损失费。双方私下多次商谈，但都因为补偿金额问题无法达成共识。至 2020 年 1 月，女方骆某怀孕已五六个月，肚子越来越大。骆某一家找到周某，要求周某承担责任，尽快解决此事，但周某消极、不作为的态度，让双方矛盾进一步激化。为解决好矛盾纠纷，骆某报警求助山下湖派出所。山下湖派出所接到报警后，及时受理，并对双方当事人分别进行了调查。由于女方诉求过高，男方又总以家庭困难为由一味推脱，调解没有成功。当事人骆某向山下湖派出所提出请求，申请移送老杨调解中心处理。为使纠纷不扩大，矛盾不激化，山下湖派出所何教导员及时和枫桥派出所联系，启动两地联动调解模式解决纠纷。双方当事人对此表示认可与支持。

◈ 调解过程及结果

老杨调解中心接到求助后，立即受理，并预约了双方当事人及山下湖派出所专职调解员詹同志于 2020 年 2 月某日下午，到老杨调解中心共同参与调解。首先，调解员对案情进行了深入了解和细致分析，在此基础上确立了基本的调解方案。其后，调解员采用背靠背的方法，分别对双方当事人摆事实、讲道理，谈法律、说危害。在与调解员的交流谈话中，骆某详述了与周某交往的前因后果，并强调自己是受了周某的欺骗，才被动成为他人婚姻的"第三者"。周某妻子和母亲多次上门吵闹，已对她的生活和名誉造成了极大影响。现在自己不仅感情上受骗，身体上也造成了巨大伤害。之前，周某一再逃避责任，事情一直没有解决，导致自己现在身怀 6 个多月身孕，即便做人流手术也是非常危险的。因此周某必须给她 20 万元补偿，否则大不了鱼死网破。调解员耐心听完了骆某的叙述，对她所受到的委屈表示同情，同时也引用类似案例的赔偿标准，劝说骆某要合理提出诉求，否则双方预期相差太大就难以达成一致意见。关键是现在她已经到了孕中期，必须尽快解决纠纷，否则越到后面越麻烦。在调解员反复开解、劝说下，骆某的态度有了缓和，她表示可以先听听男方周某的补偿意见再做决定。

在与周某的交流谈话中，调解员首先依照相关法律条款，对周某进行了严厉的批评教育，指出周某的行为不仅有悖伦理道德，更是一种违法行为。事已至此，他必须承担起相应的责任，将纠纷妥善处理好，否则任由矛盾继续激化，后果将不可收拾！面对调解员一番释法说理，周某无法再回避自己的责任，承认自己有错在先，表示愿意给予一定的补偿，但始终强调自己家庭困难，要养家糊口，无法满足女方骆某提出的补偿要求。调解员听完周某的陈述后，指出现在骆某怀有身孕，情绪又非常不稳定，万一弄出个好歹来，只怕到时后悔莫及。调解员的这番话入情入理，也让周某有所触动。调解员向他明确过错责任后，又指出女方现在已怀孕 6 个多月，属于高风险人流，手术对女方人体损害、精神损害较大，建议相应提高补偿金额。周某听了调解员的分析后，表示愿意和骆某再协商补偿金额。调解员依照以往类似案例的赔偿标准提出了合理合法的调解建议。

经过调解员多次疏导教育，骆某在亲友的规劝下，从原来要求一次性补偿20 万元下降到一次性补偿 8 万元。为达到案结事了，周某在其亲戚的规劝下，从最多补偿 7 万元提高到女方要求的 8 万元。最终双方自愿达成调解协议，即周某一次性补偿骆某医药费、误工费、护理费及精神损害费等各项费用共计人民币

8万元，补偿款于调解之日当场兑现。这起长达半年之久的纠纷在两地联动调解下终于画上了句号。

◈ 案例点评

恋爱不会只有甜蜜，还可能存在一些意想不到的"坑"。我们在择偶组建家庭时，面对对方的"甜言蜜语"攻势，要保持清醒的头脑，必须以谨慎、理性的态度了解对方的个人情况，再进行交往。如果受到欺骗，要注意保留相关证据，以便后期进行维权。男女双方应当在诚实守信、遵守公序良俗的前提下交往，杜绝骗财骗色的行为。本案中，骆某结识周某是为了构建婚姻关系、组成家庭，但是周某隐瞒已婚事实诱骗骆某同居，使骆某错误地期待与周某建立合法婚姻关系，并导致怀孕。周某的欺骗行为有悖社会公德及公序良俗，有违诚实信用和道德准则，给骆某的身体和精神造成了严重伤害。婚外情是指已婚者与配偶之外的人发生恋情。婚外情是违背传统道德观念，违背社会公德的。多数人的婚外情只不过是婚姻生活中的一个小小插曲，这些出轨的丈夫或妻子，大多最终又回到配偶的身边。因此所谓的婚外情只会给家庭带来伤痛，给社会带来负面影响。

（老杨调解中心）

分居数年闹离婚　明确财产止纷争

案情简介

小军与小柯经人介绍结婚成家。小柯的父亲毛某为方便女儿、女婿两人的工作和生活，将自己名下位于枫桥镇××小区的套间无偿提供给这对小夫妻居住。女婿小军出资实施装修，花去装修费数万元。夫妻两人平静、幸福地生活了几年，美中不足的是妻子小柯一直未孕。去医院检查后，小柯被诊断出患有较严重的糖尿病，不能再过夫妻生活。由此，夫妻双方感情逐渐变淡，妻子小柯离家出走，另外租房子居住。夫妻分居数年后，双方感情彻底破裂，小柯于2020年上半年提出离婚，岳父毛某认为××小区套间的房屋产权归自己所有，女儿离婚后他势必要收回房子，于是限期要求小军搬出。小军认为房屋产权虽归岳父毛某所有，但房子装修及部分家具购置都是他出资的。为此，双方就离婚财产分割等问题发生纠纷，矛盾不断激化。村"两委"及村调委会多次调解，但均以调解无果而告终。为合理解决纠纷，就地化解矛盾，村"两委"、村调委会将该案件移送枫桥镇联合调解中心进行调解。

调解过程及结果

枫桥镇联合调解中心接到求助后，立即受理，并成立由村镇所及社会组织枫桥义工联合会等组成的联合调解组，对该纠纷进行全面分析，落实调解主线，采取单线联系、分别疏导、各个击破、合作协调的方式进行调解。调解组首先与小军的岳父毛某进行沟通谈心，耐心释法说理，征求其调解意向。在沟通过程中，毛某提出自己的诉求主要有两点：（1）房子产权归自己所有，女儿结婚后房子给小夫妻暂时居住，本人并没有要女婿小军对房子进行装修，所以房子装修费用不予补偿；（2）小军必须在2020年5月底前搬出住房。调解组经过实地勘察，认为小军在房子装修中确实投入一定的财力，在与小柯婚姻存续期间，应认可装修房子部分属夫妻共同财产，小军应该合理享受相应补偿。经调解组反复释法说理，在客观事实面前，毛某终于转变了态度，表态最多补偿小军房子装修损失费11000元。之后调解组将毛某的意见反馈给了小军，小军认为11000元的装修补偿费过少，要求提高补偿金额。根据小军的诉求，调解组成员再次进行商讨。为使双方的纠纷就地得到解决，调解员在继续做好一对一的沟通工作后，及时预约毛某与小军到枫桥镇联合调解中心再次参与调解。

调解组积极依靠基层，充分运用社会资源，运用亲情感召等情感式及联动式调解方法进行调解。调解组得知，小军平时会抽时间参加一些公益活动，是枫桥义工联合会的成员，枫桥义工联合会的吕会长对他的情况比较了解，所以调解组邀请吕会长一起劝导小军在合理的范围内提出补偿金额。鉴于枫桥义工联合会的吕会长又是××小区的业委会委员，和毛某也很熟悉，所以调解组联合吕会长多次上门劝导毛某适当考虑小军的合理要求，避免矛盾激化，尽快解决好纠纷。

在调解组的共同努力下，最终双方当事人都从大局出发，各自做出让步，较好地达成调解共识：（1）岳父毛某一次性补偿女婿小军房子装修损失费12000元；（2）小军与小柯自愿协商离婚，由婚姻登记机关依法办理离婚手续；（3）小军婚前的个人财产，即电视机1台、冰箱1台、微波炉1台、圆桌1张及方凳8张、大床1张、立式电风扇1台、木匠工具、室内花木及本人自用物品，归小军所有；（4）双方婚后无子女，双方债权债务各自承担；（5）小军于2020年5月25日前搬离枫桥镇××小区毛某名下的产权房，搬出同时交出房屋钥匙。

◈ 案例点评

离婚时夫妻双方需要对财产进行分割，其中就有可能涉及房屋装修费用。房屋的装修部分，严格来说，并不是真正意义上的房产，因此想在离婚时获得补偿，只能对装修残值进行评估，而后取得相应补偿。由于装修部分会随着时间的推移而贬值，所以能获得的补偿也极为有限。在本案中，调解员依照相关法律规定，指出房屋装修部分属于夫妻共同财产，夫妻双方共同享有，离婚时共同分割，较好地维护了当事人的权利。另外，本案中采用了联合调解的方式，在枫桥镇联合调解中心及多种社会力量的参与下，从源头上顺利化解矛盾，避免了"一朝官司，世代冤仇"的司法困境，达到了平静面对、和谐相处、好聚好散的社会效果。

（枫桥镇联合调解中心）

重组家庭闹矛盾　经调解和平分手

◈ 案情简介

　　诸暨的阿立与宁波的阿方曾经是高中同学。多年前，双方各自成家立业，由于各种因素，双方的家庭在不同时期先后破裂。2017年的某天，阿方与阿立在同学会相遇，同样的遭遇让两人渐渐走到了一起，两人打算重组家庭开启新的生活。因为是再婚，两人并不打算大操大办，只办了几桌酒席，请相关亲友到场见证，并未及时去民政局办理结婚登记手续。阿方为了今后生活方便，离开宁波来到了枫桥，并出资购买了一套住宅。这时，阿立为了更好地照顾阿方的生活，也辞去了驾校教练工作。虽然阿立失去了经济来源，但阿方每月提供给阿立1万元生活费用，两人共同生活期间，过得也是快快乐乐的。但这样的生活没有持续多久，阿立便开始以各种理由向阿方借款，到最后数目达到了3万余元。阿方见阿立辞职后一直没有再找工作，整日游手好闲，渐渐对阿立产生了不好的看法，两人的关系变得有些紧张。2020年10月4日晚上，阿立与阿方因为经济问题发生了争执，阿立在情绪失控之下打了阿方一巴掌。当时，委屈的阿方打了110报警，经民警现场教育，事态得到了平息，阿方也自愿放弃追究阿立殴打他人的责任。事后，伤心的阿方向阿立提出了分手。阿立表示不同意，为此多次在微信上骚扰、威胁阿方，逼迫阿方一次性补偿两人共同生活期间自己辞职做家务的各类损失费30万元。双方在微信上多次争论，但均没有结果。为尽快解决纠纷，摆脱阿立的纠缠，阿方于2020年10月某日向老杨调解中心求助，请求老杨调解中心介入调解。

◈ 调解过程及结果

老杨调解中心受理后，预约双方当事人于次日到老杨调解中心参与调解。在了解案情阶段，调解员采用了背面结合的方式，分别听取了双方的陈述，劝导双方在珍惜感情的基础上，尊重事实，分清是非，明确对错，并对双方进行依法依规的劝导。调解员在与阿立的交流谈话中，对阿立的威逼与勒索等违法行为做了严厉的批评教育，然后与双方一起对双方借款进出记录做了核实。对于3万元借款金额，双方当事人均无异议。但阿立表示如果女方提出分手，那必须给予他经济补偿，尤其是要对他离职所造成的经济损失进行补偿。调解员认为关于经济补偿问题，双方当事人可以在合情合理范围内自愿协商，但阿立提出的30万元补偿金额是没有依据的。针对男方提出的经济补偿要求，调解员再次询问了阿方的意愿。阿方表示只要好聚好散，从今往后不再骚扰，影响她的正常生活，她不仅不要求阿立归还所借的3万元欠款，还愿意一次性补偿一笔相对合理的费用给阿立。

为达到案结事了，就地化解矛盾的效果，调解员再次与双方当事人一起进行交流谈话。调解员对双方当事人明确表示，按照恋爱自愿的原则，男女共同生活期间双方面对共同过错，均应承担相应责任。调解员指出，虽然阿立将30万元经济补偿诉求降至20万元，但依旧过高。调解员又向阿立指明，双方感情已经破裂，强扭的瓜不甜，大家都应多想想在一起时的美好感情。在调解员反复规劝、疏导下，阿立将补偿金额从20万元降至一次性补偿8万元，阿方从同意补偿3万元上升至同意一次性补偿5万元。在双方补偿金额差距不大的情况下，调解员采用折中的调解方法，建议双方各自做出让步，低标的一方上升1万元，高标的一方降低2万元。最终双方达成一致，由阿方一次性补偿阿立6万元，补偿款于调解之日当场兑现。双方自愿签订调解协议，达到了案结事了的预期效果。

◈ 案例点评

"白头偕老"的婚姻，让所有人羡慕。然而，因各种原因，一些人并没有实现这美好的愿望。情侣在花前月下、你侬我侬之时，往往对经济往来明细并不在乎，甚至以经济上的付出表明相互的信任与深情。然而，一旦情感生变，财产纠纷也往往随之爆发。当双方在钱款金额、性质上无法达成一致时，矛盾就会激化，并在讨要钱款过程中不断加剧、升级，双方最终会失去耐心而对簿公堂，甚至有可能酿成悲剧。对于恋爱期间发生的大额金钱往来，应尽可能保留书面证据，款项支付应尽量采取转账方式。

（老杨调解中心）

相亲对象起纠纷　怀孕分手索赔偿

◈ 案情简介

2020 年下半年，小周（男）与小骆（女）在一次相亲中认识，随后双方建立了恋爱关系。双方家长对两人都比较满意，准备待两人交往一段时间后，择良辰吉日举办婚礼。热恋中的小周和小骆如胶似漆，没过多久就开始同居。然而在共同生活数月后，两人发现彼此生活习惯、个性差异较大，对同一件事情的看法、意见常常相左，由此两人关系逐渐变得疏远。2021 年春节前夕，小骆突然感觉身体不适，立即前往医院就诊，医院确诊其怀孕并诊断出其子宫有囊肿，对今后的家庭生活和身体健康会造成一定影响。得知小骆的诊断结果后，小周偏执地认为既然双方感情一直不和，现在小骆的病情又会对以后的家庭生活造成影响，那么双方继续交往下去已经没有多大意思，于是就向小骆提出要解除恋爱关系。小骆听闻后十分寒心，没想到在这样的特殊时期，男友居然要分手。既然如此，那分手就必须付出代价，小骆遂要求小周对自己的身体损害和精神损失做出相应的补偿。双方亲属知道事情的起因后，对此事也有不同看法，双方矛盾无法调和。在私下协商无法达成共识的情况下，为尽快解决纠纷，双方当事人请求枫桥镇联合调解中心介入调解。

◈ 调解过程及结果

枫桥镇联合调解中心接到双方当事人的求助后，当即受理并预约双方当事人及恋爱介绍人于 3 日后到枫桥镇联合调解中心参与调解。调解员首先与男方小周及其亲属交流谈话，对双方当事人纠纷产生的因果关系进行分析，明确指出男方存在过错，应承担相应的民事责任。在分清是非对错后，调解员耐心听取了小周自愿接受调解的理由和诉求。调解员在与女方小骆及其亲属的谈话中，特别阐明恋爱期间自愿同居致使怀孕，在恋爱关系破裂后，男女双方均应承担相应责任。调解员对女方提出的流产手术费用及身体损害补偿诉求予以认可，但同时强调补偿金额不能过高，要合情合理。既然打算解除恋爱关系，双方理应好聚好散。在调解员反复疏导和规劝下，女方亲属提出一次性补偿医药费、营养费、精神损失费等各类费用总计 8 万元的诉求。调解员把女方亲属的诉求反馈给了小周，小周认为，恋爱期间怀孕双方负有共同责任，对于女方提出的补偿费最多一次性支付 5 万元。双方在赔偿金额上存在分歧，调解工作一度陷入僵局，调解现场男女双方争论不休并且双方家长和亲戚都表现出不达目的誓不罢休的态势，矛盾激化的趋势越来越明显。面对这种情况，调解员紧急联系了双方当事人所在村的村干部参与进一步调解，采用亲情规劝和折中模糊的调解技巧，建议双方各让一步：男方所支付的补偿金额从 5 万元上升至 6 万元，女方所请求的补偿金额从 8 万元下降至 6 万元。

　　功夫不负有心人，在调解员与村干部的共同努力下，双方当事人终于自愿达成协议，补偿款 6 万元于调解之日当场兑现，达到案结事了的法律效果。

◈ 案例点评

　　当今社会日渐开放，男女双方常在恋爱期间就开始同居，未婚同居容易引发很多问题。在调解此类纠纷时，应对女方进行心理疏导，让她认识到在享受恋爱并选择婚前同居的同时，女性应当懂得自我保护，唯有自尊自爱才能为自己赢得踏实的未来。虽然《中华人民共和国民法典》第一千零八十二条规定"女方在怀孕期间、分娩后一年内或者终止妊娠后六个月内，男方不得提出离婚；但是，女方提出离婚或者人民法院认为确有必要受理男方离婚请求的除外"，但在本案中由于当事人双方没领结婚证，女方在怀孕期间的很多权益就得不到法律的有效保护。男女双方自愿同居，怀孕是双方共同行为的结果。作为完全民事行为能力人，双方自愿发生性关系并致怀孕，错不应归咎于一人。怀孕后女方自主选择流产或因身体缘故而流产，在这种情况下，女方流产产生的医疗费、营养费等，原则上由双方各分担一半。如果流产导致女方以后不能生育或有较大可能性不能生育，男方则需要另向女方支付一定的经济补偿，数额大小依具体情况而定。建议恋爱中的女性朋友在享受甜蜜爱情的同时，能多了解一下相关法律条文，以给自己的恋爱、婚姻保驾护航。

（枫桥镇联合调解中心）

丈夫家暴闹离婚 诉前联调解纠纷

◈ 案情简介

　　婷婷和斌斌，于 2009 年上半年开始自由恋爱，并于 2010 年 5 月 12 日登记结婚，2010 年 12 月 18 日生育女儿小林，2012 年 9 月 15 日生育儿子小天。两个孩子的接连出生，让家里的经济压力陡增。随着时间的推移，婚姻生活的压力冲淡了恋爱的浪漫，婚后这几年婷婷和斌斌夫妻俩的感情日趋平淡。2016 年开始，夫妻间经常就日常生活琐事发生争吵，在争吵中婷婷还多次被丈夫斌斌殴打，对此行为婷婷忍无可忍，最后只得拨打 110 报警。枫桥派出所对斌斌的家暴行为曾发过一份警告书。因为斌斌的家暴行为，夫妻双方感情彻底破裂，其后一直处于分居状态。2022 年 5 月，妻子婷婷向诸暨市人民法院枫桥人民法庭提起诉讼，请求离婚。

◈ 调解过程及结果

　　枫桥人民法庭受理后，预约双方当事人于 2022 年 6 月某日上午到枫桥人民法庭联合调解委员会参与调解。调解采用诉前联调方式，由枫桥人民法庭天平调解工作室牵头，审理法官、书记员、当事人律师、老杨调解中心调解员及双方当事人等参加。调解员采用背靠背的方法，认真听取了双方的意见和诉求。婷婷要求：一是判令双方离婚；二是婚生女儿小林由女方抚养成人，婚生儿子小天由男方抚养成人；三是依法分割夫妻共同财产。调解员围绕离婚诉求，征求双方当事人意见，双方当事人对子女抚养均无异议，对夫妻共同财产分割却存在较大争议。女方婷婷对房屋债务无争议，但提出共有的六辆车中，有一辆在婷婷名下的车牌号为浙D×××××的大众汽车，要归她所有，按揭贷款也由她自负。其他五辆汽车同意归斌斌所有，各自债权债务各自承担。斌斌表示不同意，提出车牌号为浙D×××××的大众汽车首付款3万元是他支付的，因此这辆车虽然在婷婷名下但不能归婷婷所有，六辆车都要归他所有。如要离婚，婷婷只能净身出户。双方为了这一辆车的归属问题一直争论不休。

通过诉前联调，女方为了快速离婚再次做出让步。双方自愿达成离婚协议，并由诸暨市人民法院枫桥人民法庭制作民事调解协议：（1）原告婷婷与被告斌斌自愿离婚；（2）婚生女儿小林由原告婷婷抚养成人，婚生儿子小天由被告斌斌抚养成人，各自抚养费由各自承担；（3）六辆汽车归被告斌斌所有，婷婷应于车贷归还完毕之后的15日内协助将车牌号为浙D×××××的大众汽车过户至斌斌名下；（4）原告和被告在浙江诸暨农商银行贷款的10万元由被告斌斌负担，大众汽车自2022年7月起的按揭贷款由被告斌斌负担；（5）其余各自的财产归各自所有；（6）原告婷婷自愿放弃其余诉讼请求。调解协议由人民法院予以确认，并具有法律效力。婷婷与斌斌的离婚诉讼案，通过采用诉前联调的方式，成功结案。

◈ 案例点评

诉前联调是指当事人到法院起诉，在立案前由相关行政机关、事业单位、社会组织、人民调解员等先行调解的非诉活动。相对诉讼而言，诉前联调是更加灵活和高效的纠纷解决方式。经诉前联调工作室调解，达成的具有民事权利义务内容并由双方当事人签字或盖章确认的调解协议，具有民事合同效力。此案件的成功结案，说明诉前联调在程序上更简单便捷，既能帮助当事人节省诉讼成本，又能节省司法资源。

根据《中华人民共和国反家庭暴力法》，家庭暴力指的是家庭成员之间以殴打、捆绑、残害、限制人身自由以及经常性谩骂、恐吓等方式实施的身体、精神等侵害行为。家庭暴力是一个全球性问题，在世界各国都不同程度地存在。据调查，家庭暴力在绝大多数情况下是男性对女性施加的暴力，其严重危害了妇女的身心健康，侵犯了妇女的合法权益，破坏了社会的稳定和发展，已经引起国际社会的广泛关注。

家暴对一个家庭的影响非常大，家暴到了一定程度是可以判刑的。《中华人民共和国刑法》第二百三十四条规定：故意伤害他人身体的，处三年以下有期徒刑、拘役或管制；致人重伤的，处三年以上十年以下有期徒刑；致人死亡或者以特别残忍手段致人重伤造成严重残疾的，处十年以上有期徒刑、无期徒刑或死刑。《关于依法办理家庭暴力犯罪案件的意见》中明确指出，施暴人主观上具有希望或者放任被害人重伤或者死亡的故意，持凶器实施暴力，暴力手段残忍，暴力程度较强，直接或者立即造成被害人重伤或者死亡的，应当以故意伤害罪或者故意杀人罪定罪处罚。对正在实施的家庭暴力，受害人有权提出请求，居民委员会、村民委员会应当予以劝阻，公安机关应当予以制止。

（枫桥镇人民调解委员会）

小　结

◇◇◇◇◇◇◇◇◇◇◇◇◇

　　婚姻情感纠纷伴随着人类社会发展至今，是人类最基本、最常见的纠纷之一。近年来，在经济与社会变革大潮的冲击下，我国年轻人的婚姻家庭观念发生了深刻变化。一部分人过于强调个性自由、追求个人欲望，做出了非法同居、非婚生子女等道德滑坡的行为。另外，身份关系的复杂化也带来了家庭关系的复杂化，其引发的婚姻情感纠纷也呈现出数量大、法律关系复杂、处理难度大的特点。婚姻情感纠纷不仅牵涉双方当事人之间的人身与财产关系、利益与情感关系，很多时候还与子女抚养、父母赡养、家庭暴力等问题息息相关，而且纠纷的最终处理是否得当，会影响到社会秩序、公共利益等。

　　随着农村离婚率的上升，社会不和谐因素时有显现，由感情纠葛、家庭矛盾引发的事件，数量呈上升趋势，如果得不到及时处理，矛盾纠纷就有激化并走向极端的危险。婚姻和谐、家庭幸福是社会稳定的基石。事实证明人民调解对于解决婚姻家庭纠纷有很大的帮助。一方面，中国传统文化中，撕破脸皮的事一旦发生，双方的感情和关系就很难恢复。如法庭上的一决雌雄，可能会导致各方关系彻底走向破裂，难以再度和好。人民调解则破除了处理结果中你赢我输的对立，保留了双方的尊严，这不仅有助于解决纠纷，而且给未来关系的维持也留有了余地。另一方面，婚姻家庭纠纷通过法律特别是司法途径解决，往往不具备足够的政策弹性，解决方案不一定能照顾到当事人的每一项需求。相对而言，当事人在婚姻情感领域的各种问题，都可以通过调解的方式尽可能得到公平合理的解决。

除此之外，人民调解具有解决问题的广泛性、解决手段的灵活性等特殊优势。夫妻或恋人之间，往往因双方之间的情感互动出现问题才会产生矛盾。因此，单纯依赖双方当事人往往难以将矛盾及时化解。这时要借助双方共同的熟人，如与双方关系密切的朋友、有较高威望的长辈等进行调解。通过外部力量来教育存在一定过错的一方，形成双方当事人关系新的平衡。

老杨调解中心在基层调解工作中，充分发挥人民调解的教育、疏导功能，致力于修复家庭关系、治愈情感创伤，有效维护家庭幸福安宁、社会和谐稳定。在解决婚姻情感纠纷的实际工作中，整合司法资源、社会资源和专家资源，为人民群众提供多途径、高效率、低成本、不伤和气的纠纷解决方案。为了能更有效地化解家庭矛盾、挽救婚姻，老杨调解中心总结经验，突破进取，开拓婚姻家庭工作新途径，从源头化解婚姻情感纠纷，努力把婚姻情感纠纷预防和化解工作做实做细，促进家庭稳定、社会和谐，进一步增强人民群众的获得感、幸福感、安全感。

第三章

劳务纠纷调解案例

LAOWU JIUFEN TIAOJIE ANLI

做小工意外死亡　联动调解纾民愁

◈ 案情简介

　　周某，男，52岁，家里有患精神疾病的妻子和刚走上工作岗位的女儿，属于家庭困难低保户。周某因家庭负担较重，平时以打工为生。2017年5月的一天，周某与邻村泥工李某相约，前去邻镇帮一低保户骆某家修筑墓地，周某在骆某家做小工的第二天上午，在干活中意外摔倒，经医院抢救无效后死亡。案发后，骆某兄弟三人及妹夫陈某立即到山下湖派出所报了案，同时又向山下湖镇政府汇报了此事。派出所和镇政府领导了解事件发生的基本情况后，因为死者是枫桥镇人，所以派人前往枫桥镇政府联系协调，并请求将该意外死亡纠纷案交由枫桥镇人民调解委员会主理。

　　枫桥镇人民调解委员会调解员摸清案情及双方家庭基本情况后，发现户主与打工者双方家庭中都有患精神疾病人员，且双方都是享受政府低保待遇的特困户，遂意识到调解此次意外死亡纠纷案件，将面临巨大困难，但为了维护群众的利益，为了社会的和谐稳定，枫桥镇人民调解委员会调解员没有退缩，而是迎难而上。

◈ 调解过程及结果

　　鉴于案件的特殊性，调解员与相关政府部门对具体案情进行了集体分析与探讨，认为案件当事人涉及两镇三村，且具体案情涉及劳动关系、死者死因以及用工劳务的多层法律关系等，要解决好这起疑难纠纷，必须制订完备的调解预案，确定调解方法并及时采取相应措施：（1）实行两镇、两所、三村联合调解方式；（2）由案发地派出所查清劳动关系事实；（3）弄清死者死因。

经过前期细致调研，在受理案件的第二天，枫桥镇人民调解委员会就组织双方当事人进行调解。调解中，调解员杨光照首先向双方明确了调解自愿、调解依法的原则，向双方当事人解释了周某意外死亡与其病因有关。因周某与骆某属劳动雇佣关系，可参考浙江省赔偿标准计算赔偿金额，赔偿金额由双方当事人协商解决。受害人家属在听取调解员对赔偿金额计算方法的解释后，立即提出要骆家赔偿70万元人民币，骆某妹夫陈某当即回复说："不可能。"此时在调解现场，双方当事人情绪激动，舌战不停。为稳定场面，调解员将双方当事人拉开，继而采取背靠背的调解方法，向骆某与其妹夫陈某普及了《中华人民共和国劳动法》《中华人民共和国侵权责任法》等有关法律知识，但骆某方始终强调周某死亡是疾病之故，并要求公安机关做尸体解剖鉴定，否则只能从人道主义角度出发，最多补偿2万元作为周某的安葬费。周某家属听到2万元这个数字，立即暴跳如雷，并狠狠地说："2万元还是去喂狗好。"就这样，第一次调解无果而终，而且还引发了死者家属上访的事件（死者周某家属召集20余人前往市政府上访）。周某家属企图用上访、群访的手段给政府施压。当地政府获悉死者周某家属到市政府上访的消息后，立即派人前去将有关人员劝回到当地政府再次协调。当天下午，两镇三村加强力量，启动由两镇干部、两镇司法所、两镇派出所、两镇调委会以及当事人参加的联动大调解，继续使用背面结合的方法疏导、协调。调解员反复劝导，讲明骆某兄弟三人中两人为低保户，一人为困难户，巨额经济补偿实在无法兑现。此时，死者家属揪住骆某妹夫陈某不放，认为陈某是墓主的女婿，应该承担补偿费用，但陈某认为自己既不是雇主，又不是当事人，不会承担补偿费用。此时，死者家属情绪失控，一哄而起，矛盾继续激化，谩骂声、指责声在调解现场纷纷响起。其间，死者的个别亲戚还指着调解员破口大骂："为何我们的事情没有按我们的要求调解好，要你们干什么的？你们是吃干饭的！"吵闹间，周某女儿还突然躺倒在地上号啕大哭，要骆某还他死去的父亲。为平息事态，稳定家属情绪，调解员立即采取了"冷却法"进行调解，要求当事人各派出代表继续协调，其余人员回避。调解员继续向双方讲明事实，分清是非，要求双方为解决问题端正态度，相互让步，提出合理诉求。通过调解员的不懈努力，受害人一方将赔偿金额从 70 万元降至 30 万元，雇主方从补偿 2 万元上升至补偿 5 万元。由于双方的补偿金额差距仍然过大，死者家属又拒绝做周某的死因鉴定，骆某与妹夫陈某不想继续调解，要求周某走司法程序解决，调解再次被中止。

纠纷延续至第四天，死者亲属一计不成又另出一策——"闹丧"，以其表兄为主的亲属纠集年长妇女等 10 多人身穿"孝衣"，来到枫桥镇政府调解办公室，大闹厅堂，用拍照、录音等行为威胁调解人员。为避免矛盾再次激化，调解员杨光照建议与双方主要人员分别谈话，稳定情绪，各方提出可行性意见，并要求骆某与陈某理智对待，考虑适当提高补偿金额。经过多次劝导，骆某方同意一次性补偿 8 万元，死者方也将赔偿金额从 30 万元降至 20 万元，补偿费用的差距逐步缩小。然而正在协调中，死者的一个亲戚打来了电话，说"这一点补偿款不行"，给调解员泼了一盆冷水，调解再次陷入僵局，第三次调解又告失败。

调解进入第五天，为使死者早日入土为安，死者周某的表兄心平气和地来到调解中心，主动申请帮助调解员继续调解此纠纷，但雇主方骆某、陈某拒绝参与调解。经调解员再三做工作，骆某、陈某勉强答应派委托人楼某参与调解。在调解员多次耐心调解下，到下午 5 点双方基本达成初步意向，即雇主和泥工一方一次性补偿死者家属医药费、抢救费、安葬费、死亡补偿费等各类费用共计人民币 12 万元，双方镇政府对死者家属给予相应的生活困难救助补偿。补偿款于调解当日兑现。最后双方当事人自愿达成协议，当场握手言和。历经 5 天的疑难纠纷终于圆满解决。

◈ 案例点评

每起纠纷背后都有一个感人故事，虽然调解的对象不同，但调解员对每位当事人的真诚、热心和耐心都是一样的。这是一起因劳务而发生的意外死亡事故，双方均无过失过错责任，然而双方无法就补偿金额达成一致，加上死者亲属情绪失控采取过激行为，甚至有无理辱骂调解员的不理智行动，使调解工作难以顺利开展。"依靠群众，为了群众，小事不出村、大事不出镇、矛盾不上交，就地化解"是"枫桥经验"的核心要义和精髓，面对困难和委屈，调解员没有放弃努力，而是想方设法协调，继续开展工作。在这起死亡事故的调处中，枫桥镇人民调解委员会的调解员以较高的调解艺术水平和多样化的调解方法确保调解获得圆满成功，在整个调解过程中，调解员严格做到依法调解。在调解之初，面对死者家属提出的巨额赔偿，调解员不是简单否定，而是依照有关法律、规章规定，引导当事人依法索赔，根据法律规定维护自身权益。同时，调解员在严格依法调解的前提下，兼顾死者家庭的实际困难，反复做各方工作，给予死者家庭道义上的一定补偿。面对死者家属的冲动行为，调解员始终保持克制和冷静的态度，稳定了事态，为双方提供了一个和平、公正、有效的解决问题途径。通过调解员耐心的沟通和解释，双方渐渐理解对方的立场和情感。最终，调解员成功化解了死者家属的冲动情绪，让他们认识到自己的行为可能会带来更多的麻烦和损失，从而达成了双方都能接受的协议。在整个调解过程中，调解员始终保持中立和公正，不偏袒任何一方，不被情绪所左右，以客观、理性的态度处理矛盾和纠纷。调解员的专业素养和高超技巧，为社会稳定和谐做出了积极贡献。

（老杨调解中心）

工厂内晕倒身亡　联调维稳平事态

◈ 案情简介

　　2019年8月某日晚上，在浙江某弹簧厂上班的枫桥镇某村村民李某，与往常一样准时进入车间，没想到的是李某在去打开水的路上，突然晕倒在地，时间过去20多分钟才被本厂职工发现。职工发现李某晕倒后就立即向厂方老板汇报，厂方老板第一时间拨打了120急救电话，速送李某去医院抢救。虽然医院全力抢救，但李某还是抢救无效死亡了。事后，厂方将案情及时报告给枫桥镇政府。为避免事态扩大，矛盾激化，枫桥镇政府立即通知枫桥镇联合调解中心参与调解。

◈ 调解过程及结果

　　枫桥镇联合调解中心接到通知后，随即在次日上午组织厂方与死者李某亲属及有关职能部门参与联合调解。调解中，调解组首先向双方当事人了解具体情况，分析案情，并由劳管所工作人员向双方讲解工伤工亡案件的赔补偿标准。然后，调解组采用背靠背和依法疏导的调解方法，分别与双方当事人谈话，进行疏导。厂方老板认为李某的死亡是自身疾病导致的，有全程录像及医院病历为依据，当事人死因明确，不认可参照工伤工亡标准赔偿，只能做人道主义补偿。死者亲属则强调，李某是在预备上班时间又是在工作车间内倒地死亡的，应按工伤工亡标准赔偿。为此，是否按工伤工亡标准对李某亡故进行赔偿，成了双方的主要争议点。双方当事人就此问题争论不下，经过一天反复协商未果，调解组建议双方当事人暂做冷静思考，另预约时间再次调解。

　　根据双方当事人的请求，调解组于 2 日后再次组织调解。调解中，双方当事人还是各执一词，强调各自的理由：厂方仍认为只能做病故的补偿，死者亲属则坚持以工伤工亡标准赔偿。在调解现场，双方矛盾激化，李某亲属扬言要去政府讨个说法。眼看有纠纷扩大的危险，调解组认为当务之急是稳定双方情绪，让双方都能端正态度。待双方都平静下来以后，调解员又依法对他们进行疏导，以理说服，想方设法让双方当事人接受调解。若按工亡赔偿标准，金额应为 88 万余元，对此，厂方拒绝接受并要求进行尸检确认死亡原因，而死者亲属坚决拒绝尸检。针对此种状况，调解组提出两条建议：一是走司法程序；二是双方折中考虑，不按标准，自愿协商出赔偿金额。此时，厂方提出愿意一次性补偿 55 万元，但是死者亲属仍不接受，此次调解仍无果。当天傍晚，死者亲属采用到工厂"闹丧"的方式想迫使厂方做出赔偿，厂方无奈之下只得报警求助。死者亲属的违法行为受到公安机关的严肃批评和教育。

　　为规范调解秩序，调解组提出双方都派出代表参与调解，并定于 3 日后再次组织调解。在调解组反复劝导下，经过法、理、情的综合疏导，双方当事人最终都做出了让步。死者亲属将赔偿诉求从 88 万元降到 65 万元，厂方将补偿款从 55 万元提高到 57 万元，金额逐渐接近。为达到案结事了、维护稳定的目的，调解员将案情再次汇报给政府分管领导，在分管领导的多次沟通下，最终厂方同意适当提高补偿金额，双方终于达成共识。

　　经过调解组一周时间的协调，在政府领导的关心支持下，最终双方当事人都做出相应的让步，以一次性补偿 62 万元达成一致协议。调解员的辛勤付出，换来了双方当事人满意的结果，补偿款于调解之日全额兑现，做到了案结事了。

◈ 案例点评

　　本案调解的最大难点在于死者亲属相信"小闹小解决、大闹大解决"，对法律法规的理解停留在道听途说的层面，认为只要自己顶着"工亡"的名义、保持强硬的态度即可获得更多的利益，甚至使用诸如聚众闹事、堵门阻工等手段维权，致使调解工作陷入群体性事件的危机中。因此，调解员介入案件之初，要将维护现场秩序作为首要任务，确保调解工作稳定有序。面对面调解过程中，在赔偿金额无法达成一致的情况下，调解员改变策略，先后两次开展背靠背调解，一方面对死者家属开展心理疏导，讲解法律法规以及相关政策，另一方面让厂方从企业社会责任感的角度出发，适当做出让步，从而逐步拉近双方的差距，最终达成一致意见。针对这一起职工死亡的纠纷案例，调解员提醒：作为从业者，应根据身体状况理性选择力所能及的工作，避免身体机能衰退后继续从事劳动强度较大的职业；用人单位也应购买相关保险，完善风险规避机制。此案中，死者亲属一直处于丧亲之痛中无法自控，不愿接受事实，索要高额的赔偿金，这一度使调解工作陷入了困境。面对困境，调解员并未退却而是调动社会调解力量，对案情进行分析研判，提出中肯的调解建议，尽可能缩小双方差距，最终真正使调解工作顺利完成，不留下任何"后遗症"。

（枫桥镇联合调解中心）

职工触电惹争端　求助调解终获偿

◈ 案情简介

2019年7月某日，民工陈某在老菜场改造提升工程工地进行混凝土浇灌施工。当时施工所用的混凝土泵车由诸暨市某混凝土有限公司提供。在施工中，因混凝土泵车操作员操作不慎，泵管触到高压线引发事故，导致施工员陈某触电受伤。陈某受伤后，立即被送往医院住院治疗，花去医药费1.2万余元。陈某身体基本康复后，要求施工单位赔偿各种费用8万元，而施工单位觉得陈某提出的金额偏高且依据不足。在双方私下协商没有结果的情况下，伤者陈某及施工单位诸暨市某混凝土有限公司代表来到枫桥镇联合调解中心申请调解。

◈ 调解过程及结果

枫桥镇联合调解中心受理此案件后，预约了双方当事人于次日到枫桥镇联合调解中心进行调解。由老杨调解中心、枫桥镇劳动管理所、枫桥镇人民调解委员会、枫桥镇法律服务所等单位组成联合调解组。调解组对案情进行详细的分析，制订调解方案，决定采用联动调解、依法疏导和背面结合的调解方法。为使调解工作达到理想的效果，调解组先对施工单位诸暨市某混凝土有限公司代表进行依法疏导，明确劳动关系，分析造成事故的原因，根据《中华人民共和国劳动法》和《中华人民共和国侵权责任法》的有关条款厘清法律责任和民事赔偿责任。在调解员反复释法说理下，公司代表认识到自己的过错与应承担的法律责任和民事赔偿责任，表示愿意在合理的赔偿范围内与陈某协商。然后在与陈某的交流谈话中，调解员又对陈某进行普法宣传，讲清要按责任和理赔标准确定赔偿金额，建议陈某合理合法地提出赔偿诉求。调解员通过耐心分析和劝说，使得陈某将赔偿款从原来的8万元降至4万元。调解员抓住时机，再次组织双方当事人进行面对面的交流，让双方当事人把各自的真实想法在调解现场表述清楚。经过调解员反复做思想工作，最终双方当事人形成了调解共识，对于4万元赔偿款都没有异议，但对于赔偿款支付方式有不同的意见。陈某要求公司方一次性支付完毕，而公司方不认可这样的支付方式。面对调解中的突发状况，调解员首先肯定了双方已达成的关于赔偿金额的共识，然后建议双方珍惜这来之不易的和解成果，对于支付方式不要过于计较。待双方考虑清楚后，调解中心可以再次组织双方当事人继续调解。

2019年9月初，陈某向枫桥镇联合调解中心表达了协商的意愿，枫桥镇联合调解中心立即再次组织双方当事人进行协调，最后就赔偿款支付方式统一了认识。依照公司方诉求，赔偿款分两次支付：协议签订之日支付2万元；待受害人将保险公司所需的理赔资料提供完毕后再支付剩余部分。经受害人陈某认可，双方于当天自愿达成调解协议。诸暨市某混凝土有限公司当场兑现首期补偿款2万元。为保护双方当事人的合法权益，保障法律程序的完整实施，调解组建议双方当事人于调解之日到枫桥人民法庭进行司法确认。本案件的成功调处，有效地保护了双方当事人的合法权益，实现了案结事了，取得良好的法律效果与社会效果。

◈ 案例点评

这是一起由施工不安全造成的工伤事故。由于种种原因，劳资双方关系往往并不对等，劳动者属于弱势群体一方。像本案中因工伤事故致残的劳动者，无法直接通过与当事公司协商来获得赔偿。同时，在工伤事故发生后，当事人对其损害结果仅凭主观判断，又较多听信他人误导，因此提出不合实际的赔偿要求，从而加大调解难度。在这起案件调解过程中，调解员通过分析说理，降低了当事人过高的诉求，最终促使纠纷得到化解。本次调解工作整合了调解资源，起到了握指成拳的效果，积极有效地维护了当事人的合法权益和社会稳定。

（枫桥镇联合调解中心）

单车肇事致伤残　多方联动巧化解

◈ 案情简介

2019 年 5 月初，枫桥镇 A 村村民杨某建造新房，将工程（轻工）承包给枫桥镇 B 村泥工包工头阿校，阿校又叫来同村村民阿龙等人做小工（按工计酬）。某日下午，阿龙做完小工骑电动自行车回家，因电动自行车刹车失灵，发生交通事故。车辆碰撞后阿龙跌倒受伤，被送去医院住院治疗，共花去医药费 13 万元。阿龙出院后，留下了智力残疾的后遗症。之后，阿龙家属多次找到阿校，要求其支付医疗费，但均被阿校以无责、无钱为由推辞。双方协商不成，阿龙家属多次将阿龙连车带人丢弃在阿校家门口，扬言绝不走司法程序。阿龙家属的这种过激行为，迫使 110 先后出警 6 次。在民警多次劝诫、疏导下，2019 年 12 月底，双方当事人分别向枫桥镇联合调解中心申请调解。

◈ 调解过程及结果

枫桥镇联合调解中心接到申请后，立即受理并及时了解情况。调解组首先对案情进行全面调查，从事实上厘清了双方的法律关系与责任关系：（1）当事人阿龙在做小工下班途中骑电动自行车碰撞跌倒致伤，应属交通事故，其主要责任人应是本人。（2）泥工包工头阿校临时雇用同村村民阿龙做小工，雇佣期间虽未签劳动协议，也未购买相关保险，但客观上已形成个人之间的劳务关系。根据《中华人民共和国侵权责任法》，接受劳务一方（雇主阿校）应承担相应的责任。（3）雇工阿龙发生的人身损害主要是交通事故所致，并不在劳务场所、劳动期间，是由本人的过失行为造成的事故损害，其本人应承担主要责任。（4）房主杨某与泥工包工头阿校签有工程承包合同，且给员工购买了意外保险。但小工阿龙是阿校临时雇用的，与房东杨某之间不存在相应的劳务关系，并不能享受意外保险待遇。

根据上述案情调查与分析，调解组经集体讨论，制订了相应的调解方案。运用背面结合、分别疏导的调解方法，调解组首先与受害人家属（妻子阿敏、儿子阿海）进行沟通，听取意见与诉求。受害人妻儿的诉求是：雇主阿校全额支付医疗费 13 万元，并承担继续治疗及伤残补贴费用 8 万元。如雇主不承担、不支付费用，他们就将伤者送到雇主家治疗护理。针对受害人家属提出的意见和诉求，调解员当即对受害人家属进行释法说理，并客观地做了案情分析，阐明了劳务关系及赔偿标准等相关内容，引导受害人家属理智对待，合理提出诉求，为最终化解矛盾打好基础。然后，调解员又与雇主阿校谈话，征求调解意见。阿校认为，阿龙确实是自己雇用的，但阿龙并不是在劳动场所、劳动期间受伤的，而是在下班途中因交通意外致伤。其主要责任人是阿龙本人，与他无关，所以他不需要做人身损害赔偿。出于人道主义考虑，他最多给予 2 万元补偿。依照泥工包工头阿校的态度，要达成调解共识有较大难度。为攻克难关，调解员不厌其烦，三番五次去做阿校的工作，并运用有关法律条款对阿校进行释法说理，指出《中华人民共和国侵权责任法》第十一条规定雇员在从事雇佣活动中遭到人身损害的，雇主应当承担赔偿责任。同时，调解员又运用情感感受法对阿校进行劝导，指出受害人阿龙毕竟和他同村，平日低头不见抬头见，能帮一把就帮一把。调解员这番入情入理的劝解，使阿校在思想上有了新的认识，态度有了一定的转变，并表示可适当提高补偿金额。

在调解员与房东杨某的沟通中，房东杨某认为阿龙致伤与他无关，其理由为：（1）杨某与泥工包工头阿校签有工程承包合同，明确规定在施工中雇工发生意外致伤，房东不承担责任。（2）阿龙致伤是在下班回家途中，而不在本户的施工场所、施工时间段内（如在施工场所、施工时间段内致伤，本户已投保意外保险）。（3）阿龙身体所受损害是其驾驶电动自行车时发生交通事故所致，与本户施工无关。出于人道主义考虑，杨某表示最多可捐助 2000 元。

调解组经过 10 多天的调查与分析，认为调解的关键在于确定雇工与雇主的劳务关系。为尽快地解决纠纷，调解组于 2020 年元旦后再次组织当事人进行面对面调解。调解中，调解员按照公平、公开、公正的原则，再次明确雇主与雇工之间存在雇佣关系，雇主对雇工的人身损害应当承担相应的赔偿责任，同时进一步阐明了雇工的人身损害主要是车辆安全措施不当发生交通事故所致，雇工本人应负此次事故的主要责任。

经过调解员耐心疏导，释法说理，当事人态度有所转变，都表示愿意做出合理的让步。受害人家属当即降低了诉求，从原先的 21 万元赔偿诉求降到自付 2/3，雇主承担 1/3，即由雇主一次性补偿 7 万元。阿校虽然态度有所转变，但还是觉得自己责任较小且家庭经济困难，只同意支付现有医药费 13 万元的 1/3，最多不超过 45000 元。由于阿校对受害人家属提出的 7 万元赔偿要求迟迟不作答复，从而使调解再次陷入僵局。受害人家属一气之下，矛盾再次激化，他们再次将阿龙连车带人丢弃在阿校家门口，聚众闹事，后经 110 民警劝导才平息事态。此纠纷因双方诉求差距较大，虽经多次调解但无法达成一致，还造成了受害人家属初信初访。

为使纠纷不扩大，矛盾不激化，调解组抓住春节年关有利时机，再次组织当事人进行调解。最终调解员采用折中的调解方法，劝导雇主以了事为目的，适当提高补偿费用，从 45000 元提高到一次性补偿 48000 元。同时，又说服受害人家属做出让步。在调解员的真情感召下，受害人家属从原来要求赔偿 7 万元降低至一次性补偿 65000 元。

为解决雇主与雇工之间的 17000 元补偿差额，调解组采用捐助方式，要求房东资助一点、村委补助一点、政府救助一点，最终补上了这 17000 元的差额，解决了调解工作的根本困难，促使雇主与雇工家属自愿地达成了调解协议。雇主的 48000 元补偿款于调解之日当场兑现，做到了案结事了。

◈ 案例点评

就此案而言，这是一起雇工因自身原因致残的纠纷，雇工家属一直索要高额赔偿金，雇主难以满足其要求，于是雇工家属就向信访部门表达诉求。面对复杂情况，调解员通过各种方式稳定家属的情绪，防止事态恶化，从法、理、情的角度出发，坚持运用"枫桥经验"，积极依靠群众，依靠党委政府，依靠社会组织，就地化解矛盾纠纷，在短时间内进行了多轮调解，最终圆满解决问题。在具体调解工作中，调解员对当事人的是非对错，不要随便批评、评论。在调查询问过程中，问话要周密设计，讲究语气，避免在谈话中出现对当事人任何一方有刺激性的言语，同时要求当事人心平气和地叙述事情经过，不要随意指责或刺激对方，如果出现过激言语，要及时予以纠正。要本着"解铃还须系铃人"的原则，通过启发、疏导、劝说的方式促使当事人自我觉悟，进而认清是非对错，通过反复协商达成和解，这样才能真正化解矛盾，平息纠纷，解决问题，不留后患。

（枫桥镇联合调解中心）

高处跌落受重伤　人民调解助维权

◈ 案情简介

浙江某机电有限公司负责人杨某，因公司整修工程需要，临时雇用村民赵某到公司做电路维修。2020年11月某日，赵某正在维修电路，场内其他职工在不知情的情况下将场内电闸刀突然合上，致使赵某触电不慎从脚手架上跌落在地，伤势严重。经医院诊断，赵某身上多处骨折。后经绍兴市某司法鉴定所鉴定，赵某为十级伤残。经过住院治疗，赵某的伤势基本痊愈。赵某曾与公司就赔偿事宜私下进行商议。赵某认为公司应对他的伤残负全责，要求公司支付给他20万元赔偿费用。公司负责人杨某则认为赔偿应该参照相关的法律法规进行核算，不能赵某说多少就得给多少，何况20万元的赔偿费用并不是很合理。关于赔偿问题，双方诉求差距较大，为避免矛盾激化，尽早解决纠纷，双方当事人请求枫桥镇人民调解委员会介入调解。

◈ 调解过程及结果

枫桥镇人民调解委员会接到求助后，当即受理并召集双方当事人到枫桥镇人民调解委员会参与调解。为了充分了解案情，调解员分别与当事人进行了谈话，听取双方的意见与诉求。在与公司负责人杨某交流时，调解员非常认真地向其进行普法宣传，指出《中华人民共和国民法典》第一千一百九十一条规定"用人单位的工作人员因执行工作任务造成他人损害的，由用人单位承担侵权责任"，第一千一百九十二条规定"个人之间形成劳务关系，提供劳务一方因劳务造成他人损害的，由接受劳务一方承担侵权责任"。调解员通过释法说理，进一步明确损害赔偿责任，向杨某讲清楚，雇工因执行工作任务造成身体损害的，雇主应当赔偿医药费、护理费、交通费、营养费、住院伙食补助费以及因此减少的务工收入，造成残疾的还应当赔偿辅助器具费和残疾赔偿金等。根据赵某伤残等级及理赔标准，经调解员核算，赔偿款应在 17 万元左右。对于调解员的核算，杨某原则上表示认可，但又借机提出赵某本人的操作也存在安全隐患，其本人也应承担相应责任。

在与赵某交流时，调解员首先对受害人赵某提出的依法参照相关赔偿标准核算赔偿金额的意见表示赞同和采纳，同时又提议为使双方的诉求差距尽可能缩小，达到和解的目的，赵某可以在核定的总金额内适当降低赔偿金额。在调解员依法依理的劝导下，双方互做让步：受害人赵某表态同意降低一成左右的赔偿金额，并原则上同意在合理的诉求下解决问题；杨某提出一次性赔偿 15 万元。

考虑到双方当事人的诉求标的已接近，双方又均有调解诚意，调解员建议杨某从人道主义出发酌情再给予赵某 3000 元作为补偿，即各类人身损害赔偿费共计人民币 153000 元。杨某在调解员的规劝下对此赔偿数目表示认可，最终双方自愿达成调解协议，由浙江某机电有限公司负责人杨某一次性赔偿赵某 153000元。赔偿款于调解之日当场付清，做到了案结事了、握手言和、止纷息诉，实现了法律效果与社会效果的有机统一。

◈ 案例点评

此案件中，调解工作的难点在于双方对于赔偿金额的诉求有差距。调解员通过对双方当事人进行依法疏导，使双方诉求标的趋于接近。在本案调解过程中，调解员在遵守法律法规的前提下兼顾人情，晓之以理，动之以情，对公司负责人杨某、雇工赵某分别进行劝导。调解员还耐心倾听双方诉求，带领双方当事人学习法律法规的相关条款，使双方对赔偿规定有了更进一步的了解。赵某在工作中受伤是事实，因此提出赔偿要求是合情合理的，公司方对赵某的损失应该负责。调解员在当事人之间树立平等待人和公平、公正处事的形象，使他们消除不必要的顾虑，坚定依靠调解解决纠纷的信心。调解员想群众之所想，急群众之所急，是本案得以成功调解的关键。调解员需要具备敏锐的洞察力和良好的沟通能力，能够深入了解当事人的需求和利益，理解他们的情感和心理，以此为基础，制订出切实可行的调解方案，切实解决当事人的法律问题。同时，调解员还需要具备专业的法律知识和丰富的实践经验，能够在调解过程中灵活运用法律规定，协调各方利益，达成双方都能接受的调解结果。只有这样，才能真正做到想群众之所想，急群众之所急，为当事人提供高效、优质的调解服务，促进社会和谐稳定。

（枫桥镇人民调解委员会）

租房内意外死亡　妥善调处止纷争

◈ 案情简介

　　某废旧物品回收店店主王某雇用叶某开铲车。叶某在王某店里连续务工已有四年多，与店主王某一直都没有签订劳动合同或用工协议，双方只是口头约定：鉴于每日工作时间较长，每月工资为 12000 元。四年来，双方诚信守约，并无任何纠纷。雇工叶某在王某店附近租有住房一间，住宿、膳食等自理。2022 年 2 月某日，雇工叶某于上午 11 点 30 分左右下班去出租房处吃午餐，按照惯例中午 12 点叶某就应回店里上班，但当日却迟迟未回，店主王某几次电话联系，均无人接听。店主遂向叶某侄子阿宝询问情况，阿宝说不知情。事后阿宝前去出租房内探望，发现叔叔叶某在出租房内跌倒死亡。阿宝连忙向店主汇报情况，店主当即拨打 110 报警。执勤民警当即出警，经过现场调查取证，法医到场勘察，确认叶某是因自身原因（疾病）死亡。民警将现场情况告知王某并及时通知死者家属。死者妻子瞿某和儿子于次日赶到枫桥派出所，民警将叶某死亡的调查情况告知死者家属。家属对警方的调查结果并不能接受，认为叶某是因为每日工作时间过长，过于疲劳才导致死亡的。事后，死者家属向枫桥镇人民调解委员会提交调解申请。

◈ 调解过程及结果

　　枫桥镇人民调解委员会接到当事人家属的调解申请后，及时受理并召集双方当事人到枫桥镇人民调解委员会参与调解。调解采用背靠背及依法疏导、依理说服的方法。首先由办案民警向调解组及死者家属介绍案情及调查情况。然后依据案情实际，调解组征求死者家属对叶某死亡案的调解意向。死者家属坚称叶某是劳累过度引发死亡，请求按工伤标准赔偿，但雇主认为叶某死亡是自身疾病引发的，故不做赔偿只做人性化补偿。双方为叶某赔偿与补偿金额问题发生争议。为辨清事实、化解争议，调解组认为首先要厘清劳动关系和死亡原因。根据相关调查，事实如下：（1）叶某务工时虽未和雇主签订劳动合同与劳动协议，未交五险，但实际务工已有四年多，所以构成事实上的劳动关系；（2）叶某意外死亡的地点不在工作场所，也不在上下班途中，死亡时间也不在工作时间内。其死亡地点是自己租的房子，死亡时间是午餐时间，经法医鉴定其死亡是自身疾病所导致的。基于以上客观事实，叶某的死亡不符合工伤认定标准。对此，死者家属并不认可，坚持要以工伤死亡理赔。在双方就因工死亡与因疾病死亡争议不下时，调解组向死者家属指出，死者的死因警方已经确定，如果不认可，就要对死者进行尸检，待结果出来后再做调解，并建议死者家属回去好好商议后再做答复。调解于当日中止。

经过仔细思考、权衡后，次日死者家属再次申请调解，并将诉求从工伤赔偿改为请求雇主给予家庭生活困难补偿，补偿诉求为一次性支付50万元。但雇主王某认为叶某不是在工作时间、工作场所意外死亡，不属于因工死亡范围，出于人道主义精神，对此最多一次性补偿15万元。因补偿金额的差距较大，双方未能达成调解共识。为使纠纷不扩大，矛盾不激化，调解组采用分组疏导、亲情劝导、村镇所联动调解的方式，反复做双方当事人的思想工作，让他们各让一步，尽快平息事态，让死者尽早入土为安。在调解组的不懈努力下，双方当事人都释放出调解诚意：受害人家属的诉求从一次性补偿50万元下降到一次性补偿30万元，雇主从最多一次性补偿15万元上升至一次性补偿18万元。即便这样，双方差距依旧较大，为使调解落到实处，调解员提出折中方案，建议一次性补偿20万—25万元。

在调解员反复劝导下，双方当事人都做出让步，受害人家属表示同意在22万元左右解决问题。感受到受害人家属的诚意后，调解员再次上门去做雇主王某的工作，并建议雇主从一次性补偿18万元上升到一次性补偿22万元。最终双方当事人达成共识，由雇主对雇工家属的生活困难及各类损失做一次性补偿，共计人民币22万元。劳动工资随即付清，补偿款于调解之日当场兑现，达到了案结事了、握手言和的法律效果和社会效果。

◈ 案例点评

　　就本案而言，这是一起雇工因自身疾病死亡的损害赔偿纠纷，死者家属一直处于丧亲之痛中无法自拔，不愿接受事实，一直索要高额的赔偿金。凡矛盾纠纷，都是因双方具有某些利益冲突又不能达成共识才发生的。双方当事人心中都有一个"结"、一股气，情绪都很激动。因此要做好调解工作，首先必须稳定当事人的情绪，待他们心情平静了，才能进行调解。否则不仅无法调解，还可能使纠纷愈演愈烈，发生更严重后果。在本案调解过程中，调解工作人员通过各种方式稳定家属的情绪，防止事态恶化，从法、理、情入手，坚持不怕烦、不怕难，不放弃、不推诿的工作原则，在短时间内进行了多轮调解、多次疏导规劝，运用折中的方法向双方当事人提出建议，最终圆满解决纠纷。不仅保障了双方的权益，更为今后雇工与聘请单位之间的纠纷调解起到借鉴、参考作用。

（枫桥镇人民调解委员会）

操作不慎手致伤　志愿者帮忙解忧

◈ 案情简介

2021年某一天,浙江某汽车配件厂职工阿梅,与往常一样在车间做零件装配,因操作不慎右手手背及右手小臂被弹簧弹伤。阿梅受伤后,立即前去医院治疗,前前后后花去医药费1700余元,且治疗期间无法继续工作,只能在家休息。在伤势基本恢复后,阿梅与厂方私下进行协商,请求厂方尽快解决相关费用问题,但厂方只同意报销医药费用,而阿梅的诉求是希望厂方承担医药费、误工费等。双方没能达成共识。在协商没有结果的情况下,伤者阿梅到枫桥镇联合调解中心求助。

◈ 调解过程及结果

枫桥镇联合调解中心接到求助后,认为伤者阿梅的诉求合情、合理、合法,当即受理此纠纷案件。调解员第一时间与厂方负责人取得联系,了解清楚双方的劳动关系与职工阿梅在劳动工作岗位上致伤的具体情况。在与厂房负责人交流沟通中,调解员指出《中华人民共和国民法典》第一千一百九十一条规定:"用人单位的工作人员因执行工作任务造成他人损害的,由用人单位承担侵权责任。"调解员给厂方负责人做了详细解释和普法宣传,指明汽配厂应承担的侵权责任和民事赔偿责任,使厂方负责人对这起矛盾纠纷的认识发生转变。为了使双方纠纷得到合理解决,既保障受害人的利益又维护用人单位的利益,调解员对受害人阿梅也做了相应的批评教育，指明受害人阿梅在生产操作时应注意安全防范，其本人对这次失误致伤也负有相应的民事责任。经过调解员的释法说理，双方当事人均表示自愿接受调解。为达到就地化解矛盾、止息纷争的目的，调解员又委托调解志愿者倪同志上门进行协调。倪同志与厂方负责人既有生意上的来往，又是亲戚关系。在志愿者倪同志的深入沟通下，厂方负责人从人性化角度出发，同意支付受害人的全部医药费用1700元，并另外支付一次性的误工费和继续治疗费用补贴1500元。但受害人阿梅认为她手受伤后休息了2个多月，目前仍需要继续治疗，于是提出让厂方适当提高误工费及继续治疗费用补贴的请求。根据双方的实际情况，调解员再次做双方当事人的工作，并建议采用折中的方法，让厂方适当提高一次性误工费及继续治疗费用补贴。厂方除承担全部医药费用外，再一次性支付2000元作为误工费、继续治疗费用补贴。即由厂方补偿受害人阿梅各类损失费用共计人民币3700元。对于调解员的合理建议，双方当事人均表示认可，并自愿达成调解协议，赔偿款当场兑现。双方当事人在调解员和调解志愿者的协调下，握手言和，营造了就地化解纷争，增进企业与职工感情的和谐氛围。

◈ 案例点评

　　基层是劳动纠纷的高发地带，同时也是劳动纠纷调解的主阵地。本案的劳务纠纷关系到职工的切身利益，关系到企业及社会的和谐稳定。假如调解中心不及时介入，调解员在调解工作中不对双方加以正确引导，则职工和企业双方的矛盾可能会加深，甚至造成严重的后果。调解员在调解工作中要重视双方当事人的意见，对有理、正当、合法的要求要予以支持赞同，对不合理、不恰当、不合法的要求要予以批驳。此外，调解员也是普法宣传员，要以调解案件本身为基础，向双方当事人普及相关法律知识，把法律宣传教育贯穿于矛盾纠纷排查化解的全过程，促使当事人形成依法办事、依法维权的法治意识，真正实现以法促调，以调促宣。

（枫桥镇联合调解中心）

员工意外被撞伤　依法合理结此案

◈ 案情简介

陈某受诸暨市某纺织品有限公司负责人骆某雇用，在该公司从事布娃娃玩具制作工作。2022年某一天，陈某与本厂其他职工在装卸货物时，不慎被负责人骆某所推的装货小车撞到，陈某向后跌倒，造成后脑等部位受伤。骆某马上送陈某前往医院救治，花去医药费5000元，其中1735元医药费由陈某自己的医保报销，其余3265元医药费由骆某垫付。陈某经治疗后基本康复。为了尽快解决问题，公司负责人骆某与伤者陈某私下协商赔偿金额问题。骆某的意思是陈某医保报销的1735元医药费，由他支付现金或转账给陈某作为赔偿，而陈某要求骆某依照实际医药费5000元再加上住院期间的误工费500元进行赔偿。双方就赔偿事宜产生分歧，未能达成调解共识，于是伤者陈某向枫桥镇人民调解委员会申请调解。

◈ 调解过程及结果

枫桥镇人民调解委员会接到当事人陈某的求助后，立即受理并及时与诸暨市某纺织品有限公司负责人骆某取得联系，召集双方当事人到枫桥镇人民调解委员会参与调解。在调解现场，调解员首先认真倾听双方当事人的陈述，然后客观地分析案情，明确双方责任。陈某向调解员反映，自己受伤后部分治疗费用是由自己的医保报销的，要求骆某依照实际产生的治疗费用再加上住院期间的误工费，共计5500元赔付给自己。骆某听完陈某的诉求后，表示自己已经承担医保报销后的余款，现在同意支付给陈某医保报销的费用并适当补偿住院期间的误工费，共计 3500 元。在现场，双方为赔偿问题还起了激烈争执。面对不利局面，调解员没有急于表态，而是依据双方的诉求，分别对双方当事人阐明劳动关系，并指出《中华人民共和国民法典》第一千一百九十一条规定"用人单位的工作人员因执行工作任务造成他人损害的，由用人单位承担侵权责任"。调解员向骆某说明，陈某是在工作中被骆某的装货小车撞到受伤的，公司方应承担相应的民事赔偿责任。同时，调解员又向伤者陈某讲清，这次受伤并不是骆某故意为之，而是一次意外，并规劝伤者陈某也应做出让步与谅解。

在调解员入情入理的规劝下，双方当事人都渐渐明确了自己应承担的民事责任。为尽快解决纠纷，达到和谐相处、案结事了的目的，公司负责人骆某表示愿意在承担陈某医保报销医疗费用基础上再补偿相应的误工费、陪护费、损失费等。经过调解员的耐心规劝，受害人陈某也表示可以做出让步。根据双方当事人的意愿，调解员提出折中建议，除陈某医保报销的医药费外，由公司方再一次性补偿陈某误工费、陪护费、继续治疗费等各类费用共计人民币 4500 元。调解员的建议得到双方当事人的认可，同时公司方提出新的要求，等这起意外致伤赔偿纠纷了结后，双方自动解除劳动关系，对于公司方的诉求受害人陈某也表示同意。补偿款 4500 元于调解之日当场兑现，调解工作顺利完成。

◈ 案例点评

说服教育是调解工作中应贯彻始终的方法。调解员将相关法律内容、利害关系条分缕析、解释清楚，并不断强调以和为贵的结案思想，从而促使双方当事人自愿达成调解意向。在本案中，调解员耐心倾听双方诉求，查清事实，认定责任。陈某在工作期间被骆某碰撞后受伤是事实，因此提出赔偿要求是合情合理的，骆某应该对陈某的损失负责。同时，陈某应考虑到骆某的行为并非故意，做出适当的让步与谅解。调解工作应遵循当事人自愿的原则，要在事实清楚的基础上进行调解，不能强迫、草率地调解。经过调解员的细致疏导，入情入理的规劝，最终双方当事人都做出了让步，调解工作得以顺利完成。

（枫桥镇人民调解委员会）

环卫工事故受伤 依法赔偿暖人心

◈ 案情简介

枫桥镇某村村委会近年来因为村容村貌改善需要，临时雇用了本村村民楼某作为本村环卫垃圾清扫工。双方一直没有签订劳务合同，只是口头约定每天工资为100元。2022年某一天，雇工楼某驾驶一辆电动三轮车到村里清理垃圾，在路口转弯时不慎翻车，连车带人掉入路堑下面，造成车辆损坏和人身伤害的意外事故。当事人楼某受伤后，在村干部的陪护下住院进行医治，经诊断楼某右桡骨粉碎性骨折，住院8天花去医药费共计7900余元。伤情基本恢复后，为尽快解决医药费等赔偿问题，楼某与村"两委"一道请求枫桥镇人民调解委员会介入调解。

◈ 调解过程及结果

枫桥镇人民调解委员会接到双方当事人的求助后，当即受理，并召集双方当事人到本村综治中心参与调解。在双方陈述基本案情后，调解组采用背靠背的调解方法，与双方当事人分别进行谈话。在与调解员交流中，楼某提出赔偿医药费、误工费以及后期继续治疗费用的诉求，其中医药费7900余元，误工费以每天100元的标准计算，共120天。调解员认真听完楼某的诉求后，当即对其做了政策辅导，指出：（1）雇工在村里工作期间发生损害，雇佣单位应承担相应的赔偿责任；（2）按现有政策规定，超过60周岁不享受误工损失费，但有实际固定收入的可酌情考虑，楼某伤情尚未完全恢复，继续治疗费可协商解决；（3）楼某与村委会尚未签订劳动合同，只存在劳务关系，不能享受工伤赔偿；

（4）楼某因为电动三轮车事故致使身体受到损伤，本人应承担相应责任。调解员对案情进行了全面分析，明确了双方当事人的责任关系，对此，伤者表示理解与认可。调解员又按浙江省赔偿标准对伤者的赔偿项目进行计算，核算出医疗费、车辆维修费等各类费用共计人民币 22150 元。调解员又向雇佣单位征求意见，村委会代表表示，按合理标准只做补偿，不做赔偿，另外伤者电动三轮车肇事致自身受伤，本人也应承担相应的民事责任。调解员为了显示客观性、公正性，引用了《中华人民共和国民法典》等相关法律条款规定，说服雇佣单位从人性化角度给予雇工一定关爱。经过调解员法、理、情多管齐下的说服、劝解，双方当事人原则上认同调解方案。

最后，经协商，楼某适当承担事故发生的民事责任，在 22150 元的基础上降低赔偿金额，由村委会一次性补偿医药费、误工费、车辆维修费、继续治疗费等各类费用共计人民币 20000 元。双方于调解之日当场自愿达成协议，补偿款通过银行汇款的方式支付，雇佣单位承诺在一个月以内结付完毕。双方握手言和，实现了纠纷不出村，将矛盾化解于基层。

◈ 案例点评

劳动关系是指用人单位招用劳动者为其成员，劳动者在用人单位的管理、指挥与监督下提供有报酬的劳动而产生的权利义务关系。而事实劳动关系是指无书面劳动合同而存在劳动关系的一种客观状态，即只要客观上存在劳动关系，就可以认定为事实劳动关系。当前我国社会逐渐老龄化，退而不休的"超龄"打工者越来越多，各种用工问题也随之而来。超过法定劳动年龄的人员如果在工作期间不幸发生伤亡，在赔偿责任界定上容易发生矛盾纠纷。随着新农村建设的持续深入推进，农村日常环境需要人维护、打理，而从事这些工作的往往是一些"超龄"的农村老人。在本案中，该村委会雇用村民楼某为本村环卫垃圾清扫工，用人单位自用工之日起即与劳动者建立劳动关系，楼某虽未和用人单位签订劳动合同，但并不影响其劳动关系的认定，因此用人单位理应承担相应的赔偿责任。由于楼某已超过60周岁，原则上不享受误工损失费，且楼某电动三轮车肇事致自身受伤，本人也应承担相应的民事责任。调解员在调解此劳务纠纷案件时，实事求是分析案情，依法依规分清责任，明确是非对错，最终使调解工作得以顺利完成。

（枫桥镇人民调解委员会）

试用期不慎跌伤 依法补偿息纷争

◈ 案情简介

某纺织厂法定代表人楼某于2022年4月间雇用徐某为该厂纺织挡车工。徐某于2022年4月初到厂里上班，试用期间用工单位暂未与其签订劳动合同，也未投保工伤意外保险。2022年4月中旬的一天上午，徐某在车间完成交接班后，在厂房内不慎滑倒摔伤，后经医院诊断其左手腕骨折，经治疗花去医药费2000余元。在伤势基本恢复后，徐某要求厂方赔偿医疗费、误工费等共计2万元。厂方认为徐某伤情发生后没有及时向厂方汇报，厂方对于徐某致伤的地点、时间、原因一概不知，故不做工伤赔偿。另外，厂方表示鉴于徐某是本厂临时雇佣工，发生伤情，可以从人性化角度给予适当补助。徐某无法接受厂方的方案，情绪激动，多次前往工厂吵闹，强烈要求厂方赔偿2万元。为化解纠纷，纺织厂及时与老杨调解中心联系，并请求老杨调解中心介入调解。

◈ 调解过程及结果

老杨调解中心接到纺织厂的请求后，立即受理。调解员采用背靠背的调解方法，分别向厂方和徐某详细了解徐某的雇佣情况及伤情。根据厂方反映，其录用徐某时间只有10余天，尚未与其签订劳动合同，也未投保工伤意外保险。据徐某所述，其跌伤的具体时间为上午7点，正好是交接班时间，厂方则认为意外事故发生的时间、地点及原因尚不明确，不宜定为工伤。根据厂方反映的情况，调解员实事求是地向厂方分析具体案情，指出《中华人民共和国民法典》第一千一百九十一条及第一千一百九十二条规定，提供劳务一方因劳务造成他人损害的，由接受劳务一方承担侵权责任，双方根据各自的过错承担相应的责任。调解员对厂方进行释法说理，指明：（1）虽是试用期，但厂方与雇工劳动关系成立。（2）雇工在上班交接班时间、在工厂内发生意外事故，按照相关法律规定，用工单位应承担相应的民事法律责任。（3）雇工请求赔偿医药费、误工费、护理费、后续治疗费的诉求合理适当。（4）雇工在意外事故发生后，没有及时汇报给厂方，且工厂内无监控视频，存在事实不清、证据不足的情况，须调查核实。（5）雇工在工作场所跌倒致伤，对于双方当事人来说均不是故意行为，厂方与雇工双方均无过错责任。雇工不慎摔伤，部分原因在于缺乏防范意识和措施，厂方可与雇工协商，让其承担相应责任。

为达到案结事了，就地化解矛盾的目的，调解员要求厂方以关爱职工的姿态，给予合理的补偿，同时也要求伤者以将心比心的诚意解决问题，将一次性赔偿2万元的过高诉求降至合理范围。为显示公正性和合理性，调解员按照浙江省意外事故理赔项目标准对赔偿费用进行核算：实际产生医药费为2000余元；误工费为6000元（虽伤者没有住院，但应给予合理的误工补偿，按厂方规定职工试用期工资为每天100元计算，伤者已休息2个月有余）。伤者尚未住院，不产生护理费，故上述两项费用合计为8000元。厂方表示雇工在自身安全防范上负有一定责任，调解员采纳合理意见，并再次做雇工徐某工作，劝告其做出适当让步。徐某表示同意。

为维护正常的生产经营秩序，发展良好的劳动关系，调解员建议厂方与雇工做一次性自愿协商，要求厂方从人性化关爱的角度出发解决纠纷。事后厂方主动与徐某沟通，承诺在合情合理的诉求内，倾向于关爱职工，自愿承担合理赔偿费用。徐某经过调解员的耐心交流、说服规劝，做到了认理守法，主动做出让步，并自愿承担相应民事责任。按照调解员计算核定的8000元赔偿金额，厂方一次性补偿各项费用7500元，另外500元由徐某个人承担。双方自愿达成共识，补偿款于调解之日一次性付清。

🔷 案例点评

现实中，个别企业和有雇工的个体工商户并未参加工伤保险，一旦工伤事故发生，就不可避免地会因工伤医疗待遇产生争端。纠纷发生后，要让利益冲突、情绪对立的双方当事人坐在一起心平气和地参与调解、协商，并达成双方均愿意接受的协议，这不仅需要调解员拥有丰富的调解经验、较高的说理能力及巧妙的语言表达技巧，还需要调解员在调解过程中洞察当事人的心理及其变化。本案中，双方争议的焦点是对工伤及赔偿的认定。调解员耐心细致地剖析案情，并对相关法律条款进行解释说明。当事人弄清法规标准后，接受调解，对调解工作也表示了理解支持。案件调处过程中虽免不了有矛盾冲突的情绪，但也充满了温情。

（老杨调解中心）

小　结

◇◇◇◇◇◇◇◇◇◇◇◇◇◇

随着农村社会经济的不断发展，企业在劳动用工方面的需求持续加大，劳动纠纷在广大企业劳动用工过程中也时常发生。在乡镇，个体工商户、小作坊、小企业众多，雇佣双方在用工过程中常常采用口头约定的方式，且对双方的权利、义务并无确切认知，一旦发生纠纷，权责认定困难，维权难度较大。工伤保险制度对于劳动者和用人单位来说，是一项"双赢"的保障措施。在发生工伤事故后，其既能保障劳动者及时获得医疗救治和生活保障，又能为企业分担风险。在实践中，劳动者应当要求企业及时为其缴纳工伤保险，以维护自身合法权益；企业应当加强对劳动者的规范管理，完善请销假、考勤以及劳动者工伤保险缴纳等制度，把工伤给企业和劳动者带来的风险和损失降到最低。

在调解案件过程中，既需要依法调解，也需要注重调解技巧和手段的运用。在调解过程中，调解员应注意摆正位置，保持中立姿态，充分尊重双方当事人的权利，对他们的诉求主张和理由给予同等的关注，保证调解工作的合法性和规范性。在调解过程中，调解员应具备"五心"，即爱心、耐心、信心、诚心和公心。爱心就是爱岗敬业，心装当事人，有无私奉献的精神，有为当事人排忧解难的为民意识。耐心就是要养成"听得进、忍得住、拖得起"的好性子。在听的过程中劝说，在忍中明理，在拖（在当事人情绪激动时，最好的办法就是冷处理）的过程中化解矛盾。信心就是要有自信心，以顽强的毅力，克服困难，知难而上，利用各种有利条件，采取有效措施做好调解工作。诚心就是要以优质高效的服务，真心实意地为当事人排忧解难,以实际行动赢得人民群众的支持和信赖。公心就是在调解过程中坚持公平、公开、公正的原则。在调解过程中应坚持排除亲疏、好恶等内外因素,坚持以理服人。在调解过程要注重运用调解的方法、技巧和步骤。一要细心调查,找准原因,坚持疏导,消除误解。深入调查是调解成功的前提,没有调查就没有发言权。调解工作也一样,不能单听一方诉说,只有深入调查,掌握翔实的第一手材料,才能在调解时有理有据,避免说话授人以柄,处于被动局面。二要区分不同个性的人的心理,制定相应调解策略。不同案件的当事人,因文化素质和认知程度不一样,往往对问题有着不同的观点和见解。在调解过程中,我们应学会掌握当事人的心理活动,根据案件的性质、难易程度和当事人的文化素养、脾气性格等确定调解方案,制定调解策略。如案件当事人脾气暴躁,容易冲动,就用温和的态度平息当事人心中的怒火。在调解劳动争议纠纷中要结合相关法律法规,站在职工和企业两方面考虑,找准调解切入点。三要抓住主要矛盾,找准关键环节,借力促调解。在各种类型的民间纠纷中,群体性纠纷因其矛盾大,涉及的人数多,已成为严重影响社会安定的因素之一。群体性纠纷通常是由一个问题引发的,但其中往往掺杂了多个矛盾。对于这种纠纷应进行综合分析,从多个矛盾中找出主要矛盾,找准关键环节。在调解过程中,要确定对案情有重大影响的关键人物,借其力以解决纷争。四要依法、公平、公正,这是调解成功的保证。民事调解工作只有做到以事实为依据,以法律为准绳,做到公平公正,才能保证调解结果的合法性、权威性。双方当事人觉得合情合理、公平公正,才会自觉履行协议。

第四章

交通事故纠纷调解案例

JIAOTONG SHIGU JIUFEN TIAOJIE ANLI

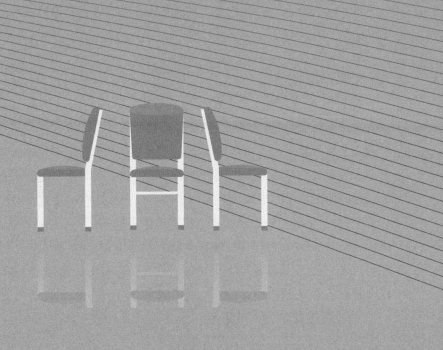

交通赔偿案中案　一波三折终化解

◈ 案情简介

2018年9月7日上午，曾某驾驶轿车回单位时，骑电瓶车的王某（女）突然从非机动车道转入机动车道，曾某避让不及与王某发生碰撞。王某被撞翻在地，当场昏迷，后被送至医院，经抢救无效死亡。为尽快处理这起道路交通事故的相关事宜，就赔偿问题达成共识，双方当事人自愿请求枫桥镇人民调解委员会介入调解。

◈ 调解过程及结果

枫桥镇人民调解委员会接到请求后，立即预约双方当事人于3日后到枫桥镇人民调解委员会参与调解。调解员采用背靠背的调解方法，向双方征求意见。受害人家属因痛失亲人而情绪激动，提出150万元的赔偿要求。调解员听后，对受害人家属进行释法说理，说明受害人驾驶非机动车从非机动车道突然转入机动车道行驶违反了《中华人民共和国道路交通法》的有关规定，对交通事故也负有一定的责任。调解员根据浙江省道路交通肇事造成死亡事故的具体赔偿标准提出：（1）居、农以户口登记簿中实际户籍关系为准；（2）按农民赔偿标准全额计算理赔；（3）以交警认定的责任为准，在责任份额内计算理赔金额；（4）在理赔标准外做人性化的适当补偿。同时，调解员还向受害人家属明确了三项标准：（1）按全责预算在90万元左右；（2）按主次责任预算在70万元左右；（3）按同等责任预算在 60 万元左右。调解员在理赔标准上给受害人一个明确的范围，劝导受害人家属提出的理赔金额要合理。接着调解员和曾某家属进行谈话，征求其意见。曾某家属态度较明朗，同意在依法、按责的基础上一次性补偿给受害人家属 10 万元，其余赔偿款由保险公司按责任理赔，保险公司的理赔款全额给予受害人家属。

随后调解员又把双方的诉求和意见反馈给彼此，当受害人家属听到曾某家属的赔偿意见后，情绪激动，表示不能接受，并扬言要采用"闹丧"手段来向对方施压。虽然调解员再三劝阻，但部分受害人家属仍置若罔闻，直接到曾某的单位"闹丧"。后在公安机关的疏导下，双方基本形成调解共识，由曾某家属一次性补偿 17.5 万元并且其所得保险理赔款全额给予受害人家属。

第二天上午，枫桥镇人民调解委员会再次组织双方当事人调解，虽双方已达成共识，但死者继母及死者前夫又提出新的要求，要从赔偿金中分割一部分作为死者继母的赡养费与死者前夫的儿子的抚养费。也就是说，要想解决好这次交通事故纠纷，首先要解决好赡养费、抚养费问题，否则交通事故纠纷的调解协议难以落实。于是，调解员对死者家属展开第二轮调解，召集受害人家属、继母及前夫就赡养费、抚养费用进行协商，一开始受害人家属不认可所谓赡养费、抚养费，认为所有的赔偿金都和继母及前夫儿子无关，调解员向受害人家属解释了相关的法律法规，指出死者继母与死者前夫的儿子提出的赡养费与抚养费请求既合理又合法，应该按《中华人民共和国婚姻法》和《中华人民共和国继承法》的规定，按份额同等享受。经过反复商讨后，受害人家属原则上同意根据法定计算标准按比例给予死者继母与死者前夫的儿子赡养费、抚养费，一次性补偿的 17.5 万元作为死者的善后费用，归受害者家属支配。死者继母与前夫也表示认可此分配方案。

调解员坚持以法律为准绳，以事实为依据，经过三天的调解工作，行为人、受害人家属及其继母、前夫三方达成共识：（1）肇事司机方一次性补偿给受害人因交通肇事致死而产生的各类损失费 17.5 万元；（2）保险公司按责任理赔，保险理赔款全额给予死者家属；（3）按保险公司理赔标准计算的理赔款，受害人家属、继母王某与儿子监护人（前夫）秦某各得三分之一。最终三方自愿达成协议，达到案结事了的法律效果。

◈ 案例点评

　　本案是一起由交通事故引发的赔偿纠纷，前期由于赔偿金额双方无法达成一致，加上受害人家属情绪激动，出现了"闹丧"的偏激行为，如果不及时化解矛盾、解决纠纷，容易引发群体事件，造成不良的社会影响。面对重重困难，调解员没有放弃，继续通过释法说理，努力把矛盾解决在萌芽状态。本案的复杂之处，在于调解过程中又牵扯出了遗产继承纠纷，二者属于不同的法律关系。在此案的调解中，调解员凭借自己的法律专业知识，亮出过硬的法律专业素养，使遗产继承、赔偿金协商和分配等问题迎刃而解。调解员通过耐心细致的沟通和协商，化解了各方当事人之间的矛盾和误解，促进了各方的和解及亲情关系的维护。同时，调解员还注重保护当事人的合法权益，确保调解结果公正合理，得到了当事人的一致认可和满意。本案充分展示了调解员的专业能力和调解机制的优越性。广大人民调解员为促进社会和谐稳定做出了积极贡献。

（枫桥镇人民调解委员会）

货车肇事致人死 合理调解息纷争

◈ 案情简介

2019 年某一天，某物流有限公司驾驶员马某驾驶一辆牵引货车途经诸暨市枫桥镇绍大线一路口时，驾驶电动自行车的赵某从右边辅路突然冲出，马某来不及刹车，导致两车发生碰撞，赵某被撞出数米远，脑部受到严重冲撞。赵某受伤后经医院抢救无效死亡。在双方当事人自愿接受调解的前提下，为尽快解决好交通事故赔偿问题，诸暨市公安局交警大队事故处理中队委托枫桥镇联合调解中心调处此案。

◈ 调解过程及结果

枫桥镇联合调解中心受理后，立即与交警部门联系，详细了解案情，并预约双方当事人到枫桥镇联合调解中心参与调解。

调解员在与受害人家属交流谈话时，耐心听取了受害人家属提出的赔偿诉求。死者赵某的妻子楼某哭诉自己体弱多病常年要吃药，家里一直依靠丈夫赵某在外打零工维持日常生活，家里还有两个孩子，女儿读高中，儿子读初中，面对突如其来的变故，以后上学都会成为问题。现在家中也拿不出给丈夫赵某办理后事的费用。痛失亲人的受害人家属提出要肇事方赔偿 150 万元的诉求，表示急需这笔钱来支付家庭以后的开销。针对受害人家属的诉求，调解员首先给情绪激动的受害人家属解释清楚，根据《中华人民共和国道路交通安全法》等有关交通法律法规，电动自行车应该在非机动车道行驶，如果没有非机动车道则应该靠右行驶，而且时速不能超过 15 千米，在横过机动车道时也应该下车推行。赵某驾驶电动自行车时没有遵守这些规定，所以此次道路交通事故的发生与赵某违反道路交通法规有较大关系，其应负有相应责任。调解员明确告知受害人家属在民事赔偿诉求中应理智对待赔偿问题。调解员依法公断，依照相关规定计算理赔金额，又采用人性化方法提出协调方案，建议让肇事方预付一定数目的理赔款，先处理好死者后事，让死者入土为安。调解员入情入理的劝导使受害人家属的情绪得到安抚。

随后，调解员又与肇事方代理人交流谈话。肇事方代理人强调这起交通事故的发生，与受害人违反道路交通法规有很大关系。对于事故赔偿问题，肇事方代理人认为，可以依照《中华人民共和国道路交通安全法》第七十六条规定处理，即"机动车发生交通事故造成人身伤亡、财产损失的，由保险公司在机动车第三者责任强制保险责任限额范围内予以赔偿"，如果赵某家属对具体赔偿金额有不同意见，可以走司法程序解决。

调解员听取肇事方代理人的陈述后，也把与受害人家属初步达成的调解意见告知了肇事方代理人。在调解过程中，调解员认为肇事方马某驾驶货车经过集镇主要路口时应减速行驶，应充分注意路面动态，尽到文明驾驶、安全驾驶的责任。调解员指出，根据我国法律的有关规定，民事案件走完一审、二审大概需要 9 个月，并且在诉讼过程中当事人还要承受强大的心理压力，等待着输赢未知的审判结果。所以，如果人们都采用诉讼途径去解决一些小的民间纠纷的话，那不仅会导致我国司法资源的浪费，而且还会使当事人花费过高的诉讼成本。考虑到赵某死亡后其家庭经济状况较差，这笔赔偿款系赵某子女和妻子生活的主要来源的实际情况，调解员建议肇事方尽可能满足对方合法合理的经济赔偿要求。在遵照法律法规前提下，调解员合理运用法、理、情进行疏导，最终使肇事方代理人自愿接受调解。

为达到案结事了的目的，最后调解员向双方提出两种协调方案：一是一次性补偿适当金额，按责任认定的保险理赔款全额归受害人家属所有；二是先预付理赔款 15 万—20 万元，处理好死者后事后，再按有关规定走司法程序解决。对于协调方案，双方一开始并不能统一意见，但经过调解员反复协调，受害人家属接受调解员提出的由肇事方预付理赔款先处理好死者后事的建议。在调解员的疏导分析下，肇事方代理人最终也做出了选择，同意一次性补偿 7 万元，待责任认定后，保险公司理赔金额归受害人家属所有。调解员再次与受害人家属对接，询问是否接受肇事方提出的理赔方案。受害人家属经过反复考虑后，原则上认同此方案，最终双方自愿达成调解协议。一次性补偿款 7 万元于调解之日当场兑现，保险公司理赔事宜由双方当事人自行对接。本起纠纷得以顺利化解。

◈ 案例点评

交通事故纠纷的调解，其根本是完成责任认定以及达成赔偿协议，调解员一定要以法为据说服当事人，让调解既符合"情理"，也不偏离"法理"这条轨道。在交通肇事致人死亡纠纷调解中，调解员一定要注意调解的方式方法，站在公正的立场上，实事求是分析案情，设身处地思考问题，将心比心排查原因，合情合理提出解决办法。在当事人情绪激动或者心情悲愤的情况下，要用言语多加开导，缓解僵持气氛，避免在当事人及其家属情绪激动时说出敏感话语。另外，在面对悲伤欲绝的死者家属时，避免使用"死人""死亡"等刺激性字眼，应当采用比较含蓄的说法，以免因当事人情绪失控而导致调解失败。在此次案件调解过程中，调解员抓住了调解的重点，就是"让死者入土为安"，以积极态度取得死者家属的信任。这起纠纷的成功调解，避免了事故双方矛盾的进一步激化，有效地发挥了人民调解在基层社会治理中的重要作用。

（枫桥镇联合调解中心）

死亡赔偿现分歧　警调对接显成效

◈ 案情简介

2019 年某一天，余某驾驶一辆小型面包车，途经诸暨市店口镇杨梅桥金家站路口时，与横过马路的行人银某发生碰撞，造成余某车辆受损，银某在事故中严重受伤。事故发生后，余某立即报警并且急送银某到医院抢救，但受害人银某经抢救无效死亡。事故发生后，关于责任认定及赔偿等问题，虽经诸暨市公安局交警大队事故处理中队多次协调，但都没有结果。在双方当事人的请求下，交警大队委托老杨调解中心调解此次纠纷。

◈ 调解过程及结果

老杨调解中心接受委托后，第一时间联系双方当事人，背靠背地详细了解案情和双方的调解诉求。在调解现场，调解员在说明调解程序与原则后，又请双方当事人阐述各自的诉求。银某家属强调要行为方赔偿痛失亲人的精神损失费，保险公司理赔款全额归受害人。调解员听完银某家属的陈述后，对于合理的精神损失赔偿费表示支持，并同银某家属讲清交通肇事双方的责任关系以及交通事故的理赔标准。《中华人民共和国道路交通安全法》第六十二条规定："通过有交通信号灯的人行横道，应当按照交通信号灯指示通过；通过没有交通信号灯、人行横道的路口，或者在没有过街设施的路段横过道路，应当在确认安全后通过。"银某在没有确认安全的情况下，横过道路且未走人行横道，导致事故的发生，因此在本案中银某负事故的同等责任。调解员提出可按事故责任分担理赔，也可考虑一次性适当补偿精神损失费，其余按责任认定由保险公司理赔的调解方案。银某家属表示认同调解员的调解建议方案，并要求余某支付一次性精神损失费25万元。对此，余某当场表示精神损失费过高，无力承担。调解员对余某进行新一轮的释法说理和细致疏导，既明确他应承担的法律与民事赔偿责任，又对其进行疏导开解。但余某及其家属只同意支付一次性精神损失费15万元。双方分歧较大，未能达成调解意向。

调解员明确告知双方家属，调解工作基于相关法律规定及事故的实际责任情况来进行，双方家属如果不认可，均可去有关部门咨询。双方家属私下也可再做沟通，达成基本意向后，可再次向老杨调解中心提出协调请求。同时，调解员将调解的过程和双方的意向及时反馈给交警大队办案民警，并建议办案民警继续做好双方家属思想工作，劝告当事人余某适当提高一次性精神损失费1万—2万元，也要求银某家属理智对待，降低诉求标准。在调解员与交警大队办案民警多次沟通下，双方当事人基本达成调解共识。双方当事人自愿请求老杨调解中心再次对于赔偿问题进行协调。

老杨调解中心于3日后再次组织双方进行调解。此次调解中，双方当事人都做出让步，余某一方从最多补偿15万元提升到一次性补偿16万元，受害人银某家属将一次性补偿25万元的诉求降低到一次性补偿16万元及全额享受保险理赔款（除车辆损失理赔款外）的合理诉求。最终双方自愿和解，签订调解协议。一次性补偿款用网上转账的方式当场付清，达到了案结事了、握手言和的良好效果。

◈ 案例点评

交通安全关乎生命，生命没有彩排，每起交通事故的发生，轻则造成人身伤残，重则直接让温暖的家庭支离破碎，造成生命的流逝、财产的损失。在调解交通事故纠纷过程中，要做好与交警部门的衔接联动，这样既能第一时间掌握事故责任情况，又能分担交警部门的工作压力，提高行政效能。在交通事故纠纷涉及多个法律关系或者多重矛盾时，调解员要深入了解当事人想法并做到法律宣传讲到位，体谅当事人的难处，注重情理融入，只有这样才能不断推进人民调解工作，充分保障当事人合法权益，有效维护社会和谐稳定。

（老杨调解中心）

汽车追尾索赔难　依法调处解忧愁

◈ 案情简介

2020 年某一天，张某驾驶一辆面包车行驶至某汽车修理店门口时，与李某（女）驾驶的新能源电动汽车发生追尾，造成李某身体受伤及电动汽车损坏。这起交通事故经交警部门责任认定，面包车驾驶员张某负事故全部责任，新能源电动汽车驾驶员李某无责。事发后，由于涉及赔偿问题，交警部门发现双方当事人均没有投保。为了尽快解决好事故问题，双方当事人曾私下协商理赔事宜，受害人李某提出赔偿车辆损坏修理费及人身损害治疗费等各类费用共计 25 万元，但肇事方张某只同意赔偿李某车辆损坏修理费及人身损害治疗费等各类费用 15 万元。因双方当事人对赔偿金额的心理预期差距过大，虽经交警部门协调，但始终无法达成和解。而双方对于彼此也渐生不满情绪，一个说对方漫天要价，一个说对方毫无诚意，争吵过程中双方情绪激动。为避免纠纷扩大、矛盾激化，调解志愿者尉同志在对双方当事人进行情绪疏导的同时，建议双方前往枫桥镇联合调解中心申请调解此案。双方当事人听从了尉同志的建议，求助枫桥镇联合调解中心介入调解。

◈ 调解过程及结果

枫桥镇联合调解中心受理此案件后，当即召集当事人了解交通事故情况，分析事故原因，听取双方当事人各自的诉求。调解员指出，机动车交通事故责任强制保险是为了保证在交通事故发生之后，肇事者可以通过保险公司来赔偿受害者，如果在交通事故中双方都没有投保，就只能根据交警判定来执行。责任方需要自己全额承担赔偿金，没有保险公司可以报销。双方若想尽快达成和解，必须更理性更客观更合理地提出诉求。随后，调解员又根据车辆损坏修理评估及人身损害治疗费等各类赔偿标准，以及交警对事故责任的认定，建议受害人李某将一次性赔偿 25 万元的过高诉求适当降低。同时调解员又劝导负有事故全部责任的肇事司机张某，指出公民人身权利受法律保护，侵害公民身体造成伤害的应予以赔偿，且在本次交通事故中张某承担事故的全部责任，故应当赔偿李某在本次事故中造成的损失。因双方均未投保，从公平、合理的角度出发，应按事故责任认定赔偿。张某应适当提高赔偿标准，从而拉近彼此的差距。

在调解员和调解志愿者尉同志反复疏导、规劝下，双方当事人终于达成共识，双方都抱着解决问题的诚意，最终都在可承受范围内对赔偿金额做出了退让，达成调解协议。交通肇事司机张某一次性赔偿受害人李某车辆损坏修理费、人身损害治疗费等各项费用共计人民币 20 万元，赔偿款于调解之日当场兑现。受害人李某当面书写谅解书一份，并承诺自愿放弃任何伤残鉴定，不再追究任何经济和法律责任。双方握手言和，案结事了。

◈ 案例点评

发生交通事故后，不仅伤者要承受伤痛折磨，其家属还要承担巨额医药费。相比诉讼，调解更加节约时间，更加节约当事人解决问题的成本，因此在现实中，调解越来越受到当事人的青睐。交通意外事故造成损害的，应当遵循公平、合理、自愿的原则进行调解，尽量减少事故带来的损害。在赔偿金方面，交通事故赔偿金额的确定必须以法律相关条款为依据，但由于一些受害人及其亲属对于责任划分认识不足，或未考虑到对方的实际履行能力，经常"漫天喊价""狮子大开口"，对赔偿金期望过高，这无疑增加了双方和解的难度。所以在进行交通事故调解时，调解员要遵循一定的原则，引导当事人合理合法地提出调解诉求。在此案件调解过程中，因为双方都没有投保，所以双方对于后续的各类赔偿费用产生了严重的分歧，使本来并不算复杂的交通事故纠纷变得矛盾重重，最后经过调解员和调解志愿者耐心细致的劝导，双方的诉求趋向合理、一致，最终矛盾得到了化解。汽车追尾事故是常见的交通事故之一，如果您是被追尾的一方，您有权向对方索赔。但是，汽车追尾索赔并不总是容易的，以下是一些可能会遇到的问题：（1）责任认定。在汽车追尾事故中，通常情况下由追尾方承担全部或大部分责任。但是，如果被追尾方存在一定的过错，责任可能会被分摊。因此，需要通过调查和证据来确定责任。（2）保险理赔。如果对方有保险，您可以向对方的保险公司提出索赔。但是，保险公司可能会拖延理赔或拒绝赔偿，这时您要积极维权。（3）医疗证明。如果您在事故中受伤，需要及时就医并保存好相关证明，以便后续索赔。（4）索赔金额。索赔金额需要根据实际损失进行合理计算，包括医疗费用、车辆损坏修理费、误工费等。如果双方当事人都没有投保，那么在发生意外或损失时，双方将需要自行承担相应的责任和损失。在这种情况下，双方可以通过协商达成赔偿协议，或者通过法律途径解决纠纷。

（枫桥镇联合调解中心）

交通肇事致人死 社区干部助调解

◈ 案情简介

2020 年某一天晚上，陈某驾驶轿车途经诸暨市枫桥镇绍大线一路段时，因视线不好并且车速过快，与同向骑自行车的王某（女）发生碰撞，王某当场被撞得不省人事。事故发生后，王某被送到诸医院抢救，最终受害人王某因伤情严重，抢救无效死亡。应死者家属要求，经诸暨市公安局交警大队事故处理中队对接联系，案件被移送枫桥镇联合调解中心，就民事赔偿事宜进行依法协商。

◈ 调解过程及结果

枫桥镇联合调解中心及时受理此案，并组织双方当事人及村干部到枫桥镇联合调解中心参与调解。调解组首先对案情进行了分析，对调解方法、调解步骤、调解法律依据、赔偿标准等问题分别做了研讨。为达到较好的调解效果，调解组充分运用社会资源，依靠基层干部群众，邀请村干部参与疏导，以化解此次纠纷。

调解中，调解组先与受害人王某家属进行谈话，征求意见及倾听诉求。王某家属表示，王某丈夫高位瘫痪，长期卧床，需要人照料、护理。本来家庭负担就非常沉重，现在遭此突变，连唯一的经济来源都断了。考虑到王某丈夫以后的生计问题，王某家属提出一次性赔偿 200 万元的诉求。针对受害人家属的赔偿要求，调解员结合法律的有关规定做了合理的解答，明确死亡赔偿金按照城乡一体化的标准执行。在交通事故责任未认定前暂按全责标准计算，丈夫瘫痪需护理的补贴，在目前法律尚无明确的情况下，可做人性化的补偿处理。经过调解员依法依规合理核算，王某的死亡赔偿金若按全责计算最高额在 110 万元左右。为此，调解员要求受害人家属按实事求是的精神，提出合理的诉求。在调解员的劝解下，受害人家属提出了赔偿金额不少于 150 万元的诉求。

随后，调解员与陈某及其亲属进行谈话、协调，讲清交通肇事的法律责任和民事赔偿有关标准及项目，又根据受害人家庭的实际困难建议陈某给予人性化的补偿。在调解员耐心疏导下，陈某对调解员提出的给予人性化补偿建议表示理解，但提出最高赔偿金额不得超过全责额定数额 110 万元。由于双方当事人赔偿诉求标的差距较大，陈某不同意 150 万元的赔偿金额，致使调解中止。为尽快解决纠纷，调解员建议双方当事人各自向有关单位及司法机关或律师咨询案情，同时请求两村村书记继续做双方工作，并预约双方当事人于次日下午继续参与调解。

为减少干扰，提高调解效率，调解组要求双方各自派代表参与调解。调解员多次与双方分别谈话，村干部也热心劝导，因势利导做好调解工作。调解组采用折中的调解方法，要求双方互作让步。受害人王某家属在村书记的耐心说服下，从要求赔偿 150 万元下降到一次性赔偿 120 万元；陈某也在村书记的规劝下，基于人道主义，同意对死者丈夫的生活费及护理费给予适当补偿，将一次性赔偿金额从最初的 110 万元提升至 118 万元。为就地解决纠纷，陈某所在村的村书记主动表态，35 万元赔偿首付款，若有不足部分由他垫资兑现。

经过调解组多次做工作，最终双方当事人达成共识，由陈某一次性赔偿死者家属共计人民币 118 万元，其中首付款 35 万元于调解之日兑现完毕，余款在责任认定后 30 天内付清。经过调解组数天不懈努力，本次交通事故民事赔偿纠纷就地得到化解。

◈ 案例点评

在这起纠纷中，受害人家庭情况很特殊，经济收入微薄，且受害人丈夫高位瘫痪，长期卧床，常年需要人护理。因赔偿涉及后续护理费用的来源，故双方对于经济赔偿数目无法达成统一，这使纠纷化解遇到了阻力。面对这种情况，调解员就得发扬服务精神，不能"事不关己高高挂起"，要充分利用人民调解多方联动的桥梁作用，在法理框架内，做有温度的调解，维护当事人双方的合法权益。调解员在本案调解过程中，准确预判调解走向，有效疏导当事人情绪，化解当事人心结，在明晰责任、充分尊重事实和法律的基础上适度倾斜，切实解决群众困难，实现法律与道德的双赢，这是本案的一大亮点。

（枫桥镇联合调解中心）

交通事故致伤残　不厌其烦解纠纷

◈ 案情简介

2020 年某一天，汤某驾驶一辆小型轿车，与金某驾驶的电动自行车相撞，造成金某跌倒受伤及车辆损坏的交通事故。伤者金某经医院治疗后，伤情基本恢复，并花去医药费 46000 余元。经绍兴市某司法鉴定所鉴定，金某的身体伤残等级为十级。在此次交通事故责任认定中，小型轿车司机汤某负主要责任，电动自行车驾驶人金某负次要责任。对于该赔偿纠纷，枫桥交警中队曾予以调解，但调解工作由于伤者金某诉求过高而中止。枫桥交警中队告知双方当事人走司法程序解决，而伤者金某拒走司法程序，并多次求助枫桥镇联合调解中心帮助调解。

◈ 调解过程及结果

接到伤者金某的求助后，枫桥镇联合调解中心立即受理此案。调解员首先对交通事故案情及相关资料进行审核，并征询伤者金某对调解的意见和诉求。在谈话中，调解员对金某提出一次性赔偿 20 万元的过高诉求给予政策、法律方面的详细解答，并按交通事故责任认定书和浙江省道路交通事故赔偿项目与标准逐一予以解释，使得金某对自己的权利有了一个明确的认识，并结合受伤的实际情况，提出合理的赔偿诉求。

为达到就地解决纠纷的目的，调解员当即与肇事司机汤某进行电话沟通。在电话对接中，汤某表示不接受调解，要求对方按交警出具的交通事故责任认定书走司法程序解决，由保险公司理赔。事后，在调解员再三劝说下，汤某勉强同意按双方律师和保险公司核算的赔偿金额进行协商。经过调解员多日做工作，汤某同意于3日后到枫桥镇联合调解中心参与调解。

在调解过程中，双方都出示了律师和保险公司计算的理赔项目及理赔金额，肇事司机汤某一方的核算结果为11万余元，伤者金某一方的核算结果为12万余元。按说赔偿金额比较接近，双方应无太多分歧，但金某始终坚持一次性赔偿最少不得低于16万元。汤某见金某胡搅蛮缠，没有一点余地，也摆明态度不愿妥协。双方都固执己见，谁也不肯退让一步，调解被迫中止。虽然本次调解无法达成和解协议，但调解员仍非常诚恳地给双方提出两点建议：一是在双方律师与保险公司审核计算的赔偿金额内，双方互相让步，可私下再做商讨；二是为使纠纷处理更加合法合理公正，在争议无果的情况下也可走司法程序解决。

金某私下与汤某多次协商无果，又拒走司法索赔程序，于是天天跑政府，时时找领导，赖在枫桥镇联合调解中心不走人。枫桥镇联合调解中心不厌其烦地再次组织双方当事人及有关亲属，双方保险公司代表和律师，镇综治中心、镇司法所等单位的人员到场参与联动调解。调解中，调解员坚持依法原则，认真审核金某提出的四项经费（医保外自费部分、伤残鉴定费、60岁以上误工补贴费、肇事司机保险公司理赔标准外的一次性补偿），保险公司代表则就保险理赔项目及理赔金额一一做出解释。一方面，针对金某提出的请求，调解员继续给保险公司代表和肇事司机汤某做工作，希望保险公司适当增加医保外的补贴，汤某增加一次性补偿金额。最后，汤某的一次性补偿金额从原来表态的2000元提升到3000元，保险公司的理赔金额从110190元提高至111400元。另一方面，调解员反复开解、劝说金某要抓住这次调解机会，指出调解是可以当场履行赔偿协议的，不用等待漫长的诉讼期。金某家属也适时加入劝说，经过几个回合，金某终于被打动，同意调解方案。双方当事人达成调解共识，由保险公司理赔各类损失费共计人民币111400元，由车主一次性额外补偿3000元，两项合计赔补偿人民币114400元，理赔款由保险公司全额转入伤者金某的银行账户内。经过调解员多次协调，这起拒走诉讼程序的交通肇事损害赔偿纠纷，终于就地化解。

◈ 案例点评

此案的难点在于伤者金某拒走司法程序解决事故纠纷，并且坚持通过调解来满足其赔偿要求。在调解过程中，金某"不达目的不罢休"的态度不仅加深了双方当事人的矛盾，而且影响了政府部门的日常工作。在此案调解中，为使纠纷得到妥善解决，调解组运用多调融合机制，既做双方当事人的工作，又做双方亲属的工作，通过情、理、法结合劝解当事人，有效地解开矛盾症结，促成纠纷化解。

　　在调解交通事故纠纷时，首先要了解事故双方的情况和主张，然后再依法计算出应获得赔偿的一方可以获得怎样的赔偿，最后参考双方的意见进行协商，争取达成一致。这是交通事故纠纷调解的一般工作流程。在这之中，如何说服肇事者认可伤者的伤情，如何说服伤者放弃一些赔偿要求，都非常考验调解员的专业素养。调解员要深入了解案情，并从中寻找调解的突破口，这不仅需要法律知识，还要掌握一些医学常识，这样才能够给出合法合理的调解方案。

（枫桥镇联合调解中心）

高额索赔成僵局　依法调处来解困

◈ 案情简介

2021年某一天晚上，宣某驾驶一辆小型轿车在经过路口时，没有仔细观察道路情况，也没有减速，导致与骆某驾驶的无证三轮电动车相撞。事故发生后，伤势严重的骆某被紧急送到医院抢救，但最终抢救无效死亡。经交警部门认定，宣某承担事故的主要责任，骆某承担事故的次要责任。事故发生后，宣某自愿支付骆某家属2万元丧葬费，但骆某家属拒不接受，要求宣某一次性赔偿200万元，双方就赔偿事宜产生分歧。在此期间，骆某的遗体一直停放在殡仪馆未火化，骆某家属悲痛欲绝，几次上门找宣某交涉赔偿事宜，严重影响了宣某及家人的正常生活，双方矛盾不断升级。虽然双方经过交警大队协调，但因受害人家属诉求过高而协调无果，双方当事人求助枫桥镇联合调解中心介入调解。

◈ 调解过程及结果

枫桥镇联合调解中心受理后，召集双方当事人到枫桥镇联合调解中心参与调解。调解员分别与双方谈话，倾听双方的诉求与意见。调解员首先倾听受害人骆某家属的诉求及调解意愿，骆某家属要求肇事司机做一次性赔偿，具体金额看肇事司机的态度。倘若赔偿金额不能让他们满意，他们是不会轻易放过肇事司机的。对于骆某家属的威胁、恐吓，调解员当即予以批评教育，指出人死不能复生，死者家属的心情能理解，但是索赔要合理合法，不能一时冲动，做出违法的事情来。

调解员反复引导骆某家属统一思想，形成集中意见，依法依规提出合理诉求。此外，调解员通过宣讲相关法律法规，对有关交通肇事致人死亡案件的理赔项目与标准做了详细说明，提出由肇事方一次性补偿死者家属 10 万—20 万元，保险公司理赔款全额赔付给受害人的赔偿建议。但受害人骆某家属仍不接受，坚持一次性赔偿 150 万元的高额诉求。调解员见骆某家属情绪激动，当即进行耐心安抚，强调家属的悲痛能理解，但涉及赔偿问题需要冷静面对，这样才有利于问题的解决。

在与肇事方谈话时，调解员对道路交通法规有关条款及《中华人民共和国民法典》中有关侵权责任的民事赔偿条款进行了宣讲，申明应承担的法律责任与民事赔偿责任。对于肇事方宣某从一开始就反复强调家庭生活困难，想借此逃避追责的态度，调解员也予以批评，并提醒其正视自己的责任，给受害人家属一个交代。经过调解员反复劝导，宣某的态度有了明显的转变，但对于骆某家属提出的 150 万元的高额赔偿，明确表示拒绝。双方诉求差距过大，未达成调解共识，以致调解工作陷入僵局。依照调解自愿、调解依法并保护双方当事人诉讼权利的原则，调解员劝告双方当事人以冷静的姿态与其他家庭成员共同商议，如有调解意愿，可再次申请调解。

虽然第一次调解失败了，但调解员并没有放弃，而是以高度的责任感继续努力推动双方和解。一方面，调解员再次和办案单位联系，通过办案单位给双方家属讲清调解与诉讼程序的利弊关系，引导双方认同就地解决的调解方案；另一方面，调解员调动社会资源，动员村干部及双方当事人的亲朋好友对双方当事人进行规劝疏导。在各方社会力量的共同参与下，经过一周时间的调和，在亲情感化下，双方当事人都做出了让步。

于是，调解员再次组织双方当事人进行调解。双方接受了调解员提出的调解方案，由肇事司机宣某一次性补偿受害人骆某家属各类损失费 20 万元，且当场兑现完毕。保险公司理赔款按责任全额支付给受害人骆某家属。双方当事人签订调解协议，案结事了。一起拖了 10 天的交通肇事死亡赔偿纠纷就地化解。

🔶 案例点评

《道路交通事故处理程序规定》第八十四条指出，当事人可以采取以下三种方式解决道路交通事故损害赔偿争议：一是申请人民调解委员会调解；二是申请公安机关交通管理部门调解；三是向人民法院提起民事诉讼。所以对当事人来说，人民调解是其可自主选择的解决问题方式。低成本、高效率是人民调解最突出的特点和优势。而一旦进入诉讼程序，就意味着纠纷解决成本的增加，所以当事人一般是不希望上法院打官司的。在道路交通事故处理中推行人民调解制度，有利于化解因道路交通事故产生的民事纠纷，维护社会稳定，有利于缓解基层警力不足的问题，提高道路交通事故处理效率，有利于整合资源，方便群众，实现案结事了的目的。

（枫桥镇联合调解中心）

飞车撞人引纠纷　人民调解暖人心

◈ 案情简介

2021 年某一天，宣某下班驾驶电动自行车回家，途经枫桥镇枫源村大悟自然村路段时，因车速过快不慎碰撞到行人张某。张某被电动自行车碰撞后当场跌倒致伤，后被送至医院治疗。经检查，张某的左 4 根肋骨、右 4 根肋骨骨折，住院 14 天后才得以出院，花去医药费 18000 元。经诸暨市公安局交警大队认定，电动自行车驾驶员宣某负交通事故的全责，行人张某无责。张某基本康复后，就赔偿问题与宣某进行协商，张某要求宣某在支付医药费 18000 元的基础上再赔付各类费用 150000 元，共计 168000 元。对此赔偿金额，宣某表示不认可。双方对于赔偿金额无法达成共识。为尽快解决纠纷，不扩大矛盾，合理合法维护自身权益，双方当事人决定向老杨调解中心求助调解。

◈ 调解过程及结果

老杨调解中心接到求助后，立即受理，并召集双方当事人到老杨调解中心参与调解。调解员首先分别听取各方当事人的意见与诉求，然后抓住争议焦点，进行释法说理。调解员分别向双方讲解了《中华人民共和国民法典》《中华人民共和国道路交通安全法》等相关法律条款，既摆事实又讲法理，让双方对各自的权利、义务有一个明确的认识。在与宣某交流谈话时，调解员指出，《中华人民共和国民法典》第一千一百七十九条规定："侵害他人造成人身损害的，应当赔偿医疗费、护理费、交通费、营养费、住院伙食补助费等为治疗和康复支出的合理费用，以及因误工减少的收入。造成残疾的，还应当赔偿辅助器具费和残疾赔偿金；造成死亡的，还应当赔偿丧葬费和死亡赔偿金。"在与张某交流谈话时，调解员则耐心细致地向张某解释各种赔偿费用产生的法律依据和计算标准等，使其对赔偿金额有个合理的预期。

经过调解员一番释法说理，以案说法，双方当事人对赔偿一事逐渐回归理性。责任人宣某请求受害人适当降低赔偿金额，并表示在合情合理的范围内认同调解方案。为促使双方尽快达成共识，调解员与张某进行深入沟通，指出考虑到宣某的认错和服赔态度较好，以及其家庭的实际困难，建议张某在原理赔诉求168000元的基础上适当降低理赔金额，但可以要求一次性付清。张某在调解员理性规劝、疏导下，对宣某的家庭困难情况表示理解与同情，并明确表态在依规核算的赔偿款中做出让步，一次性减免20000元。然后经过面对面交流，双方在平和的气氛中自愿达成调解共识，即除医药费18000元之外，宣某再付一次性理赔款130000元。双方当场达成调解协议，赔偿款148000元于调解之日当场兑现。双方握手言和，案结事了。

◈ 案例点评

在乡镇各条道路上，上至七八十岁的老人，下至十几岁的孩子，似乎都可以成为驾驶员，且许多人安全意识淡漠，随意闯红灯、逆向行驶、抢上快车道等。诸如此类的现象埋下了很多的安全隐患。电动自行车把人撞了，没有法定的赔偿标准，需要根据警方给出的事故责任确认书来划分责任，并根据责任的大小与受伤人员协商赔偿事宜。一般情况下赔偿项目主要有医疗费、误工费、护理费、交通费、营养费、住院伙食费等。如果对被害人造成了很严重的伤残，还需要支付残疾赔偿金、精神抚慰金、残疾辅助器具费用等。

交通事故一旦发生，非伤即损，双方当事人一般情绪对立严重。在本次案件调解工作中，调解员从法理和人情两方面入手，一步步拉近双方距离，促使双方当事人从起初的剑拔弩张转向握手言和，为这起交通事故赔偿纠纷画上了圆满的句号。可以说，人民调解组织的介入为化解此类纠纷创建了一个协商解决的良好平台，有利于实现“案结事了人和”，取得良好的法律效果和社会效果。

（老杨调解中心）

交通肇事无保险　依法追责助索赔

◎ 案情简介

2021年某一天早上，寿某与往常一样驾驶一辆电动自行车，前往废铁市场上班，在途经枫桥镇郭店村路段时，由于车速过快，避让不及，与王某发生碰撞，造成王某后脑着地，且伤势严重。此次交通事故经诸暨市公安局交警大队认定，肇事司机寿某负事故全部责任，行人王某无责任。案发一个多月后，王某经医院抢救无效死亡。受害人王某住院抢救期间花去医药费23万余元。王某去世后，其家属就相关赔偿事宜请求枫桥镇人民调解委员会介入调解。

◎ 调解过程及结果

枫桥镇人民调解委员会接到当事人求助后，立即受理并组织协调，但肇事方寿某以肇事车辆为电动自行车（无保险）及家庭困难为由拒绝调解。为维护社会稳定，避免矛盾激化，在枫桥镇人民调解委员会多次做工作下，肇事方寿某同意预付10万元给死者家属作为死者后事处理款，先办完死者丧事再就赔偿事宜进行协调，死者家属也表示认同。在办完丧事后，死者家属再次向枫桥镇人民调解委员会申请调解。枫桥镇人民调解委员会自2022年1月下旬开始，多次采用背靠背的方法组织双方当事人进行协调，但是均因双方的赔偿诉求差距较大，难以顺利完成调解。在调解过程中，死者家属坚决要求赔偿各类损失费150万元，否则一定要找肇事方寿某算清这笔账。肇事方寿某虽经调解员多次依法疏导，态度发生了转变，同意协商赔偿，但其及家属始终强调车辆没有保险，家庭经济困难，最多只能赔偿 60 万元，否则就只能走司法程序，不再接受调解。

调解员将调解情况及时通报给交警部门，交警部门对肇事司机寿某依法采取强制措施。调解员再次建议双方当事人私下进行沟通，如有调解意向，可及时申请调解。调解员通过对《中华人民共和国道路交通法》等法律条款的宣讲，一方面逐步降低死者家属的赔偿期望值，另一方面做肇事方寿某的思想工作，告知其赔偿到位、获得被害者家属的谅解，可以从轻或者减轻刑事处罚。听从调解员的建议，双方当事人进行了私下协商。经过调解员 20 多天上门反复做思想工作，双方诉求不断接近，死者家属从原先请求一次性赔偿 150 万元降低至一次性赔偿 100 万元，肇事方从原先最多只能赔偿 60 万元提升至赔偿 90 万元。双方在赔偿金额上的差距不断缩小，调解工作得以持续开展。

2022 年 2 月初，双方当事人再次到枫桥镇人民调解委员会参与面对面调解。调解员动之以情，晓之以理，指出双方的赔偿金额已经非常接近，要求双方从切实解决问题的立场出发，互做让步，建议按 95 万元的折中赔偿方案再度进行磋商。经过调解员的不懈努力，双方当事人的思想较最初都有了显著转变，都能以更务实的态度来协商解决问题。又经过几轮拉锯，最后双方以一次性赔偿 93 万元形成调解共识。双方当事人自愿达成调解协议，寿某应承担的赔偿款于调解之日当场付清，死者王某家属自愿出具书面谅解书一份，至此案结事了，双方互不纠缠。

◈ 案例点评

电动自行车以其经济、绿色、便捷等优点广受居民青睐，成为居民的首选代步工具。同时，由于电动自行车的驾驶者不需要经过专门的驾驶技术理论和实际操作的培训，有车就可以直接上路，驾驶者在行驶中往往车速过快，交通违法行为突出，由电动自行车造成的交通事故时有发生。而许多当事人的电动自行车没有保险，引发的事故赔偿纠纷不断，给社会的安定团结带来了极大的隐患。本案的调解员通过积极有效的调解工作，切实化解了当事人的恩怨和对抗情绪，其成功经验值得借鉴：（1）调解之前充分准备，找到症结，做好预判。调解前，调解员对案件基本情况、当事人心理状态、家庭情况做了充分的了解，认识到案件不能妥善处理的风险，分析了本案调解的难点，对整个调解走向做出正确预判。（2）耐心倾听赢信任，心理疏导促理性。调解员在沟通过程中，耐心倾听，让当事人完全倾诉内心的痛苦或是抗辩理由，设身处地为当事人着想，提高当事人对调解员的信任度。在调解过程中尊重并鼓励双方合理地释放愤懑情绪，以获得心理平衡，最终促成其理性处理问题。（3）平衡各方利益，要以事实为依据，以法律为准绳，要不偏不倚，但并不意味着不近人情。在面对弱势群体、困难群众时，应在法律的范围内切实解决群众困难，体现为民情怀，适度倾斜，对各种利益进行综合考虑，最终实现良好的社会效果。本次案件的调解工作历经两个多月时间，调解人员联动社会力量，最终使得调解工作圆满完成。

（枫桥镇人民调解委员会）

横穿马路遭车祸　依法担责终和解

◈ 案情简介

2022 年某一天下午，段某驾驶一辆货车从绍兴开往诸暨，不慎与横穿马路的枫桥镇某村村民陈某发生碰撞，造成陈某头部等多处受伤，并经医院抢救无效死亡。事故发生后，在双方当事人的请求下，诸暨市公安局交警大队将段某交通肇事致陈某死亡一案委托枫桥镇人民调解委员会调解。

◈ 调解过程及结果

枫桥镇人民调解委员会受理后，当即预约双方当事人于 2 日后到枫桥镇综治中心参与调解。调解员在组织调解时，首先听取了诸暨市公安局交警大队办案民警对事故发生经过的陈述，并对事故现场和各方在本次交通事故中的责任情况进行了解。其后，调解员又与双方当事人分别进行谈话，征求各方意见，倾听各方诉求。调解员在征求肇事司机意见时，肇事司机段某反映其家庭负担较重，妻子患有严重疾病，两个儿子年龄又较小，无法支付高昂的赔偿金，要求死者家属给予谅解，但车辆有 100 万元的保险。段某提出预付死者丧葬费 5 万元，其余由保险公司理赔支付。

调解员在向受害人陈某家属征询意见、诉求时，将肇事司机段某的请求反馈给受害人家属。受害人家属沉浸在失去亲人的悲伤中，对肇事司机段某的请求完全不能接受，且情绪非常激动，认为段某应承担本次交通事故的全部责任，并指责段某没有诚意、没有人性，还在调解现场提出三条要求：一是由段某一次性赔偿受害人陈某家属150万元；二是依法追究肇事司机的法律责任；三是段某先一次性支付45万元，事后走司法程序，保险公司理赔款全额归受害人。

对于陈某家属的诉求，调解员根据相关法律法规逐一进行解释，认为在尚未做出道路交通事故责任认定以前，无法确定民事赔偿数额，故建议双方当事人最好自愿协商，达成意向，并提出两种协调方案：一是由肇事司机段某做一次性赔偿，保险公司理赔款归段某；二是除保险公司理赔款外做一次性补偿，保险公司理赔款全额归受害人陈某家属所有。尽管调解员反复协调，但是因双方诉求标的差距较大，没有能达成调解意向，以致调解中止。调解员根据调解情况提供三点意见，让陈某家属回去后好好考虑、权衡：（1）事后双方保持沟通，如有调解诚意可随时与枫桥镇人民调解委员会联系，调委会可再次组织调解；（2）如双方不愿调解，可走司法程序解决纠纷；（3）即便是肇事司机负全责，按浙江省道路交通事故赔偿项目及标准计算，最高赔偿额约为103万元。

事后，诸暨市公安局交警大队办案民警又对双方当事人进行依法疏导、依理说服，讲清楚对此交通事故民事赔偿与行政法律责任承担的意见，促使双方当事人分别做出让步。双方当事人在相互谅解下，最终自愿协商，达成共识：（1）肇事司机段某除保险公司理赔款外，一次性补偿给死者陈某家属计人民币142000元，补偿款于调解之日当场兑现；（2）本次交通事故赔偿款部分归陈某家属所有，陈某家属对肇事司机段某的过失违法行为表示谅解，并自愿出具谅解书一份。在调解员与办案民警的耐心工作下，段某交通肇事民事赔偿纠纷就地得到化解。

◈ 案例点评

本案由于事故造成人员死亡，因此产生的赔偿额度较高，双方存在的分歧较大，调解难度较高。调解员耐心做工作，稳定双方情绪，从维护双方合法权益的角度出发，详细地向双方解释有关法律法规，以及各种赔偿费用产生的依据和计算的标准等。由于调解工作做得细致到位，死者家属经过一段时间的冷静思考，其期望值也趋于客观。这起因道路交通事故引发的纠纷，处理的难点除了涉及的赔偿金额比较大外，还有双方的"心结"没有彻底打开，不能心平气和地表达意愿，从而使调解工作陷入僵局。所以，调解员在调处此类纠纷时，应从"懂法""明理"两方面入手，一方面普及法律知识，一方面以情理润人心，最大限度在法律的框架内做到案结事了，减少当事人诉累。

（枫桥镇人民调解委员会）

小　结

◇◇◇◇◇◇◇◇◇◇◇◇◇◇

　　交通事故纠纷调解，主要是指公安机关交通管理部门依据当事人的共同申请，在查明交通肇事事实及原因、分清交通事故当事人的责任、确定交通事故造成的损失情况后，召集有关人员在自愿、合法的原则下对交通事故损害赔偿进行公平协商，以解决赔偿争议的活动。改革开放以来，农村经济发展很快，随着群众生活质量的提高，农村里各类车辆也越来越多，而乡镇交通要道往往穿镇而过且车流量和人流量都很大，因此道路交通事故屡有发生。交通事故突发性强、危害性大，面对突如其来的人员伤亡，当事人亲属往往较为激动，对立情绪强烈，加之其对赔偿的法律依据认识不充分，以致纠纷久拖不决。

　　在交通事故纠纷的调解中，法律法规的运用是解决这个棘手问题的"尚方宝剑"。除《中华人民共和国民法典》外，《中华人民共和国道路交通安全法》规定："机动车发生交通事故造成人身伤亡、财产损失的，由保险公司在机动车第三者责任强制保险责任限额范围内予以赔偿；不足的部分，按照下列规定承担赔偿责任：（一）机动车之间发生交通事故的，由有过错的一方承担赔偿责任；双方都有过错的，按照各自过错的比例分担责任。（二）机动车与非机动车驾驶人、行人之间发生交通事故，非机动车驾驶人、行人没有过错的，由机动车一方承担赔偿责任；有证据证明非机动车驾驶人、行人有过错的，根据过错程度适当减轻机动车一方的赔偿责任；机动车一方没有过错的，承担不超过百分之十的赔偿责任。"在交通事故发生后，民事赔偿纠纷的调解是非常重要的一个环节。在这个环节中，如果处理得好，会让各方当事人满意；如果处理不好，则可能造成误会，甚至会引起不必要的社会矛盾。

在交通事故纠纷的调解处理过程中，有几点要注意：一是要以专业的法理全面分析案情，在公安机关做出责任认定前，初步确定一个双方当事人基本都能认可的责任比例，并且按照这个去落实前期工作。二是要明确当务之急，即马上解决医疗费问题，把当事人全案的矛盾分解为前期矛盾和后期矛盾，先解决掉前期矛盾，并且给出解决后期矛盾的方案。这样一方面，能让伤者得到妥善的治疗，家属不用为了医疗费担忧；另一方面也能让驾驶人员积极配合，不推脱自己的责任，为后续完全解决本次事故纠纷打下坚实的基础。在交通事故处理中充分发挥人民调解程序简单、方便快捷、不收取费用的优势，既方便了群众，降低了维权成本，又节约了宝贵的司法、行政资源。

交通安全关乎生命，一个个案例以"血与泪"的教训，唤起人们对生命的敬畏，时刻警醒人们，交通事故会带来难以磨灭的伤痛。希望每位出行者都能绷紧交通安全弦，把好手中方向盘，杜绝交通违法行为，做到文明、安全出行。

第五章

损害赔偿纠纷调解案例

SUNHAI PEICHANG JIUFEN TIAOJIE ANLI

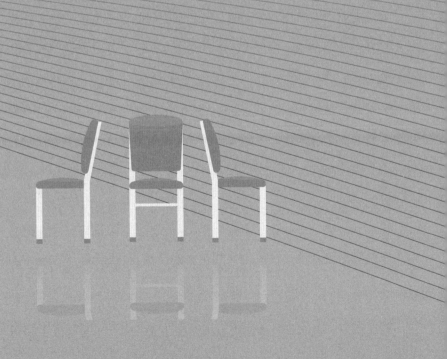

兄弟分家起纠纷　菜刀砍人致伤害

◈ 案情简介

　　王某、何某是同母异父的兄弟。2017年某一天傍晚，两人听从父母安排，来到父母家中过清明节。晚上聚餐时一家人其乐融融，家庭气氛十分融洽。饭后，已经有了一点醉意的弟弟何某趁机向哥哥王某提起：当初在分家、自立门户一事上，父母在财产房屋分割方面明显不公平，好在自己大度，没有计较。听到弟弟提起以前分家的事情，哥哥王某十分意外，觉得没有必要再提分家的事情，何况父母在分家问题上根本没有偏向。对于分家一事，双方各持不同意见，话不投机半句多，一来二往，都有醉意的兄弟俩发生了激烈争吵。此时在旁的嫂子葛某见弟弟何某坚持说当初分家不公平，心中非常不满，便口不择言，骂何某一家不讲道理，"有人生，没人管"。在场的弟媳吴某听到此话，立马不答应了，一怒之下就与葛某动手互殴。何某看到妻子吴某头发被嫂子揪住无法挣脱，情绪变得非常暴躁，激动地冲进厨房拿起一把菜刀冲向哥哥王某，并挥刀砍了过去。王某避让不及，脸部被菜刀砍伤。周边邻居听到争吵打斗声，都跑过来拉架。最终在邻居以及父母的劝解下，双方停止互殴。王某被砍伤后，立即拨打110报警，并由120救护车送到医院救治，住院期间共花去医药费6000余元。弟弟何某的这次鲁莽行为给哥哥王某右脸留下了一道10多厘米的伤痕。在父母反复劝说下，王某看在兄弟情分上，放弃伤情司法鉴定。王某出院后，兄弟俩自行就相关经济赔偿问题进行了协商，但对于具体赔偿金额无法达成一致，于是双方主动到老杨调解中心申请调解。

◈ 调解过程及结果

老杨调解中心受理了此损害赔偿纠纷案件，并及时组织双方当事人进行调解。调解员采用了背靠背的方法，与双方做了深入沟通，了解到双方当事人系同母异父的兄弟，平时生活中兄弟情谊尚好。对于此次酒后滋事伤人，何某后悔不已。调解员当场对其进行了批评教育，指出何某使用刀具伤害他人的行为，违反了《中华人民共和国刑法》《中华人民共和国治安管理处罚法》《中华人民共和国侵权责任法》等法律法规，理应承担相应的法律责任与民事赔偿责任。鉴于事发后弟弟何某认错态度较好，同时又有和解的意愿，调解员就顺势从情、理上开解疏导，劝哥哥王某念及手足之情，这次就捐弃前嫌，既往不咎。不仅如此，调解员还引导兄弟二人换位思考，将心比心，在遇到矛盾时及时沟通交流。如果当初双方在分家这个问题上能多做理性沟通，多替对方想想，稍做让步，事情早就和平解决了。反之如果双方只关注钱财而忽视亲情，那么兄弟间的矛盾只会进一步激化，久而久之双方关系会更加疏远，这将会是终生的遗憾。调解员又援引相关法律条款，进一步明确了本次纠纷中当事人各自的法律责任，分清是非界限，点明伤害后果及利害关系。经过调解员的普法教育，以理说服，何某夫妇意识到事情的严重性，态度也相应发生了转变，当场向受害人王某赔礼道歉，并表示愿意给予王某经济补偿。何某的表现得到了哥哥王某夫妇的谅解与宽容，哥哥王某当场主动做出承诺，本次民事赔偿完成后，不再向弟弟何某提出任何经济与法律责任上的追诉。经过调解员结合法、理、情反复疏导，兄弟俩以和为贵，放下恩怨，自愿达成了以下共识：何某夫妇一次性赔（补）偿王某医药费、误工费、陪护费、伤残及继续治疗费等各类费用共计人民币9万元，赔偿款于调解之日当场付清。这起兄弟纠纷案，经调解员悉心调处达到了案结事了、握手言和的良好法律效果和社会效果。

◈ 案例点评

俗话说："兄弟同心，其利断金。"家和才能万事兴！天下之本在国，国之本在家。家庭的和谐稳定不仅事关个人，更事关整个社会及国家的稳定。分家析产仅是形式上将大家庭划分为多个小家庭，但家庭成员间的血缘关系无法割裂，亲情不应淡化。在处理分家析产纠纷时，各方应避免激化矛盾，使亲情破裂。对于分家析产后应履行的义务，各方也应积极履行，共同维护家庭和睦安定、社会和谐美好。在此案调解过程中，调解员始终用兄弟一家亲的理念来打动当事人，合理合法地给双方当事人分析案情，最终使双方当事人都认可了调解方案，避免了家庭关系恶化，兄弟反目成仇。调解员在调解过程中，不仅要具备专业的法律知识和调解技巧，更要有公正、客观的态度，以及对当事人的关心和理解。只有这样，才能真正达到调解的目的，为社会和谐稳定做出贡献。

（老杨调解中心）

为争摊位起纠纷　殴打致伤索赔偿

◈ 案情简介

　　枫桥镇 A 村老菜场位于集镇的中心地段，人来人往非常热闹。菜场里设有自由摊位，农户一直遵循谁早到谁占位置摆摊的方式经营。2021 年 1 月某日早上 7 点左右，枫桥镇 A 村村民王某来到自己以往摆摊处准备卖冬笋时，发现摊位已被早到的外地民工李某（女）所占，为此双方发生口角。王某认为平时该摊位都由其经营，从来没有人来占用过，李某这次抢摊位，就是在挑事。李某则认为该摊位属临时自由摊位，无固定经营户，大家都可以摆摊经营，谁早到就应归谁用。双方是"公说公有理，婆说婆有理"，在争吵中王某将李某摊位上的年糕丢到马路上，李某也将王某的冬笋丢到马路边。在互摔货品后，李某一气之下，冲上前去抓住王某的衣服，双方发生推搡。其间，李某抓住王某衣服仰天跌倒在地，王某随之跌倒，双膝跪在李某肚子上，从而造成李某身体多处挫伤。现场群众连忙劝解并及时拨打 110 报警。民警赶到现场后，平息事态，调查取证。伤者李某被送医院治疗，前后共花去医疗费 2500 余元。出院后，李某来到老杨调解中心自愿请求调解。

◈ 调解过程及结果

　　老杨调解中心受理此案件后，及时组织双方当事人到老杨调解中心参与调解。调解中，调解员采用背面结合、依法疏导的方法，与双方当事人分别进行谈话。与王某沟通时，王某强调是李某占其摊位有过错在前，责任应自负，自己不用承担任何赔偿责任。为帮王某弄清事实，调解员对纠纷发生过程逐一分析，向王某释法说理，讲清楚争吵互殴虽属双方行为，但只要双方发生肢体接触，造成他人伤害，根据《中华人民共和国民法典》第一千一百七十九条规定，"侵害他人造成人身损害的，应当赔偿医疗费、护理费、交通费、营养费、住院伙食补助费等为治疗和康复支出的合理费用，以及因误工减少的收入"。即根据谁侵权谁承担侵权责任的原则，王某应当承担赔偿责任。经过调解员一番有理有据、情理结合的疏导、教育，王某从最初的不认赔态度转变为同意承担部分赔偿责任，但是表态最多只补偿1000元。双方无法达成共识。面对僵局，调解员并不气馁，多方打听了解，找来了王某的亲属、调解志愿者王同志，由其出面继续做好王某的疏导工作。经过调解志愿者王同志反复劝说，王某将补偿金额从之前的最多1000元提升至2000元。为达到就地解决、案结事了的目的，调解员再次上门做好受害人李某的工作，明确指出在本次纠纷中李某也有过错，此次双方互殴给彼此身体都造成了伤害，李某同样也要承担相应的法律责任和民事赔偿责任。由此，调解员建议李某对全额赔偿医药费2500元的诉求做出适当退让。在调解员的反复劝导下，李某将赔偿诉求从2500元降至2300元。但王某坚持最多只能补偿2000元，李某所提2300元赔偿诉求难以达到。

调解员对李某进行新一轮谈话，讲清纠纷的因果关系，以及诉前调解不成走法律程序的复杂性，劝其冤家宜解不宜结，退一步海阔天空。李某在情、理的感化下，接受了调解员的建议，认可由王某一次性补偿医疗费2000元。一次性补偿款于调解之日当场支付，调解协议于双方签字后生效。双方当事人握手言和。

◈ 案例点评

人民调解是化解社会矛盾的缓冲器。农村的民事纠纷一般比较琐碎，当事人之间有的并没有根本性冲突，甚至在很多情况下，人们更多的是想出口气，而不是获得经济赔偿。如本案的当事人，双方都是以摆摊为生，小本经营，纠纷所涉及的理赔金额比较小，像这种纠纷完全可以通过人民调解予以化解，不用走司法途径。当然，农村居民的法律意识也普遍比较淡薄，他们遇事冲动，容易激化矛盾。调解员在调解工作中要注意实现法、理、情的统一，既要合法合理，又要有人间温情，要在与当事人沟通的过程中想方设法找到矛盾的突破口。另外，中国农村仍旧是熟人社会，人际关系比较紧密。像本案的调解志愿者就是当事人的亲属，由其出面帮忙协调有利于调解工作的推动，而且调解过程中的普法宣传对当事人也能起到良好的教育效果。当然由于农村地区缺乏多元的纠纷解决渠道，很多纠纷都会拖延甚至无法解决。因此，加强农村地区法律宣传，增强农村地区居民的法律意识和维权意识，建立健全农村法律服务体系，是解决农村民事纠纷的关键。

（老杨调解中心）

水库钓鱼惹事端　诉源化解促和谐

◈ **案情简介**

2020 年 8 月某日上午，村民黄某等人通过水库围墙缺口，擅自进入水库区域钓鱼。水库管理人员从监控中发现后，致电水库保安吴某等人到现场予以劝离。见黄某等钓鱼人员不听劝阻，吴某欲将黄某钓的放在网箱上的三条鱼放还水库。黄某见状上前争夺，为此，两人发生互殴。打斗时，吴某击中黄某胸部数拳，黄某跌倒在地，后经现场人员制止，事态才平息。其后，黄某拨打 110 报警，办案民警到场后，传唤各方当事人进行调查取证。经医院诊断，黄某右胸三根肋骨、左胸肋骨两根骨折。黄某人身所受损害程度经诸暨市公安局司法鉴定为轻伤二级。黄某康复出院后，双方当事人到老杨调解中心申请调解。

◈ **调解过程及结果**

老杨调解中心于 2020 年 10 月期间组织了第一次调解，但因双方民事诉求赔偿标的差距较大，调解无果而终。老杨调解中心建议双方走司法程序解决。公安机关将案件移送诸暨市人民检察院，诸暨市人民检察院审核后，退回公安机关补充侦查，并建议再次调解。办案民警继续补充侦查案情，同时，为使纠纷不扩大，矛盾不激化，达到就地化解的目的，建议双方当事人再次调解。在当地干部与办案民警的规劝下，双方当事人于 2021 年 3 月初自愿请求老杨调解中心介入调解。

老杨调解中心接到双方当事人的请求后及时受理。调解员组织双方当事人及其单位领导，公、检、司联动于一周后到枫桥司法所参与调解。在调解现场，调解员认真听取了双方当事人的诉求。受害人黄某提出一次性赔偿8万元，吴某提出最多一次性赔偿6万元。经过前期的调解工作，双方的赔偿标的虽然有所接近，但仍有差距。说到具体的赔偿金额，双方当事人又情绪激动，你一言我一语地争执起来。看到这种情况，调解员决定采取背靠背的方法进行下一步调解。

调解员单独与吴某进行沟通，安抚好吴某情绪，对其工作尽心尽职表示理解和肯定，同时向吴某普及侵害身体权、健康权、生命权方面的法律规定。《中华人民共和国民法典》第一千一百七十九条规定："侵害他人造成人身损害的，应当赔偿医药费、护理费、交通费、营养费、住院伙食补助费等为治疗和康复支出的合理费用，以及因误工减少的收入。造成残疾的，还应当赔偿辅助器具费和残疾赔偿金；造成死亡的，还应当赔偿丧葬费和死亡赔偿金。"《最高人民法院关于审理人身损害赔偿案件适用法律若干问题的解释》第十七条规定："受害人遭受人身损害，因就医治疗支出的各项费用以及因误工减少的收入，包括医疗费、误工费、护理费、交通费、住宿费、住院伙食补助费、必要的营养费，赔偿义务人应当予以赔偿。"调解员又结合案情说理，指出吴某在与黄某打斗过程中击打黄某胸部数拳致黄某受伤，理应赔偿黄某，当然赔偿费用要根据黄某受伤程度而定。《中华人民共和国治安管理处罚法》第四十三条规定："殴打他人的，或者故意伤害他人身体的，处五日以上十日以下拘留，并处二百元以上五百元以下罚款；情节较轻的，处五日以下拘留或者五百元以下罚款。"吴某如果继续坚持己见，不愿意冷静下来思考，将不利于事情的解决。最终，吴某不仅要赔偿黄某损失，还可能面临治安处罚。

调解员又单独与黄某进行沟通，主要强调了吴某到水库现场对他们进行劝离的缘由，引导黄某理解水库安保人员的工作压力，提出水库附近村民应该与安保人员建立良好的关系，而不是互相敌对、仇视。

经过调解员的分析，吴某表示认识到自己的过错，承认当时不够冷静，一时冲动才动了手，没想到造成这么严重的后果，保证今后遇事不再用冲动的方式处理问题，并愿意诚恳地向黄某赔礼道歉。

调解员让吴某与黄某再次面对面进行调解，吴某立即向黄某表达了歉意，黄某见吴某主动道歉且态度诚恳，也表示自己在吴某劝离时应该配合，不应该用对抗方式来解决，愿意在赔偿费用上做出让步。在法律的疏导和人情的感化下，双方当事人再次相互做出让步。受害人黄某表态，赔偿金额可以降低 5000 元，要求一次性赔偿 75000 元，并主动书写谅解书，对吴某的违法行为表示谅解，请求司法机关不予追究其责任。吴某对黄某的诉求表示接受。双方当事人自愿达成调解共识，由吴某一次性赔偿黄某各类损害费用共计 75000 元，赔偿款在签订调解协议书后三日内付清。双方承诺做到案结事了，互不纠缠，并当场握手言和。诉源化解达到应有的效果。由于吴某认罪认罚认错，检察机关审议后，出具免予起诉决定书，双方达成刑事和解。

◈ 案例点评

息诉工作是检察机关做好稳定工作的一个重要组成部分。检察机关须始终心怀"国之大者"，努力践行"枫桥经验"，在依法履行抗诉职责的同时，把民事检察息诉工作放到同等重要的位置，正确处理好办案与化解矛盾的关系，努力把群众身边的"小案"办好。在本案中，诸暨市人民检察院在审核案件后，做出再次调解的建议。检察机关与公安机关、调委会联动，着力做好息诉和解工作，依法积极引导，努力促成当事人和解。这既符合现代司法"案结事了人和"的目标追求，也体现了检察机关在促成矛盾实质性化解方面的新探索。

（老杨调解中心）

闲言碎语惹是非　多轮调解化干戈

◈ 案情简介

　　宣某、傅某夫妇在枫桥新农贸市场经营百货杂物商店多年，金某、王某夫妇也一直在枫桥新农贸市场经营猪肉摊位。双方虽然认识，但平时并没有多少交往。2021年1月某日上午，一名顾客在傅某的百货杂物商店购买物品时，讲到待会要去采购些猪肉。傅某闻言多说了一句："到金某、王某夫妇摊位买猪肉要看好磅秤，他们要缺斤短两的。"事后，该顾客在购买猪肉时，无意中就将傅某的原话传到了猪肉摊主金某与王某耳朵里。金某与王某听后，十分气愤，立即赶到傅某的百货杂物商店去质问对方。在争吵过程中，宣某推搡王某，致使王某脸部擦伤，金某见状和宣某发生了打斗。在互殴过程中，双方都有受伤。其间，王某将傅某的一部vivo手机砸坏，傅某将王某的围裙撕破。经群众报警，民警到场后平息了事态。双方当事人就医后，身体也都基本恢复。依据双方当事人的申请，办案民警委托枫桥镇联合调解中心进行调解。

◈ 调解过程及结果

　　枫桥镇联合调解中心受理后，分别与双方当事人进行谈话，询问调解的意愿与诉求。宣某、傅某夫妇认为金某、王某夫妇上门责问并打人致伤应负全责，其侵权行为应依法处罚，并要求两人一次性赔偿医药费、误工费、陪工费、精神损害费等共计30万元。金某、王某夫妇则认为：（1）对方惹事在先，应负主要责任；（2）双方属于互殴，且都有受伤，本户为减少损失，未住院治疗，尚无医药费用产生；（3）同意给予宣某、傅某夫妇2万元的经济补偿。根据双方意见与诉求，调解组经过综合分析，依据实事求是、依法公正的调解规则，对宣某、傅某夫妇提出的30万元赔偿诉求不予认可。调解员在分析纠纷起因时指出傅某背后议论是非，引发事端，过错在前。金某、王某夫妇只因传言就上门责问，引发打架，侵犯他人人身权益，依据《中华人民共和国民法典》第一千一百七十九条规定，应负相应的法律责任与民事赔偿责任。

为实现依法公正合理解决纠纷的目的，调解员给双方当事人分别讲清了彼此的是非对错与民事赔偿责任，并按浙江省民事伤害纠纷理赔的项目与标准，核算出宣某夫妇应获各类损害赔偿费共计5.5万元。由于双方诉求差距较大，无法达成一致，调解被迫中止。调解员建议双方当事人向有关法律单位和法律人士咨询，如有调解意愿可再次申请调解。双方当事人都扬言不会就这么轻易算了，要通过私下手段来解决。调解员考虑到调解工作关系到群众的切身利益，关系到社会的和谐稳定，如果不及时加以调处，则双方矛盾可能加深，造成非常严重的后果。调解员马上找到"红枫义警"陈会长，由他出面再次劝导双方当事人就赔偿事宜进行协商。平时同在枫桥镇上开店的陈会长和双方当事人都比较熟悉，经过陈会长分别上门做思想工作，双方当事人同意就赔偿事宜再次进行调解。调解员于3日后再次预约双方当事人进行调解。调解员对双方当事人进行了耐心劝导，指出纠纷其实源自一件小事，本可以轻松化解，但是双方没能保持理智，以致矛盾升级。金某夫妇上门争吵造成宣某夫妇受伤是事实，但宣某夫妇对于矛盾产生负有相应的责任，调解员希望宣某夫妇依法依规合理提出赔偿诉求。宣某夫妇表示可以将赔偿诉求从30万元降低至15万元，金某夫妇从最多补偿2万元提升到补偿宣某夫妇各类损失6万元。虽然差距有所缩小，但由于宣某夫妇调解诚意不足，双方仍未达成调解共识，调解再次中止。

虽然调解工作一直未能达到应有效果，但调解员百折不挠、坚持不懈，继续会同"红枫义警"陈会长和市场管理人员杨师傅多次上门劝导双方当事人，向双方当事人讲明：大家同在一个市场做生意，既然纠纷已经发生了，那就应该拿出诚意来解决，只有把纠纷解决好，才能安安心心做生意，赚钱过上好日子。在专职调解员、兼职调解员、志愿者调解员的共同努力下，双方当事人有所触动且慢慢转变了认识。另外，调解员提出折中意见，要求金某夫妇将赔偿金额从6万元上升至 7 万元，宣某夫妇将赔偿金额从 15 万元降低至 7 万元。双方终于接受赔偿方案，自愿达成调解协议。金某夫妇一次性赔（补）偿宣某夫妇医药费及后续治疗费共计人民币 7 万元，赔偿款于调解协议签订之日当场兑现。

◈ 案例点评

俗话说："谁人背后无人说，谁人背后不说人。"群体中因为嫉妒、偏见或者其他原因，出现流言蜚语或者闲言碎语都是很正常的事情。本案就是由杂货商店店主傅某背后说闲话惹出的是非。良言一句三冬暖，恶语伤人六月寒。所以"静坐常思己过，闲谈莫论人非"这句古话说得是非常中肯的。虽然本案案情看起来非常简单，事件起因、经过也都十分清晰，但化解过程烦琐、持久。调解的难点在于双方互相斗气，因为农村总体上是熟人社会，是半径很小的社会场域，双方当事人几乎是低头不见抬头见。丢脸就是丢人，丢人就失去了作为社会人的生存根基，毕竟，在农村"树活一张皮，人活一张脸"。所以此案虽小，但调解起来却颇费周折。在调解过程中，调解员要及时掌握双方当事人的此种心态，制造"梯子"让他们下，唯有如此，才能促成双方握手言和。

（枫桥镇联合调解中心）

倒车碰撞引纠纷　人民调解泯恩仇

◈ 案情简介

诸暨市安华镇泥工包工头许某与东和乡泥工包工头周某，分别在枫桥镇某小区承包了相关项目工程。2021 年 3 月某日上午，许某雇用的民工程某驾车来到小区工地，程某在倒车时不慎碰擦到正在工地行走的民工唐某。唐某虽无大碍，但心怀不满，便上前责问且恶语相向，咒骂程某"你眼睛瞎啦"等。程某虽听不懂诸暨方言，但看到唐某态度恶劣，就与之发生争执，双方由互相谩骂发展到扭打在一起。唐某与程某在互殴时，被唐某表弟、泥工包工头周某碰见。周某不问情由，当即赶上前和表兄唐某一起出拳殴打程某，从而造成程某身体多处受伤。程某报警后，就被送往医院治疗。经医院检查诊断，程某身体多处挫伤，右肋骨两根骨折，此次治疗花去医药费 2 万多元。为维护自己的权益，程某在伤势基本恢复后，来到老杨调解中心申请调解。

◈ 调解过程及结果

老杨调解中心受理后，召集双方当事人及雇主到老杨调解中心参与调解。在调解过程中，调解员首先邀请办案民警详细介绍案情，并与双方雇主分别谈话，分清是非，明确对错，厘清各方应承担的法律责任和民事赔偿责任。调解员在与唐某、周某谈话时，着重指明程某的伤情已构成轻伤，唐某和周某的行为已违反《中华人民共和国刑法》第二百三十四条和《中华人民共和国民法典》第一千一百七十九条的有关规定。调解员继而指出，鉴于唐某行为的违法性与后果的严重性，为达成和解，唐某应端正态度，认罪认罚认赔，尽量取得受害人的谅解。在调解员一番释法说理、批评教育下，唐某和周某认识到自身行为的错误，明确表态在受害人诉求合理的情况下，愿意支付其一定的经济赔偿。

同时，调解员对受害人程某及其雇主许某也做了疏导和规劝。调解员特别强调，纠纷起因本非大事，都是一时冲动、互不相让才造成如今这般局面。调解员又开解道："冤家宜解不宜结，唐某二人已经认识到错误，愿意向你赔礼道歉并支付医疗费用。你就大度一些，得饶人处且饶人。"在调解员入情入理的规劝下，受害人程某接受道歉，但提出一次性赔偿医药费、误工费、护理费、营养费及继续治疗费等共计人民币13万元的高额诉求。当调解员将程某的诉求反馈给唐某、周某时，两人表示赔偿金额过高，难以接受。

虽然双方在赔偿金额方面有较大分歧，但调解员看到双方当事人仍有一定调解意愿，于是果断提出折中赔偿方案，并分头再做双方当事人的思想工作。调解员提出让雇主许某与程某私下再做沟通，将赔偿诉求从13万元降至10万元。调解员又去做唐某、周某的工作，建议他们将原来的一次性赔偿8万元提升至一次性赔偿10万元。在调解期间，调解员数次上门做双方当事人的思想工作，在稳住当事人程某情绪、避免事态升级的前提下，倾听当事人程某的意见，对有理、正当、合法的诉求，予以支持赞同，对不合理、不恰当、不合法的要求，从法理角度认真加以分析解答，努力缩小双方诉求上的差距。在调解员多次疏导、规劝下，最终双方自愿达成调解共识：（1）唐某、周某一次性支付受害人程某医药损失费等各类赔偿款共计人民币10万元；（2）受害人程某自愿出具谅解书一份，承诺不予追究唐某、周某的任何法律责任与经济责任；（3）民事赔偿款10万元于调解之日当场付清。双方当事人在友好的气氛中握手言和。

◈ 案例点评

人民调解是化解社会矛盾纠纷的"一道防线"。如果没有人民调解，大量社会矛盾纠纷在激化后有可能转为刑事案件或群体性事件。在调解这起斗殴事件的过程中，调解员首先了解双方当事人的情况和事件的前因后果。面对双方当事人时，调解员始终保持中立，不偏袒任何一方，尽可能公正地处理事件，尝试达成双方都能接受的解决方案。在整个调解过程中，调解员保持冷静和耐心，尽可能避免情绪化的言语和行为，向双方当事人宣讲了相关法律法规，分析了双方打架、斗殴产生的昂贵"成本"，劝告双方今后遇事时要克制情绪，理智处理问题。调解员在交流和说服过程中：一是申明法理，讲透法律法规；二是摆清事理，分析利弊；三是说透情理，解开彼此心结。通过这三步层层推进，最终促使双方当事人达成谅解。

（老杨调解中心）

为抢座位起冲突　报警泄愤不可取

◈ **案情简介**

　　2021年9月某日晚上，××饭店内，村民阿华和阿英为麻将桌座位问题发生口角。原来是阿英不会搓麻将却抢占了座位，阿华想搓麻将却无座位。阿英口齿伶俐，在争吵中阿华渐落下风。心中有气的阿华随后以报假警的方式予以报复。报完假警后，阿华仍心有不甘，怒火中烧的她又回家将其丈夫阿均叫到现场，再次与阿英夫妇发生争吵，双方互不示弱，进而矛盾激化，发生肢体冲突。阿华与阿英互抓头发，大打出手，阿均与阿英丈夫阿平也你一拳我一腿地扭打在一起。经在场群众劝解，事态才得到平息。110出警民警到场后，将双方当事人带离现场做调查处理。事后，阿英感觉眼睛不适，经医院诊断为右眼眼眶骨折，并花去医药费4000余元。阿英伤愈后出院后，到老杨调解中心申请调解。

◈ **调解过程及结果**

　　老杨调解中心受理后，当即组织双方当事人到老杨调解中心参与调解。在正式调解前，调解员对事件的前因后果做了梳理，并确定了调解方案。考虑到双方当事人尚存对立情绪，调解员采用背靠背的方法先征询双方当事人的意向及诉求。在交谈中，调解员首先对阿英夫妇的情绪做了安抚，指出一个麻将位置而已，搞得自己受伤住院实在划不来，劝他们以后遇事不要冲动，不要因为一点小事搞得乡里乡亲失了和气。阿英方表示，两家平时也是低头不见抬头见，并没有什么实质性矛盾，同意以调解的方式解决纠纷，但要求阿华夫妇支付一次性赔偿款 10000 元。本着客观公正的原则，调解员以实事求是的精神向阿英指出双方有互殴的行为，《中华人民共和国民法典》第一千一百七十九条虽然规定"侵害他人造成人身损害的，应当赔偿医疗费、护理费、交通费、营养费、住院伙食补助费等为治疗和康复支出的合理费用"，但具体赔偿金额要按照浙江省民事伤害纠纷理赔的项目与标准来计算。调解员劝告受害人阿英，都是在一个村里住着，既然打算和解，那就要拿出诚意来，合情合理地提出赔偿要求，并建议阿英夫妇从解决实际问题的角度出发，慎重考虑目前提出的诉求。

然后，调解员又与阿华夫妇进行谈话交流。在谈话中，调解员着重对阿华报假警出气的行为予以严厉批评，指出这种行为扰乱了国家机关工作秩序，浪费了公共资源，违反了《中华人民共和国治安管理处罚法》第二十五条规定。而且阿华夫妇殴打他人致眼眶骨折的行为还触犯了《中华人民共和国民法典》第一千一百七十九条规定。在调解员的一番释法说理下，阿华夫妇主动承认自己行为有过错，并且为表达和解诚意，他们愿意一次性赔偿阿英夫妇 5000 元。

调解员见双方都意识到自身的过错，都有明确的调解意愿，且都是乡里乡亲，不宜将矛盾扩大化，遂热心规劝双方拿出诚意，各自再退让一步。调解员建议双方当事人就一次性补偿 6500—7000 元的赔偿方案再度进行协商。经过调解员前期谈话、调处，这次面对面协商时，双方当事人的心态已较为平和。在调解员耐心调解下，最终双方自愿达成协议，由阿华夫妇一次性补偿受害人阿英医药费及各类损失费共计人民币 7000 元。赔偿款于调解之日当场兑现，双方冰释前嫌，握手言和。

◈ 案例点评

在本起案件中，有一个细节非常值得我们注意，就是报假警。在日常生活中，报假警的新闻也屡见不鲜。110 报警服务电话，24 小时全天候服务，是维护治安，服务社会，保障公民生命、财产安全的重要工具。凡拨打 110 恶意骚扰、谎报警情等滋扰公安机关正常秩序的行为都属于违法行为，因为这不仅影响了公安机关的正常工作秩序，还占用、浪费社会公共资源，甚至可能延误公安机关抢救群众生命、财产的宝贵时间。根据《中华人民共和国治安管理处罚法》第二十五条规定，报假警尚未造成严重损失的，行为人将被处五日以下拘留或者五百元以下罚款；情节较重的，将被处五日以上十日以下拘留，可以并处五百元以下罚款。所以报假警需担责，请珍惜警务资源！在本案调解过程中，调解员通过对双方当事人进行释法说理，努力促成双方达成了赔偿协议。这既解决了矛盾纠纷，又维护了邻里关系，是一种比较理想的解决方式。

（老杨调解中心）

房旁空地起争议　邻里斗殴伤和气

◈ 案情简介

　　阿光与阿贤系邻居，近年来两家因为房屋相邻的一块空地多次发生争吵。2021 年 8 月某日晚上，两家又因为阿光在空地上安装水表箱一事发生争执。阿光认为这块空地位于两家之间，自己也有使用权，凭什么不能在空地上装水表箱。阿贤认为两家屋间的空地是他家独有的，阿光安装水表箱不与他家协商，是毫无道理的。然后，阿贤用木条将进出两家屋间空地的路口堵住。阿光见状，上前与其理论，在争吵中双方矛盾激化，两家其他人员也参与了互殴，现场陷入一片混乱。拳脚无眼，在争斗中阿贤儿子阿峰打伤了阿光妻子阿春。110 民警到场后平息事态，并将当事人带离现场做调查处理，伤者阿春被送医院检查治疗。经医院诊断，阿春三根肋骨骨折，治疗共花去医药费 13000 余元。阿春伤愈后，到老杨调解中心申请调解。

◈ 调解过程及结果

　　老杨调解中心接到当事人申请后，及时受理，并召集双方当事人到老杨调解中心参与调解。为方便当事人阐述基本事实，避免一方基于情绪、主观判断等非理性因素做出过激行为，调解员采用背靠背的方法倾听双方意见和诉求。在与阿光夫妇交谈中，受害人阿春表示这块空地位于两屋之间，自己家应有使用权，这次起争端纯属阿贤家无理取闹。由此，阿光夫妇提出要阿贤家一次性补偿 50000

元和划清地界的诉求，以免日后使用空地时再生是非。调解员认真听取夫妻俩的诉求后，对受害人阿春进行了情绪疏导。他明确指出阿峰打人是侵权行为，要严肃批评，其对阿春造成的人身伤害要承担相应责任。然后，调解员依据《中华人民共和国民法典》第一千一百七十九条规定和浙江省民事伤害纠纷理赔的项目与标准核算出阿春受伤的各类赔偿费用为 33000 余元。相较之下，阿春之前提出的一次性赔偿 50000 元的诉求明显偏高。调解员指出，调解工作要以事实为依据，以法律为准绳，建议阿光夫妇理性面对赔偿问题，降低赔偿标准。

　　然后调解员又与阿贤、阿峰父子进行了谈话。交谈中，阿贤态度强硬，强调空地归自己所有，阿光夫妇擅自使用有错在先，所以拒绝赔偿阿春一切医药损失费用。见阿贤如此冥顽不灵，毫无悔意，调解员郑重指出其行为已触犯了法律。《中华人民共和国治安管理处罚法》第四十三条规定："殴打他人的，或者故意伤害他人身体的，处五日以上十日以下拘留，并处二百元以上五百元以下罚款；情节较轻的，处五日以下拘留或者五百元以下罚款。"《中华人民共和国刑法》第二百三十四条规定："故意伤害他人身体的，处三年以下有期徒刑、拘役或者管制。"调解员强调，如果阿贤一直保持这个态度，那调解就无法再继续，届时阿光夫妇完全可以走司法程序，提起上诉。在调解员的批评教育下，阿贤父子有所触动，态度也有所软化，但对阿春的民事赔偿诉求仍不能接受。

　　调解员为充分尊重当事人意愿，当天中止调解，让当事人回去再慎重考虑一下。调解员诚恳建议双方当事人以和为贵，理性处理，如有调解意愿可再向老杨调解中心申请调解。事后，办案民警也与阿贤父子联系，明确受害人阿春的伤势已构成轻伤，向其阐明《中华人民共和国治安管理处罚法》第九条的规定："对于因民间纠纷引起的打架斗殴或者损毁他人财物等违反治安管理行为，情节较轻的，公安机关可以调解处理。经公安机关调解，当事人达成协议的，不予处罚。经调解未达成协议或者达成协议后不履行的，公安机关应当依照本法的规定对违反治安管理行为人给予处罚，并告知当事人可以就民事争议依法向人民法院提起民事诉讼。"

　　法律的威严终于使阿贤父子低下了头，端正了态度，主动请求调解。为使纠纷不扩大、矛盾不激化，促使邻里和睦、社会和谐，老杨调解中心预约双方当事人于 3 日后再次进行调解。

　　在调解过程中，调解员给双方当事人讲清法律责任，实事求是地分清是非对错，指出双方当事人在这次纠纷中都有过错，建议双方都拿出诚意来，各退一步。调解员建议阿光夫妇将一次性赔偿金额降低至45000元，并要求阿贤父子在合理赔偿项目标准33000元的基础上，增加继续治疗费。在调解员坚持不懈的努力下，经过几小时面对面的沟通，最终双方达成调解共识：（1）阿贤父子一次性赔偿受害人阿春医药费、误工费、陪护费、继续治疗费等各类费用共计人民币42000元；（2）阿光夫妇出具书面谅解书一份；（3）赔偿款于调解之日当场兑现；（4）空地的界线划分问题由村"两委"就地协商解决。双方签订调解协议，案结事了。

◈ 案例点评

"千里家书只为墙，让他三尺又何妨？万里长城今犹存，不见当年秦始皇。"这个典故可能很多人都有所耳闻，清代名臣张英的家人因为修院墙与邻居发生纠纷，特地写了一封信给张英，张英收到信后回复了这首诗。张英家人收到家书以后主动退让三尺，邻居感动不已也退让三尺，"六尺巷"因此得名。在农村，屋前屋后常留有空闲地，许多人因为这些空闲的土地发生过纠纷，有时候真的是公说公有理，婆说婆有理，根本就讲不清是非对错。因为双方法律意识淡薄，甚至可能从普通的争吵演变为斗殴，致使人身受到伤害，加深双方矛盾，造成严重的社会问题。如果大家都能学学张英，邻里之间相互包容、谦让一些，日子就会过得更加红红火火。

（老杨调解中心）

停车堵路惹纠纷　释法说理促和解

◈ 案情简介

阿才、阿娟夫妇与大军，同在枫桥镇老菜场经营鸡鸭生意。两家摊位邻近，平时难免会有竞争。2021年11月16日，大军运完货物后，就将车辆停放在阿才摊位通道处，由于当时正忙着搬运货物，车门也就随意开着没有关上。这时，阿才做完生意也正准备休业，就顺势把大军的汽车门关上。因关车门时用力较大，声音较响，大军听到后就上前与阿才理论。双方你一言我一语，气头上的两个人根本没办法好好沟通，甚至逐渐从争论转向斗殴。阿娟见状后，唯恐丈夫阿才吃亏，也参与了互殴。在双方打斗中，大军出手打伤阿才的鼻部，造成阿才鼻骨骨折。阿才住院后花去医药费10000余元，其伤情经诸暨市公安局司法鉴定为轻伤二级。等到阿才伤势基本恢复后，双方当事人申请对此伤害赔偿纠纷进行调解。枫桥派出所将案卷移送老杨调解中心。

◈ 调解过程及结果

老杨调解中心受理后，当即召集双方当事人到枫桥镇联合调解中心参与调解。为了还原事发经过，调解员先是仔细查看了派出所移交的案卷和事发时段的监控视频，然后采用背靠背的调解方法与当事人分别进行谈话。

在聆听阿才夫妇的意见和诉求时，受害人阿才夫妇强调是大军故意挑衅把车停到他们的摊位前，且在争吵时还动手把阿才打伤。阿才夫妇因为心里有气意难平，才提出了一次性赔偿 20 万元的过高诉求。而大军一听对方的赔偿诉求，立马不干了，认为是对方找碴在先，并表示宁可去坐牢也不可能赔偿 20 万元。双方情绪对立强烈，不利于矛盾化解，调解员建议双方先回去冷静一下，也可向有关法律部门再做咨询，如有诚意可继续申请调解。

经过数天的思考，权衡利弊，双方当事人再次提出调解请求。依照双方当事人的意愿，3 日后调解员再次召集他们前来参与调解。在与受害人阿才夫妇谈话时，调解员引用具体法律条款进行释法说理，指出发生互殴行为，受害人也应承担相应的行政违法责任及民事侵权责任，建议受害人提出合理赔偿诉求。调解员又根据相关规定对赔偿项目进行反复核算，指出阿才夫妇的一次性赔偿诉求过高，不予认可。经调解员耐心细致的疏导，受害人阿才夫妇终于将赔偿诉求降低了一半。其后，调解员将情况反馈给大军。对于自己的违法行为，大军表示认罪认罚，但认为对方赔偿诉求还是过高，愿意在 5 万—6 万元之间解决理赔纠纷。为达到案结事了的目的，调解员继续做好受害人阿才夫妇的劝导工作。调解员本着以和为贵的原则，劝道："你们两家摊位相连，低头不见抬头见，为了一点小事大打出手已是不对。现在大军愿意向你们当面道歉并赔偿损失，你们也别太固执了。你们都是生意人，都知道和气生财。你们说，为了这点事，已经多少天没开门营业啦。再说，理赔是要有法律依据的，不是你们说赔多少就赔多少。你们现在接受调解，理赔款马上就可以到位。如果不接受，走司法程序也行，但这时间可就漫长啦，而且理赔款也不一定比现在多。你们好好考虑一下。"

调解员的这番说辞终于打动了阿才夫妇，双方当事人基本达成调解共识：（1）大军向阿才当面道歉并支付一次性赔偿款 6 万元；（2）赔偿款于调解之日当场兑现；（3）阿才自愿出具谅解书一份。双方签订调解协议，握手言和。

🏵 案例点评

生活中的很多纠纷，都是"小事"引发的。发生冲突后，双方当事人碍于面子，都不愿意妥协，这时候，调解员就是"润滑剂"，就是双方的"台阶"。如果双方都能下得来台，纠纷就处理好了一半。另外，在调解过程中，争议焦点常常就是赔偿数额，本案也不例外。调解员在背靠背做工作时，重点围绕争议焦点耐心与双方当事人交流，通过梳理法律关系，释明法律条文来促使当事人提出合理诉求。遇到赔偿金额差距较大的情况，调解员要想方设法摸清双方能够承受的底线，在双方都可以承受的范围内将数额往中间靠一靠，最终促使双方达成共识。通过调解，受害人得到了合理的赔偿，同时也避免了长时间的诉讼过程和不必要的费用支出。调解员在纠纷化解中起到了重要的作用，通过公正、中立的态度，帮助双方协商达成了一致意见。同时，调解员还提供了专业的法律知识和建议，帮助双方更好地理解法律规定和权利义务。这个案例也反映了调解在解决纠纷中的重要作用：调解不仅可以减少诉讼成本和时间，还可以保护当事人的合法权益，促进社会和谐稳定。因此，我们应该积极推广调解机制，让更多的纠纷得到和平解决。

（老杨调解中心）

网格员私拆违建　村民拦路讨说法

◈ 案情简介

村民王某被村里聘任为网格员。某日，他在村里走访时发现村民屠某在自家房屋旁的空地上用两孔砖及水泥板私自搭建简易围墙，在未与屠某沟通的情况下他便使用脚将简易围墙踢倒。屠某知道是王某所为后，一直心怀怨恨。一日下午正巧王某驾车路过，屠某看见便拦下王某的车子，向王某讨个说法。双方在相互理论过程中，言辞越来越激烈。王某甚至动手打了屠某两个耳光，屠某被打后就顺势倒在王某的车头前，阻止王某车辆通行。在围观群众的劝解下，王某倒车驶离现场。屠某则拨打110报警，枫桥派出所民警到场后，进行调查取证。其后，伤者屠某被送往医院治疗，经医院诊断为全身多处软组织挫伤。屠某身体康复后，请求枫桥派出所调解此事。枫桥派出所依据双方当事人的请求，将屠某的伤害纠纷案移送老杨调解中心进行调解。

◈ 调解过程及结果

老杨调解中心受理后，召集双方当事人到老杨调解中心参与调解。调解前，调解员首先向办案民警详细了解了案情，然后召集双方当事人面对面进行调解。调解员对双方当事人都给予了严厉批评，指出：网格员王某私自损毁屠某简易围墙而引发口角，在争执中又动手打屠某耳光，有错在先；而屠某谩骂王某，并倒在王某车前阻止车辆通行，致使矛盾激化，也应承担相应的民事责任。

　　在调解现场，网格员王某认为损毁屠某简易围墙，是他的职责所在，并没有什么不妥，而屠某挑衅谩骂才是造成冲突的根本原因。屠某指责王某不讲理，自作主张损毁简易围墙是种"强盗行为"，动手打耳光更是"土匪行径"。鉴于双方当事人各执一词，情绪对立，调解员果断采取冷处理的方法，将双方隔开，分头再做工作。在与王某交谈中，调解员首先肯定王某作为网格员、敢于担当的工作态度，但指出其工作方法欠佳，私自损毁围墙让本来有理的事情变得没理。然后，调解员又批评王某过于冲动，动手打人更是违反《中华人民共和国治安管理处罚法》第四十三条以及《中华人民共和国民法典》第一千一百七十九条规定。在与屠某的交谈中，调解员先是耐心倾听了屠某的发泄，然后劝导屠某换位思考，静下心来想想这件事发生的前因后果。调解员指出，王某动手打人肯定是错误的，理应承担赔偿责任，但乡里乡亲的，两人平时低头不见抬头见，屠某提出的赔偿诉求要依法依规。

　　调解员分别向双方当事人讲清了是非对错及双方应该承担的民事赔偿责任。经过背靠背、面对面的反复疏导、规劝，双方当事人对这次事件的认识有所转变，态度也明显改善。在场的村干部又适时进行一番入情入理的规劝，双方当事人同意在合理的诉求下解决纠纷。

　　受害人屠某提出让王某赔偿医药费、误工费、财物损失费等共计8000元。王某认为自己受伤轻微所以没有就医，而对方的医药费顶多3000余元，故只同意赔付各类损失5000元。调解员建议双方互做让步，并提出一次性赔偿6000元的调解方案供双方参考。对此，屠某表示不能接受，要求适当提高赔偿金额。调解员、村干部只好继续做王某的工作，劝告王某身为网格员，要比普通群众更有觉悟才是。他们还鼓励王某做出表率，积极促成和解，将赔偿款再增加500元，一次性赔偿屠某6500元。经过之前的调解、说和，屠某、王某已渐归理性，都认可了调解员的赔偿建议，最终双方当事人自愿签订调解协议，公安机关也免去了对双方的侵权违法行为的处罚。

◈ 案例点评

　　网格员是基层服务管理人员，承担着了解民情、传达民意的职责。在日常工作中，网格员主动开展辖区内各类矛盾纠纷的调处、化解；及时排查上报跨两个以上社区（村）的较大矛盾纠纷、较大不安定因素和安全隐患等各类动态信息；

采集人口、房屋、事件等各类基础信息；定期开展法治和治安防范的宣传；服务并帮助农村空巢老人、孤寡老人、残疾人、留守妇女儿童等特殊群体。农村网格员是农村基层组织工作的重要力量，他们的工作直接关系到农村地区的稳定和发展。随着农村经济的发展和社会变革的加速，农村网格员的工作也在不断调整和完善，以适应新时代的需要。而本案中，网格员王某在执行任务时简单粗暴，并且由于法律意识淡薄，还做出违反法律法规的举动，从而引发纠纷，激化矛盾。为切实增强农村网格员的法律意识，进一步提高其履职能力，应当组织他们加强法律法规学习，特别是在执行任务时要加强自我约束，谨慎处理矛盾关系，维护社会秩序。

（老杨调解中心）

玩笑不慎起争斗　殴打侵权应担责

◈ 案情简介

2022年4月某日下午,村民周某(女)从自家山地挖来竹笋,在本村村口销售。另一村民王某路过周某摊位时,半开玩笑地说周某那么多竹笋八成是偷来的。周某听到王某说她的竹笋是偷来的,自觉受了侮辱,就上前理论,双方就此发生口角。在激烈争吵中,周某将竹笋砸向王某脸部,王某顺势用手一挥击中了周某眼部。虽然打斗中双方都有受伤,但周某伤情更重些。周某当场就拨打110报警,并在民警调查取证后,前往医院检查治疗。经医院诊断,周某右眼球挫伤及出血,治疗共花去医药费3700余元。医药费已由王某先行支付。周某身体基本康复后,越想越觉得自己亏得慌,为了维护自己的权利,便到枫桥镇人民调解委员会申请调解此纠纷。

◈ 调解过程及结果

枫桥镇人民调解委员会及时受理了此案件,并与派出所联系,了解案发经过及造成的后果。了解清楚案件后,调解员与当事人王某进行了谈话。对于王某,调解员首先予以严厉批评,指出他一不该在没有证据的情况下信口雌黄,二不该在争执中打伤周某的眼睛,所以在本次纠纷中,他应负侵权的主要责任。虽然王某在过失行为发生后已支付伤者周某3700余元医药费,但按照《中华人民共和国民法典》第一千一百六十五条规定,行为人因过错侵害他人民事权益造成损害的，应当承担侵权责任。经过调解员的宣传普法，王某认识到自己的过错，表示愿意承担相应责任，同意在合理的赔偿诉求下解决纠纷。其后，调解员与受害人周某谈话，征求其调解的意见。周某认为，引发纠纷的是王某，造成自己损伤的也是王某，所以王某应该承担全部赔偿责任。周某要求王某（除已支付的3700余元医药费外）再就医药费、误工费、交通费、继续治疗费等各类费用做一次性赔偿，共计人民币20000元。调解员将周某的赔偿诉求反馈给王某，与其再做进一步确认。对此，王某表示不认可，他指出之前已支付3700余元医药费，所以应将这笔费用从20000元赔偿款内扣除。双方诉求不一，调解员只好再找受害人周某协商，指出这次纠纷中虽然王某有错在先，但周某的处理方式也有问题，不该一言不合就拿竹笋砸王某，所以也要承担一定责任。在调解员的建议下，按照互相谅解、让步的规则，周某同意做出让步，王某也适当提高赔偿金额，最终双方达成共识。由王某支付一次性补偿款18000元给受害人周某，双方自愿签订调解协议，赔偿款于调解之日当场兑现。这起纠纷被圆满化解。

◈ 案例点评

本案中，王某的一句玩笑话引发了一起本不该发生的纠纷。在农村，平时乡里乡亲之间说话都比较随意，很多时候，说者无心，听者有意，所以开玩笑应把握好分寸。如果对他人的名誉有影响，或因此造成严重后果，须承担法律责任。《中华人民共和国民法典》第九百九十条规定："人格权是民事主体享有的生命权、身体权、健康权、姓名权、名称权、肖像权、名誉权、荣誉权、隐私权等权利。"第九百九十五条规定："人格权受到侵害的，受害人有权依照本法和其他法律的规定请求行为人承担民事责任。受害人的停止侵害、排除妨碍、消除危险、消除影响、恢复名誉、赔礼道歉请求权，不适用诉讼时效的规定。"因此，不能随便拿他人隐私、名誉等开玩笑，更不能随意侮辱他人。

（枫桥镇人民调解委员会）

琐事争议惹纠纷　调解促和止纷争

◈ 案情简介

　　孟某、陆某夫妇及肖某、夏某夫妇同为某藤椅厂职工。两对夫妻在同一车间工作，平时关系较好。但在 2022 年上半年，双方为租房问题发生了纠葛，虽无吵架，但彼此内心不快，两家关系也不如之前和睦了。2022 年 8 月的某一天，夏某丈夫肖某在车间打扫卫生。时值炎夏，天气酷热难耐，所以肖某将车间里的风扇调到了最大挡。在打扫过程中，垃圾被电风扇吹到了陆某丈夫孟某的脸上。孟某非常不悦，上前质问肖某是不是故意的。肖某解释不是故意的，是电风扇吹过去的，当时孟某没有再计较，便回到自己的工作岗位。但孟某妻子陆某知道后心生不满，于是伺机报复，在没有证据的情况下，谎称之前车间少掉的一把椅子是肖某妻子夏某所偷。夏某听到传言后，非常气愤，立即赶到陆某的工位，与其对质。双方从最初的互相指责、谩骂升级为肢体冲突。两个人抱成一团，扭打起来，揪头发，扯衣服，抓脸颊。在争斗中，陆某摔倒在工作台上，在各自丈夫的劝解下两人被拉开。事后，陆某感到胸部疼痛便拨打 110 报警，民警赶到现场后进行调查取证。经医院诊断，陆某右侧两根肋骨骨折，治疗共花去医药费 3000 余元。经诸暨市公安局司法鉴定中心鉴定，陆某的人体损伤程度为轻伤二级。陆某身体基本康复后，双方当事人在藤椅厂负责人的规劝下，自愿申请通过调解解决纠纷。公安机关接到双方当事人的申请后，将该民事纠纷移送枫桥镇人民调解委员会进行调解。

◈ 调解过程及结果

枫桥镇人民调解委员会受理后，召集双方当事人到枫桥镇人民调解委员会参与调解。在开展调解前，调解员仔细查看了民警移交的讯问笔录，了解到本案属于民间纠纷引发的轻微刑事案件。为使纠纷不扩大，矛盾不激化，保障企业的和谐稳定，调解员采用诉前联调的方式，邀请企业负责人共同参与调解。

在面对面调解中，调解员向夏某说明其违法事实，指出根据《中华人民共和国治安管理处罚法》第四十三条、《中华人民共和国刑法》第二百三十四条规定，夏某故意伤害他人身体，是要承担相关法律责任的。经过调解员一番释法说理，夏某意识到自己的错误，但同时也颇感委屈，表示是陆某诬陷她在先，她是一时气不过去找陆某理论，才有了后面的事情。调解员劝她，被人冤枉确实应该为自己辩解，但也要讲究方式、方法，以后遇事切不可再冲动，要学会运用法律武器保护自己的权益，像她之前那样处理问题，完全于事无补。在调解员入情入理的开解下，夏某表示愿意在合理赔偿诉求下解决此纠纷，这次就当自己花钱买了个教训。

其后，调解员又去与受害人陆某协商。一开始，陆某态度强硬，觉得夏某打了自己，就必须付出代价，要求夏某一次性赔偿医药费等各项损失费共计人民币 15000 元。调解员见状，耐心劝她好好想想事情的前因后果，若不是她造谣夏某偷椅子，就不会有后面的争执。在这次事件中，夏某有责任，陆某同样也有责任。并且陆某造谣生事、诬陷他人，已经触犯了相关法律。《中华人民共和国民法典》第九百九十五条规定："人格权受到侵害的，受害人有权依照本法和其他法律的规定请求行为人承担民事责任。"《中华人民共和国刑法》第二百四十六条规定："以暴力或者其他方法公然侮辱他人或者捏造事实诽谤他人，情节严重的，处三年以下有期徒刑、拘役、管制或者剥夺政治权利。"听完调解员这一番话，陆某顿时泄了气，态度有所软化。调解员又适时提出让陆某降低赔偿诉求，理性解决此次纠纷。在场的藤椅厂负责人也开口劝说陆某，指出两人都是同事，之前关系都非常要好，以后也是低头不见抬头见，既然大家都有和解意愿，就都拿出诚意来。陆某见此，便不再坚持，同意降低赔偿金额。

经过调解员反复工作，最终双方达成共识：（1）夏某向陆某道歉，并一次性补偿给受害人陆某医疗费等各项损失费用共计人民币 10000 元；（2）陆某自愿出具谅解书一份，赔偿款于调解之日当场兑现；（3）陆某就诬陷夏某偷椅子一事，向夏某道歉。最终，案结事了，止纷息诉。根据夏某悔过的诚心与表现，诸暨市人民检察院经审议，对夏某出具免予处罚的决定书，双方当事人达成刑事和解。

◈ 案例点评

　　党的十八大以来，随着经济社会的全面发展进步，我国的社会治安持续向好，刑事犯罪的结构也发生了明显变化，严重犯罪的发案率持续下降，轻微犯罪占比逐年上升。认罪认罚从宽制度植根于中国法律文化土壤，契合我国国情，自2018年10月份正式确立以来，其适用率已经稳定保持在85%以上。它的施行有利于化解社会矛盾，维护被害人合法权益。认罪认罚可以从宽，是指一般应当予以从宽处理，但并非一律从宽。对于犯罪性质和危害后果特别严重、犯罪手段特别残忍、社会影响特别恶劣的犯罪嫌疑人、被告人，认罪认罚不足以从轻处罚的，依法不予以从宽处罚。检察机关积极践行认罪认罚从宽制度，站稳了人民立场，释放了司法善意，满足了人民群众在法治、公平、正义、安全等方面的更高需求。

（枫桥镇人民调解委员会）

小　结
◇◇◇◇◇◇◇◇◇◇◇◇◇◇◇

农村的和谐稳定是实现基层社会治理的关键，更是实现乡村振兴的保障。在农村人际交往过程中，人们常常会因为一些不经意的生活小事与他人产生矛盾，人身损害事件屡有发生。人身损害赔偿纠纷涉及当事人的切身利益，如果不能妥善解决，极可能产生矛盾激化的后果，不利于社会关系恢复，严重影响社会稳定。

发生人身损害赔偿纠纷的双方当事人，如果能够通过调解解决纠纷，对于维护双方的合法权益，化解矛盾，都具有非常重要的意义。通过调解，可以有效避免冗长的法庭诉讼，减少人力、物力上的耗费，降低纠纷解决成本，可以有效避免"执行难"。在现实生活中，当事人如能达成调解协议，加害人一般自愿履行率高，被害人通常能得到全部或大部分的赔偿款项，未能得到的数额通常也有较好的支付保障。选择调解方式解决纠纷，可降低举证难度，避免司法判决的不确定性，避免纠纷双方关系进一步恶化。它对于发生在亲属、熟人间以及偶发性且无预谋的冲动状态下的人身损害赔偿纠纷的解决作用尤为明显。

在损害赔偿纠纷调解过程中，争议焦点常常是赔偿方式和赔偿数额。调解员在调解过程中，要抓住重点，攻克难点，要围绕争议焦点去做工作。在调解此类纠纷时，调解员要充分了解当事人的家庭、经济情况，巧妙分析各方心理，在法律规定范围内机动掌握赔偿额度，适时提出双方都能接受的赔偿方案来。调解员在调解中要充分运用相关法律知识释法说理，引导各方当事人正确面对问题，回归到法律框架内解决问题。调解员在调处过程中，应当从社会道德和法律法规多角度进行调解，做好利益平衡，疏导当事人的思想、情绪，充分发挥主观能动性，通过实地察看、走访调查等调解方式，用事实说话，让双方当事人达成共识。此类农村损害赔偿纠纷，看似事实简单明了，却往往容易恶化，如果不及时化解，易对基层社会稳定造成冲击。为了基层和谐、社会安稳，调解员要勇于担当，不可轻言放弃，要想群众所想、急群众所急，将群众合法利益放在首位，在化解基层社会矛盾中筑牢人民调解这"第一道防线"，为建设更高水平的平安中国、法治中国做出重要贡献。

调解不仅仅要化解矛盾纠纷，更要向人民群众传达法治理念，引导群众依法维权，促进基层民主法治建立健全。在调解工作中要始终坚持发展"枫桥经验"，认真总结梳理涉及百姓生活的法律法规，加强与村、社区居民的联系，扩大法律知识宣传覆盖面，加大纠纷化解工作力度，切实现矛盾不上交。

第六章

邻里纠纷调解案例

LINLI JIUFEN TIAOJIE ANLI

长辈争地打伤人　晚辈出面化干戈

◈ 案情简介

阿汉与阿英是邻居。2017年3月某日，阿汉在房屋旁边空地上搭建围墙，阿英看到后立马上前阻止，要求停止施工，强调搭建围墙的这块地属她家所有，并骂阿汉"不要脸"，强占别人家的土地。阿汉见阿英不仅阻止施工还恶语伤人，就与阿英发生了争吵。当阿英再次骂阿汉"不要脸"时，阿汉终于克制不住内心的火气，立即冲上前去，朝阿英脸部猛打一拳，造成阿英脸部受伤住院治疗，花去治疗费用5000余元。阿英治愈出院后，双方当事人自愿来到老杨调解中心申请调解。

◈ 调解过程及结果

老杨调解中心受理后，及时组织双方当事人、村干部到老杨调解中心参与调解。调解中，双方各自陈述自己的理由，互相指责对方的过错。调解员首先对双方当事人的情绪进行疏导，然后又对他们在处理问题时的不当之举进行批评。调解员劝告阿英，邻居之间有话好好说，像她这样出口伤人，有理也变没理了。调解员又劝诫阿汉，遇事要冷静，要讲道理，拳头是不能解决问题的。经过调解员一番批评教育，双方都意识到了自身的问题，但对于两家边上这块空地的归属仍有异议。阿英提出阿汉建造围墙的那块地原本归本村已故孤寡老人楼某所有。她曾答应楼某照顾其老年生活，料理其百年后事，后来楼某就将这块地赠予她，她有楼某遗嘱在手。阿汉也强调，楼某在世之时也口头承诺，将自己的20平方米自留地赠送给他。双方当事人因为楼某的20平方米自留地使用权问题再次争论不休，调解工作陷入僵局。调解员观察到，虽然阿英和阿汉两人争论不休，各说各的理，互不让步，但双方子女都比较明事理，也都有意愿将此事和平解决。于是，调解员建议阿英和阿汉先回避，由阿英儿子小忠与阿汉女儿小琼留下来进行商议。

经过一个多小时的面对面协商，双方就赔偿问题基本达成共识：（1）阿汉赔偿阿英医药费、护工费、伙食费等共计8000元，但要审核就医、用药等的发票。（2）阿英原来请求补偿精神损失费5000元，经协商阿英儿子小忠同意降至3000元。（3）关于楼某自留地的使用权问题，根据阿英提供的楼某遗嘱，楼某的20平方米自留地应归阿英使用。为从根源上解决纠纷，阿英儿子小忠主动做出让步，自留地归阿汉，由阿汉再补偿2000元使用权转让费给阿英。由于阿汉女儿小琼提出还要征求家庭其他成员意见，当天双方并未签订调解协议。调解员让小琼和小忠回去做好双方长辈的思想工作，尽量让事情和平解决。

事隔数天后，阿汉女儿小琼再次来到老杨调解中心，并表示已与家庭成员商量妥当，为了父辈的友好和睦，由她全权代理父亲按之前商定的事项签订调解协议。根据小琼与小忠的请求，调解中心再次召集双方子女来到现场。双方最终如愿达成协议：（1）阿汉一次性补偿阿英医药费、精神损失费等各类费用11000元；（2）阿英自愿放弃对阿汉进行行政处罚和其他经济与法律上的追诉，并承诺今后双方互不谩骂，以和为贵；（3）阿英自愿将楼某自留地的使用权转让给阿汉，阿汉一次性支付给阿英土地有偿使用费2000元。在双方子女的共同努力下，双方当事人于调解之日签订协议，赔偿款当场兑现。在双方晚辈的互让互利下，纠纷终于得到圆满解决。

◈ 案例点评

农村邻里土地纠纷是影响基层稳定的主要因素之一，如不妥善解决，事态势必升级，隐患必将长存。老杨调解中心始终坚持调解为民的工作原则，掌握工作的主动权，用实际行动为群众排忧解难，对促进睦邻友好、促进乡村治理起到了良好的引导作用。在解决本起纠纷过程中，调解员通过细心观察，找到了调解工作的突破口——双方的子女都通情达理，且都有和解的意愿。两位年轻人也是不负众望，积极做好各自长辈的思想工作，在面对面协商时各退一步，使纠纷得以顺利解决。我们发现在实践中，有时候调解员的耐心说教并不能触动当事人，这时就要善于利用当事人社会关系中的积极力量来帮助说服当事人。这也是解决纠纷的有效途径。农村邻里土地纠纷是农村社会中常见的问题，往往涉及土地的使用权、收益权、流转权等方面。在处理这类纠纷时，需要考虑到当事人的合法权益，同时也要考虑到社会公共利益。

（老杨调解中心）

家犬失管伤邻人　户主依法做赔偿

◈ 案情简介

　　2018 年 9 月 24 日下午，村民楼某的 9 岁女儿从自己家里走到邻居钱某家门口时，被钱某家放养的家狗追上在小腿部连咬数口。楼某女儿住院治疗期间，花去医药费等约 1 万元。楼某在女儿出院后，来到村调委会申请调解。村调委会于 2018 年 11 月初组织双方当事人进行调解。在调解过程中，受害人父亲楼某强调 9 岁女儿受此创伤，后续需要跟进治疗，因此不仅要求侵权人钱某支付医药费，还要其赔付后续各类费用共计 10 万元。由于楼某提出的赔偿金额过高，钱某断然拒绝。钱某表示自家的狗伤人确实要负责任，但对方的赔偿诉求过高他无法承受，并且认为对方信口开河，漫天要价，这 10 万元赔偿款毫无依据。钱某提出最多只能赔偿各类费用共计 3 万元。双方就赔偿金额争论不休，互不相让，调解被迫中止。受害人楼某女儿经过两个多月的观察治疗，伤口基本愈合。为及时解决好纠纷矛盾，避免邻里关系紧张，2019 年 1 月底，双方当事人及村调委会求助老杨调解中心介入调解。

◈ 调解过程及结果

　　老杨调解中心受理后，组织双方当事人到村委会调解室参与调解。在调解开始前，调解员向双方当事人阐明，调解遵循自愿、合法的基本原则，并根据纠纷性质确定调解方案。调解员首先与侵权人钱某进行了单独谈话，向他普及相关法律规定，使侵权人明法服理。《中华人民共和国侵权责任法》第七十八条规定："饲养的动物造成他人损害的，动物饲养人或者管理人应当承担侵权责任。"第七十九条规定："违反管理规定，未对动物采取安全措施造成他人损害的，动物饲养人或者管理人应当承担侵权责任。"钱某表示他对依法承担侵权责任并无异议，但对楼某 10 万元赔偿诉求的合理性表示质疑。

调解员又与受害人父亲楼某谈话交流，对其进行释法说理，指出作为父亲，他想尽量为女儿争取权益的心情是可以理解的，但是赔偿诉求要以事实为依据、以法律为准绳，建议楼某依照相关规定合理计算赔偿金额。经过调解员和村干部反复引导，受害人父亲楼某态度发生了转变，表示愿意将赔偿诉求从 10 万元降至 5 万元。见楼某有所让步，调解员又趁热打铁继续做钱某的思想工作，促使钱某同意将赔偿款从 3 万元增加到 3.5 万元。虽然双方当事人的诉求还存在差距，但调解员认为双方都有诚意解决纠纷。为了争取当场结案，避免久拖造成矛盾激化，调解员"不迁就、不放弃、不怕难、不怕烦"，继续和村干部一起努力做双方当事人的思想工作。调解员以"远亲不如近邻"的理念促进双方捐弃前嫌，解决纠纷，重归和谐。在调解员的真诚努力下，功夫不负有心人，最后双方都做出了让步，以一次性支付 3.6 万元补偿款自愿达成协议。补偿款于调解之日当场兑现，达到了案结事了、握手言和的良好效果。

🔶 案例点评

"鸡犬之声相闻"是乡村生活的真实写照，家禽家畜散养也是常态。在现实生活中，这种农村邻里纠纷常有发生，一般情况下都是好好商量着解决，但有时候也闹得不可开交。这时如果矛盾纠纷得不到及时化解，就会使邻里关系恶化甚至造成极端事件的发生。在这起案件中，家狗失管咬伤了邻家小孩，且造成的伤势较重，双方矛盾纠纷的焦点在于具体赔偿金额。在调解过程中，调解员充分运用法、理、情相结合的方式，终于做通了楼某的思想工作，使他合理合情地降低了补偿款的金额，从而使调解工作得以圆满完成，邻里和谐关系得以维持。《中华人民共和国侵权责任法》第七十八条对于饲养动物的损害责任规定了免责事由，即因被侵权人故意或重大过失造成的，动物饲养人或管理人可以不承担或减轻责任。《中华人民共和国民法典》将这一规定完全吸收后，在第一千二百四十六条对未对动物采取安全措施的情形增加了"被侵权人故意"的免责事由，但仅是"可以减轻责任"，以应对实践中恶意挑衅动物引发的侵权问题。

（老杨调解中心）

迷信观念闹纠纷　志愿调解促和谐

◈ 案情简介

村民周某租了一块村集体土地，用于种植蔬菜。2020 年 3 月某日中午，蔬菜大棚突然被大风吹倒，周某开始着手修复。同村村民魏某看到大棚的毛竹尖端像把刀一样对准了她家住房，认为会造成她家事事不顺，就以此迷信观点前去阻止周某修建大棚。两家本来就是非较多，矛盾较深，这次双方又因大棚的事情发生激烈争吵。争吵中，周某与魏某还发生肢体冲突，造成魏某颈部、脸部挫伤。魏某受伤后报警，并被送往医院住院治疗，花去医药费共计人民币 3400 余元。魏某治愈出院后，在村干部建议下，双方当事人来到老杨调解中心申请调解。

◈ 调解过程及结果

老杨调解中心受理后，召集双方当事人进行调解。调解员与双方当事人分别进行谈话，并征询双方的调解诉求。调解员先是对周某进行普法教育，向其说明依照《中华人民共和国治安管理处罚法》以及《中华人民共和国侵权责任法》的有关规定，周某应承担相应的民事赔偿责任。经过调解员细致地解释法律法规，周某认识到自己行为的过错，表示会承担民事赔偿责任。相较其一开始只强调对方的过错，拒绝承担医药赔偿责任的态度，已有了较大的转变，但周某只答应承担医药费，不肯再承担其他费用。接着，调解员与受害人魏某进行谈话，了解其调解诉求。在谈话中，魏某向调解员提及她平时与邻居周某因口角较多，矛盾较深，周某修建大棚会导致其家庭不顺，果不其然她受到了伤害，因此要求周某拆除大棚，并赔偿其损失费 6500 余元。调解员耐心听完魏某的陈述，和风细雨地对魏某的诉求进行了客观分析，以开玩笑的口吻对魏某的迷信观点进行疏导教育，引导其要以文明科学、尊重包容的观念正确对待自己，正确对待别人，营造邻里和睦、团结互助的乡村新风。在调解员拉家常式的劝导下，魏某表示愿意做出合理让步，将赔偿金额降至 5500 元。虽然魏某做出了一定让步，但周某还是强调家庭困难，坚持只承担医药费 3400 元。即便调解员多次劝导，也收效甚微。双方当事人的赔偿诉求还存在一定差距，调解陷入僵局。事后，调解员了解到一条信息，双方当事人对同村村民梅同志都有信任感。为达到就地化解矛盾的目的，调解员充分发挥群众力量，主动邀请梅同志参与调解。

梅同志分别到双方当事人家中串门、谈心。他知道魏某平时吃斋念佛，便借此劝导她，得饶人处且饶人，这样福气才能不请自来。他又结合当地风俗习惯，开解周某提高赔偿金额，就当包了一个红包给魏某，将事态平息了，这样才能安安心心修大棚，种蔬菜。经过梅同志多次协调，双方相互让步，自愿达成调解协议。由周某一次性补偿魏某医药损失费等各项费用共计人民币 5000 元，因周某经济困难，身边只有 2000 元现金，故无法当场全额兑现。为达到案结事了的效果，梅同志当即表态为周某垫资 3000 元。双方握手言和，重归于好。

◈ 案例点评

"乡田同井，出入相友，守望相助，疾病相扶持，则百姓亲睦"，出自《孟子·滕文公上》。战国时期儒家学派代表人物孟子描绘了老百姓在家乡同耕一块田地，大家和睦友好相处，共同防范盗贼或敌人的入侵，一家有病人，大家共同照顾互相帮助的美好愿景和社会理想，指出和谐的邻里关系不仅带来了生产和生活方面的便利，还为居民营造了安全和谐的居住环境。

乡村邻里纠纷能调解成功，很大程度上依赖于纠纷当事人对调解员的信任。找到双方当事人信任的人员来参与调解工作，往往是调解得以顺利推进的关键，能起到事半功倍的调解效果。另外，调解员在批评当事人时要多用间接、委婉、含蓄的方法，做到"点到即止"。调解员可以寻找适当的时机，在适当的场合指出当事人的错误行为和错误思想，做到既纠正了当事人的错误，又保护了当事人的自尊心。诙谐风趣的语言在化解矛盾纠纷中往往能起到意想不到的效果。邻里纠纷往往源于一些小事情，不至于闹上法庭，通过调解解决纠纷，既维护了邻里关系的和谐和稳定，又促进了基层社会的健康与文明。迷信观念是指在没有科学依据的情况下，有些人对某些事物和现象产生的一种不合理的信仰和观念。在现代社会，迷信观念仍然存在，甚至在某些地区的群体中仍然占据着一定的地位，这种观念往往会导致一些不必要的纠纷和冲突。因此，我们应该摒弃迷信观念，尊重科学和理性，形成"百姓和顺、乡村和美、社会和谐"的文明风尚。

（老杨调解中心）

房屋漏水起纠纷　诉前调解止纷争

◈ 案情简介

　　王某与杨某都在诸暨市店口镇某小区购买了商品住宅房。双方为同一单元楼上楼下的邻居：王某是 6 幢 2 单元 402 室业主，购房后已装修完毕入住；杨某是 6 幢 2 单元 502 室业主，购房后尚未装修入住。后来，502 室积水渗漏到 402 室卫生间顶棚，造成卫生间顶棚受损。2021 年 5 月初，402 室业主王某与 502 室业主杨某联系，协商漏水事宜，但杨某认为他的房屋并未装修过，仍是毛坯房，无通水管道设施，因此王某家吊顶受损和他无关，就拒绝了王某的要求。其间，王某两次修理吊顶花去 950 余元。王某再次联系物业人员前去查找渗漏原因，物业人员查看后认为是 502 室卫生间漏水所致。物业人员多次与业主杨某协商修理事宜，但杨某以各种理由推脱。在物业多次协调无果的情况下，王某向枫桥人民法庭提起诉讼。

◈ 调解过程及结果

　　枫桥人民法庭收到当事人王某的诉状后，于 2021 年 5 月 18 日立案，并移送枫桥人民法庭诉前调解中心组织调解。诉前调解中心组织承办法官、法庭诉前调解工作人员、老杨调解中心成员等组成联合调解小组，召集双方当事人到店口镇某物业处开展联动调解。为做到客观公正断案，调解组首先来到现场进行实地勘查。在勘查中，调解组发现 502 室确无装潢，仍是毛坯房，更无通水管道设施，漏水是因为外墙空调平台板处积水渗到 402 室卫生间吊顶，造成卫生间吊顶损坏。

502 室业主杨某认为外墙空调平台板积水渗漏，是物业落水管道堵塞造成的，应该由物业负责赔偿，但物业认为空调平台板属于 502 室业主，402 室造成的损失应由 502 室承担。为此，物业、402 室业主、502 室业主争论不休，相互推诿，三方矛盾进一步激化。为达到息诉止争的目的，承办法官和调解员根据《中华人民共和国民法典》等法律条款分别对三方当事人进行疏导规劝，使三方当事人明确各自应承担的民事法律责任：（1）如果房子是开发商装修的，一般来说在 5 年之内，出现了漏水的问题，造成的损失应由开发商来承担；（2）如果房子是装修公司装修的，相应的赔偿也应该由装修公司承担；（3）如果是业主使用不当造成的漏水，就需要由业主本人来承担。在调解员与法官的耐心劝导下，三方当事人各自做出让步。

在调解员的建议下，最终三方自愿达成以下协议：（1）店口镇某物业公司承诺保证外墙落水管道永久疏通；（2）402 室业主王某自愿放弃调解日前造成的卫生间吊顶损失的赔偿诉求；（3）502 室业主杨某承诺调解协议达成及房子装潢入住后，若发生漏水造成 402 室业主财物损失，应无条件修复并赔偿相应损失。在调解员的见证下，三方当事人当场签字按手印。一起纠缠多时的房屋漏水赔偿诉讼纠纷就地得到化解。

◈ 案例点评

营造友好的邻里关系与和谐的社区环境已成为构建和谐社会的重要组成部分和必然要求。但是随着市场经济的发展，特别是城市化程度的不断提高，居民居住环境的变化，以及人们对个人独立性及隐私性的要求，邻里关系逐渐疏远与淡漠。邻里之间互不往来，见面不识的现象逐渐趋于常态，邻里之间源于生活琐事的矛盾与纠纷也时有发生。因此排解邻里纠纷矛盾，促进邻里和谐日渐成为人民调解工作中一项非常重要的任务和内容。本案系相邻房屋漏水纠纷，该类纠纷中双方往往会因漏水原因、责任主体、损失范围及赔偿金额产生争议，只有确定了漏水原因才能确定责任主体。所以在发现漏水时，当事人应拍照录像保留证据，并及时向社区及物业反馈，以便固定事实，方便维权，如果无人认可且无有效证据，须向法院申请启动鉴定程序。

（枫桥镇联合调解中心）

共用楼梯起争端　亲情规劝达和解

◈ 案情简介

　　周某荣与周某月不仅是邻居，还是堂兄弟，但长期以来两家为祖先遗留的共用楼梯问题时常发生争吵，造成关系不和。共用楼梯建造在周某荣家里，几十年来一直是共同使用的状态。因为在使用中经常发生纠葛，周某荣儿子周某锋便拒绝让周某月父子再继续使用楼梯。周某月一方为证实楼梯为共用楼梯，于是找出民国二十四年（1935）签订的关于该楼梯永久共同使用的协议原件，但周某锋这方并不认可，认为这是假协议，并在近期装修房子时未征得周某月一方同意，就私自拆除并改建了楼梯，造成周某月一方无法进入自己的楼房内。为此，双方多次发生争吵，并连续4次拨打110报警。为从根源上解决纠纷，避免矛盾激化，110接警民警在对双方进行批评教育后，建议双方当事人向老杨调解中心提出调解申请。2021年7月初，双方当事人来到老杨调解中心申请调解。

◈ 调解过程及结果

　　老杨调解中心受理此案件后，调解员对纠纷情况进行走访调查，并分别和双方当事人谈话，了解双方的调解诉求。调解员了解到双方当事人的争议焦点在于当事人周某月父子提供的原始协议的真假。通过分析和走访调查，两家楼梯长期共用的事实得到了解情况的村民的证实。另外，民国二十四年两家祖先签订的协议书也是真实的，不存在伪造协议的说法。

在详细了解情况后，调解员于 3 日后组织双方进行调解。因两家积怨已久，双方各持己见，一见面就发生口角。调解初期，双方情绪激动，各执一词，僵持不下，调解员为避免双方矛盾激化，根据情况适时采取背靠背的调解方法进行谈话、交流。待双方情绪稳定，对整个事实有了正确认识后，才采用面对面的调解方法进行谈心说理。按照实事求是的原则，调解员给双方当事人明确了几项基本原则：（1）周某月父子提供的楼梯共用协议与数十年历史延续的情况相对应，该协议不是周某月父子伪造的协议；（2）近期周某锋修理房子时在未征得周某月一方同意的情况下擅自将楼梯割断移位，造成周某月父子上楼通道被人为阻断，其行为有过错，应当承担过错责任；（3）双方为解决问题都应做出让步，对民国二十四年签订的这份协议是否另有含义，不必追根究底；（4）为解决纠纷，减少矛盾，建议双方各自架设楼梯，由周某锋一方对周某月一方的架梯费用做出合理补偿。

在此框架内，调解员以法律为准绳，以事实为证据，充分运用亲情感召的方法予以规劝。调解员指出，双方毕竟是堂兄弟，不能因为一点小事，亲戚也不认了，亲情也不要了。当初两家祖先能签订协议和平解决楼梯问题，今天两家也可以效仿他们，心平气和地坐下来协商。经过调解员苦口婆心的劝说，双方的心结逐步解开，初步达成共识：（1）由周某锋一方一次性给予周某月一方架设楼梯补偿费 5000 元，周某月自愿放弃共用楼梯永久使用权（包括政府拆迁征用等任何权利）；（2）补偿款在签订协议时一次性付清；（3）在双方签订协议后，双方祖先于民国二十四年签订的协议自行终止，双方承诺不以任何理由反悔和引发争端。在调解员的不懈努力下，一起因楼梯引起的纠纷就地得到化解，促进了邻里和谐与社会稳定，取得"案结事了人和"的良好效果。

◈ 案例点评

和谐的邻里关系对于基层社会安定很重要。邻里纠纷中当事人长期就近生活，彼此之间的生活轨迹存在大量的交集，如果矛盾得不到彻底解决，极易引发更为严重的后果。因邻里矛盾引发的各类民事、刑事案件屡见不鲜，及时、妥善处理好该类纠纷具有重要的现实意义。本案的特殊性在于，双方当事人不仅是邻居，还是堂兄弟。在调解此类纠纷时，调解员要打好"亲情牌"，引导当事人重拾昔日的情谊，这有助于当事人打开心结，化解心中怨气。一般在这种情况下，当事人碍于脸面或人情关系，不但达成调解协议相对容易，而且在调解协议的履行上也会更加主动。在本案调解中，调解员多次进村走访，把事实情况了解清楚，并找准争议的焦点，用最合理的方式把共用楼梯问题调解好。既方便了人民群众的生活，又一劳永逸地把矛盾就地化解，使两家重归于好，避免了世代结怨，维护了基层社会的稳定，提升了调解工作在人民群众心目中的地位。在这个案例中，两家因为楼梯的使用问题发生争端，调解员需要采取一些方法来解决纠纷。首先，调解员需要耐心细致了解双方的利益和真实需求，以便找到一个合理的解决方案。其次，调解员需要向双方解释相关法律法规和政策，以便让双方了解清楚自己的权利和义务。最后，调解员需要协助双方达成一个双方都能接受的协议，让矛盾纠纷得到和平化解。

（老杨调解中心）

土地相争二十年　联动调解促和谐

◈ 案情简介

陈某忠与陈某苗是邻居。20多年前,陈某忠通过审批建造了新房。新房的地基旁边是陈某苗的自留地,挖地基时陈某苗不在场。等陈某忠房子落成后,陈某苗夫妇以对方占用了自家自留地盖楼,并影响了自家房子光线为由,时常与对方发生争吵,可谓是"小吵天天有,大吵三六九"。近几年来,陈某苗在陈某忠房子的金字墙(传统中式土木结构房屋的墙体中高两低,形同"金"字,故称"金字墙")脚处自留地上种植作物,且时不时地将其房子墙脚处挖空。陈某忠与陈某苗争论,强调墙脚处是自己房子的滴水地,滴水地是自己的使用地。陈某苗则认为,陈某忠房子金字墙处的滴水地是自己的自留地,权属也是自己的。随后,陈某忠要硬化墙脚处滴水地,陈某苗便阻止陈某忠施工,形成你造我挖的恶性循环结果。此纠纷存在多年,其间虽经村、镇多次协调,但因事实不清、证据不足,都是无果而终。

2021年5—6月间,两户人家多次发生争吵,多次报警,但因涉及土地权属问题,公安机关只能平息事态,移送相关部门协调。其后,村镇干部多次上门劝导,查实双方均无有效证据证实土地界限及权属。根据当地农村建房的传统习俗,房屋四周都会留有滴水地。村镇干部统一思想认识后,为避免纠纷扩大、矛盾激化,由村镇组织人员于2021年7月底对陈某忠房屋西侧金字墙脚处进行硬化施工。陈某苗夫妇发现后强行阻止,并连续3次损毁硬化工程。事后,公安机关传唤陈某苗夫妇前去调查取证。陈某苗夫妇经公安机关批评教育后，态度有所改变，表示愿意协商解决此问题。在办案民警的建议下，双方当事人自愿来到老杨调解中心申请调解。

◈ 调解过程及结果

老杨调解中心接到当事人的调解申请后，及时受理此案。为使调解更加客观公正，调解员多次入户实地察看，还与村"两委"委员、驻村指导员联系全面了解案情。为使调解取得实效，调解员采用"小纠纷大调解"的联动模式，即村警、辅警、民警"三警"联动，专职调解员、兼职调解员、志愿者调解员"三员"互动。

在这些前期工作的基础上，调解员召集双方当事人于次日到老杨调解中心参与调解。调解员采用面对面的方法进行释法说理，指出按照农村建房习俗，双方各自要做出让步。经过调解员不辞劳苦的工作，陈某苗一方终于做出让步，表示同意墙脚处硬化30厘米，但要求明确自留地使用权，并且在陈某忠房屋后墙与自己车库平房之间的通道上制作不锈钢小门。为达到解决纠纷、化解矛盾的目的，调解员继续做陈某忠一方的工作，要求陈某忠夫妇也做出让步。

经过反复做工作后，调解员根据双方当事人提出的诉求以及纠纷地块的实际情况，提出折中和解建议：（1）为落实"五水共治"污水排污，陈某忠房子两侧金字墙脚处硬化宽度为50厘米，高度在污水管覆盖范围内。（2）墙脚处硬化50厘米之外的自留地永久为陈某苗一方使用。（3）双方协商同意由陈某苗在陈某忠房屋后墙与陈某苗车库平房之间的通道上制作不锈钢小门一扇。门柱离后墙0.2米，今后陈某忠一方如要修建房子，陈某苗一方应无条件同意搭架子。陈某苗一方今后如翻建房子，陈某忠一方应同意翻建。（4）双方当事人在此次纠纷中造成的损失各自承担，双方互不追究。

在调解员入情入理的规劝下，双方当事人对调解员的建议表示认可，并最终达成调解共识，于调解之日自愿签订调解协议。相争20多年的邻居终于冰释前嫌，化干戈为玉帛。

◈ 案例点评

这是一起由宅基地引发的邻里纠纷，这类纠纷在农村比较常见，主要是由其使用、变更、地界不清等引起的。有些村民私有观念浓厚，法治观念淡薄，因为宅基地问题牵涉个人利益，所以当事人往往私心太重，寸土必争，互不相让，矛盾激化时极易引起斗殴，甚至升级为刑事案件。在调解此类纠纷时，要注意协调好宅基地相邻各方的关系。在宅基地上修建房屋或其他设施时，不得危害邻居的房屋或设施安全，也不得侵害邻居的通风、采光、排水等相邻权。在本案调解方式方法上，调解员采用了"小纠纷大调解"的联动调解模式，联动调解是一种有效解决纠纷的方式，可以帮助双方达成协议，解决问题。在实际应用中，需要注意双方的利益平衡以及协议的可行性和可执行性。在本案中调解员始终秉承公平公正、客观真实的原则，既依据政策、法律，又依据当地风俗习俗，兼顾双方利益，为解决此次纠纷付出了许多努力。

（老杨调解中心）

为道地争斗不息　联动调解续亲情

◈ 案情简介

村民何某荣和何某贵既是邻居，又是亲兄弟，父母在世时将5间住宅平分给兄弟俩，哥哥何某荣分得西边住房2间，弟弟何某贵分得东边住房2间，中间1间作为公共用房。房前道地前靠西边何某荣住宅处开有台门，两户人家从同一台门出入。何某荣住宅门口道地前西侧有一口水井及洗衣台，分给何某贵所有。兄弟刚分家时，双方还能和平相处，近年来双方子女常为房前道地及水井余地的使用，以及生活琐事发生纠纷。三年前兄弟俩又为何某贵晒衣服时晒衣杆超过自己屋前道地而发生口角，进而发生肢体冲突。何某贵打伤何某荣妻子，使其花去医药费3000多元，虽经村里调解组调解，但双方就道地使用及医药费承担问题争执不下，致使调解无果。调解组建议何某荣走司法程序解决，其后何某荣诉于枫桥人民法庭。虽经枫桥人民法庭判决，但因何某贵年纪大，家庭有实际困难，此案尚未执行完结。事后，两家依旧纠纷不断，争议不息，报警不停，协调时互不让步，村干部多次调解无果，造成矛盾久拖不决。

2022年2月某日，何某贵与何某荣就道地使用及道路出入问题再次发生纠纷。在争吵中，何某贵儿媳阿萍口气强硬，对何某荣说："你倒敲敲看！"并将自己的头伸到何某荣面前。此时，何某荣一气之下，拿起自己的拐棍打向了阿萍头部，致使阿萍头部多处挫伤，经医院治疗花去数千元。事后，何某贵一方拨打110报警，因何某贵与何某荣都是70周岁以上的老年人，根据《中华人民共和国治安管理处罚法》第二十一条规定，70周岁以上的老人违反治安管理，应当给予行政拘留处罚的，不执行行政拘留处罚。枫桥派出所调查取证后，将案件移送老杨调解中心调解。

◈ **调解过程及结果**

受理案件后，调解组立即对纠纷产生的根源和双方当事人的诉求进行分析梳理，认为解决纠纷的关键在于协调好房前公用道地的使用权及各方的出入通行权。两家之间已多次发生伤害纠纷，虽经法院判决，但仍未兑现伤害赔偿款。为说服双方当事人，村干部、调解组成员多次开会，探讨调解方案，提出调解意见。调解组经过全面分析，调整了调解思路，采取背靠背的调解方法，对双方当事人分别开展思想疏导工作，以"情"和"礼"的柔性感化当事人。调解员与老人聊起兄弟姐妹一起成长的故事，帮助他们重拾被纠纷冲淡的手足情，正面引导他们要给子女留下财富和亲情，不要把矛盾积攒下来留给晚辈来解决。就这样，两位原本持对立态度的老人，被调解员用真情和耐心一点点感化。

调解员感到事情有了转机，为彻底解决两家的纠纷，调解员适时提出试探性建议：两家房前道地各有限域，使用时互不干涉。经双方当事人反复协商后达成共识：（1）兄弟俩从分家的两间房子中间修筑隔墙至共用大门，各自道地、通道归各自使用；（2）因前后几次为道地及道路使用的问题打架致伤的各方医药费金额差距不大，建议各自承担。为避免发生变故，调解组趁热打铁安排调解员毛同志和村书记何同志专程到现场，组织双方当事人及亲属对隔墙的位置、高度当场进行丈量，并约定隔墙由何某贵这方修筑，隔墙所有权归何某贵方所有，今后双方房前道地及道路归各自使用。同时，调解员明确何某荣家道地两侧前围墙地界属村里所有，因此何某荣应无条件将围墙拆除。

就这样，何某荣与何某贵兄弟俩的道地和道路使用权纠纷，在老杨调解中心的反复调解下、村委会的监督实施下，得到就地化解。双方当事人自愿达成调解协议，两家前嫌尽释，重拾亲情。

◈ **案例点评**

都说"血浓于水"，手足情是断不了的血缘关系。作为亲兄弟，两家相邻而居本应互相扶持，团结互助，发生矛盾纠纷时更应推己及人，互相谦让。但本案中的两家人，因为道地问题纠纷不断，甚至闹上了法庭。调解员深入基层调查事实，剖析当事人心理，了解其真实诉求，在不违背法律原则的前提下，结合本地公序良俗，提出合理的、让人信服的调解意见，促使当事人各退一步，达成和解协议。同时，在调解过程中调解员大力宣扬兄友弟恭、团结友爱等传统美德，鼓励当事人以和谐、理性、平等、互利的态度进行沟通和协商，以达成双方都能接受的解决方案。调解员还引导当事人认识到彼此的利益和需求，并帮助他们找到共同的利益点，以达成双赢的结果。此外，调解员还会对当事人的言行进行引导和规范，避免双方出现过激言辞和攻击性行为，以维护调解过程的和谐和平等。通过这些努力，调解员抚平了双方当事人的感情创伤，促进了当事人之间的和解，稳定了社会关系。调解最终得以成功，其中，不仅有何家兄弟的心态转变，还有二人亲友的善意规劝，不仅有调解员"不放弃"的执着，还有村干部等各方力量的强大助力。

（老杨调解中心）

鸡犬争食引打斗　化解矛盾去心结

◈ 案情简介

村民冯某与应某是邻居，先前两人关系还不错，两家的院子之间也没用围墙隔开。但是有一天，冯某家养的一只母鸡跑到应某家院子里，吃了应某家的狗粮，而应某家的狗咬伤了偷狗食的母鸡。冯某发现自家母鸡被咬伤后就拿着棍子去追打应某家的狗，此时正赶上应某回家。见有人打自己家的狗，应某也抄起一根棍子与之对峙，还骂道："打狗还得看主人！"冯某也骂道："你家狗咬了我家的鸡！"两人你一言我一语，吵得不可开交，继而扭打在一起，直到邻居赶来劝架才停手。应某伤势较轻，去医院花费400多元包扎伤口；而冯某伤势较重，去医院一查又查出了各种慢性疾病，索性就住院做了个大检查，进行了一番深度治疗，前后总共花费了1万多元。事发后，社区民警和村干部对双方进行了调解，但双方还是各执己见，互不相让，最终协调无果。两家相邻，平时低头不见抬头见，悬而未决的矛盾就成了长在彼此心中的一根刺。冯某更是情绪激动，多次放话要去应某家以死相拼。为避免双方矛盾激化，酿成不良后果，社区民警和村干部建议双方当事人到老杨调解中心申请调解。

◈ 调解过程及结果

案件最终交到调解员杨光照手里。杨光照与社区民警取得联系，在了解了事情的前因后果后，便组织双方当事人前往老杨调解中心进行协商。为避免双方矛盾激化，杨光照采取背靠背的调解方法，分别与当事人进行沟通。在与冯某交流谈话时，冯某情绪激动，愤愤不平，要求应某全额赔偿自己的医药费用。杨光照首先耐心地安抚了冯某的情绪，劝告他保持冷静和理智，既然来到老杨调解中心，就要把问题解决好，冲动和愤怒对解决问题毫无帮助。然后，他又对案件进行了客观分析，认为是冯某家的鸡吃了应某家的狗粮，才导致事情滚雪球一般越闹越大，冯某应当为此事道歉，当然应某动手打伤冯某也是不对的，应承担相应民事赔偿责任。在与应某谈话交流时，应某则一味推卸责任，强调所有责任在于冯某这方，自己动手是事出有因。对此，杨光照毫不客气地予以批评，指出应某自恃强壮，打伤冯某，若还是一味推脱，不肯承担责任的话，那根据《中华人民共和国治安管理处罚法》第九条规定，经调解未达成协议的，公安机关应当依照本法的规定对违反治安管理行为人给予处罚，并告知当事人可以就民事争议依法向人民法院提起民事诉讼。

在整个调解过程中，杨光照一直苦口婆心地向当事人普法，分清对错，明确侵权应承担的法律责任。此外，杨光照还从乡情入手对受害人进行善意劝导，指出双方往日并无过节，不要因为鸡狗争食这种小事情影响邻里关系，强调远亲不如近邻，邻居之间应和睦相处，宽容相待。杨光照的这番开解入情入理，双方当事人也意识到彼此都被怒气冲昏头脑，回顾整个事件始末，似乎也没有什么了不得的恩怨。见两人都已能心气平和地看待问题，杨光照趁热打铁，督促双方都各退一步，在场的双方亲属也适时出言规劝。经过调解员及双方亲属的不懈努力，双方当事人终于解开心结，达成调解共识：（1）冯某向应某赔礼道歉，应某则承担冯某一半的治疗费用；（2）两家的分界处由村组织出面砌上墙，避免再次产生纠纷。

◈ 案例点评

农村众多邻里纠纷中，很多都是这种鸡毛蒜皮的纠纷。当邻里之间出现矛盾时，要积极沟通，互相理解，多一分宽容，少一分计较。邻里纠纷看似很简单，若处理不当也会对社会稳定造成影响。在本案中，调解员杨光照通过积极地向双方当事人开展相关法规和政策的宣传教育，让双方当事人明白触犯法律要承担的经济成本和法律后果，使双方当事人认识到正确与错误、合法与非法、守法与违法的界限，明确哪些是应该享受的权利，哪些是应当履行的义务，进而不断提高法治观念，增强法律意识，从而预防纠纷的再次发生。

（老杨调解中心）

鸡棚异味生嫌隙　村镇联调除困扰

◈ 案情简介

　　村民黄某与谢某是邻居。近年来，黄某在自家院内靠近谢某房屋处私自搭建了一个鸡棚。鸡棚的异味严重影响了邻居谢某家的正常生活，谢某向黄某提议拆除鸡棚，但黄某不予理睬，拒绝拆除。事后，谢某为维护自家利益，将黄某私自搭建鸡棚的行为举报至枫桥镇人民政府。枫桥镇人民政府接到举报后，交由镇职能部门督促黄某自行拆除鸡棚。黄某接到拆除违章建筑通知后，开始拆除部分鸡棚，其间不慎受伤，前去医院治疗。2022年某一天上午，谢某见鸡棚没有完全拆除，认为是黄某故意刁难不拆，一气之下便将黄某的围墙故意损毁。黄某发现后，遂拨打110报警。经公安机关调查取证，谢某的行为造成了黄某围墙受损，其损失为1000元左右。公安机关对黄某和谢某进行批评教育后，建议双方当事人就相关纠纷事宜向枫桥镇人民调解委员会申请调解。

◈ 调解过程及结果

　　枫桥镇人民调解委员会接到双方当事人的申请后，当即受理，并预约双方当事人、村干部、社区民警等进行联动调解。在调解过程中，首先由社区民警通报案情，在双方当事人确认无疑后，调解员对案情进行实事求是的分析，明确是非对错。然后，调解员又与当事人分别进行谈话，了解双方的诉求。在与黄某谈话时，调解员特别强调，《中华人民共和国民法典》第二百八十八条规定："不动产的相邻权利人应当按照有利生产、方便生活、团结互助、公平合理的原则，正确处理相邻关系。"因此，黄某在院内搭建鸡棚是不可取的，一则鸡棚属违章建筑，二则影响邻居生活起居，黄某应按要求整治到位。至于邻居谢某故意损坏黄某围墙的行为，属违法行为。《中华人民共和国民法典》第一百二十条规定："民事权益受到侵害的，被侵权人有权请求侵权人承担侵权责任。"谢某应当承担相应的法律责任。经过调解员客观公正的劝解、开导，当事人黄某意识到自己的问题，并同意积极配合整改。随后，调解员又与谢某沟通、交流，他着重提出三点：（1）谢某对黄某违章搭建鸡棚的行为进行举报，属公民正当权利；（2）违章建筑应由政府部门进行行政执法，谢某无权拆除；（3）谢某私下故意损坏黄某家围墙的行为属违法行为，应承担侵权责任。调解员的话有理有据，谢某无力反驳。

调解员见双方当事人态度都有所改变，便让他们面对面进行协商。调解员从双方争议的焦点和所举报问题的源头展开分析，认为两家的矛盾主要是由缺乏沟通造成的，建议双方当事人互相让步，拆除"心墙"，达成和解共识。关于黄某围墙占地及在围墙内搭建鸡棚一事，村"两委"与双方做出约定：一是围墙保持原状，被损围墙由黄某自行修复；二是黄某须拆除鸡棚；三是如黄某围墙处简易棚所盖彩钢瓦意外掉落，砸坏谢某房子或导致谢某物品受损，黄某应予以合理赔偿；四是如谢某修理房子，黄某应无条件提供方便。关于谢某故意损坏黄某围墙一事，双方达成共识：（1）黄某自愿放弃追究谢某故意损坏围墙的侵权责任；（2）双方提出的其他事宜由村"两委"督促落实；（3）双方当事人承诺不以任何理由引发争端和反悔，双方均不要求公安机关进行调查处理。经过调解团队反复做工作，纠缠多年的邻里纠纷就地得到化解，双方当事人在友好的气氛中达成协议。

◈ 案例点评

常言道：舌头难免碰到牙。邻居之间住得较近，难免因各自利益需求不同发生纠纷，而且这些纠纷很多时候都是由鸡毛蒜皮的小事引起的。比如本案中，当事人黄某虽有养鸡的自由，但也不能超过限度，一旦因养鸡给邻居造成困扰，就侵犯了他人的相邻权，法律便会"出面"干预。《中华人民共和国民法典》中的相邻权对邻里之间的利益划分做了清楚的规定，就生活中邻里间发生的大部分纠纷给出明确的处理方式。但需要注意的是，如果邻里之间能就一些纠纷达成一致，也是不必完全照搬法律条款的，可以灵活处理。能够通过调解解决的纠纷，就不要闹到法庭上，最好能"大事化小，小事化了"。相互体谅，才是邻里相处之道。这起案例再次提醒人们，在农村人员密集的居住区域内应做到：不乱扔垃圾，不乱倒污水，保持居住环境的整洁和卫生；不干扰邻居的正常生活；不放过于吵闹的音乐，不打扰邻居的休息；邻里之间要互相帮助，彼此关心；不干扰邻居的私人生活，不做影响邻居的事情，尊重邻居的意见和权益；以和谐相处为目标，遵守村规民约，共同维护良好的居住环境。

（枫桥镇人民调解委员会）

小　结

◇◇◇◇◇◇◇◇◇◇◇◇◇◇

随着我国经济体制改革的不断深化和民主政治建设的不断加强，农村的一系列深层次的利益矛盾日益显现出来，尤以邻里纠纷最为突出。如何有效化解邻里矛盾，最大限度增加和谐因素、减少不和谐因素，成为基层党委、政府面临的重大考验。从某种意义上说，相邻关系是我国农村最为重要的法律关系。在广大的农村地区，邻里之间低头不见抬头见，人们几乎每天都会接触到邻居。俗话说"远亲不如近邻"，和睦的邻里关系可以提高各家各户的幸福生活指数，促进生活中各种棘手问题的解决。在老百姓生活中，邻里之间互谅互让、和睦相处的事例占了主流，但因没有把握好分寸，发生纠纷进而对簿公堂成冤家的也不在少数。

邻里之间一旦发生纠纷，调解员应当注重抓早、抓小、抓源头，主动及时协商，注重权利、义务的合理平衡，引导双方当事人站在对方的立场上去思考问题，不要将纠纷扩大、事态激化。调解此类纠纷在依法的前提下要坚持以和为贵的原则，对双方当事人的纠纷采取"大事化小，小事化了"的方针。农村与城市不同，其风俗习惯、发展水平、文化氛围等因素也是处理邻里纠纷的重要参考。农村出现矛盾或者纠纷，如果照抄照搬城市社区涉法问题的处理方式，不仅不一定能够及时化解，而且还可能出现"案子结了而事未了"的情况。在调解过程中，要充分利用当事人的亲戚、乡邻等各种社会关系进行协调和沟通，因为相互之间知根知底，信任有加，他们的参与有可能把矛盾解决在萌芽状态。另外，一些农村创建的"恳谈室""说事室""圆桌会议"都是处理农村邻里纠纷的有益尝试。

当然，基层乡村的这种调解，绝不是"和稀泥"，而是在法律法规和乡风民俗框架内的说情说理。如果不是依法调解，只是简单地"和稀泥"，恐怕双方都不会信服。依法调解是化解乡村邻里纠纷矛盾的务实办法，在调解过程中要充分运用法律武器，合情合理合法地解决矛盾纠纷。《中华人民共和国民法典》第二百八十八条规定："不动产的相邻权利人应当按照有利生产、方便生活、团结互助、公平合理的原则，正确处理相邻关系。"第一千一百七十九条规定："侵害他人造成人身损害的，应当赔偿医疗费、护理费、交通费、营养费、住院伙食补助费等为治疗和康复支出的合理费用，以及因误工减少的收入。造成残疾的，还应当赔偿辅助器具费和残疾赔偿金；造成死亡的，还应当赔偿丧葬费和死亡赔偿金。"第一千一百八十二条规定："侵害他人人身权益造成财产损失的，按照被侵权人因此受到的损失或者侵权人因此获得的利益赔偿；被侵权人因此受到的损失以及侵权人因此获得的利益难以确定，被侵权人和侵权人就赔偿数额协商不一致，向人民法院提起诉讼的，由人民法院根据实际情况确定赔偿数额。"《中华人民共和国民法典》中的法律条款就生活中邻里间发生的大部分纠纷给出明确的处理方式。

总之，邻里纠纷化解得越早，效果越好。农村里的很多邻里纠纷，都是由当事人积怨引起的。邻居间发生矛盾时，当事人要先冷静沟通协商，多从对方立场思考问题，尽量通过寻求村"两委"、人民调解组织的帮助来化解矛盾。邻里之间相互体谅，才能共建和谐幸福美好的家园。

第七章

借贷纠纷调解案例

JIEDAI JIUFEN TIAOJIE ANLI

同村借款起纠纷　情理调解签协议

◈ 案情简介

阿新经营了一家汽配厂。随着生产规模的扩大，汽配厂急需购置设备，但此时资金周转遇到了困难。2013 年 12 月，阿新向同村村民阿富借款 25 万元，并承诺借款和利息于 2017 年 12 月全额归还。借款到期后，因为生产形势不好、资金回笼困难等多方面因素，阿新没能如期将借款归还给阿富。其间，阿富多次向阿新催讨，在最后一次上门催讨中双方还发生了口角，甚至差点动手。为了让阿新尽快归还 25 万元借款，阿富于 2019 年 2 月中旬求助老杨调解中心介入调解。

◈ 调解过程及结果

老杨调解中心接到求助后，立即受理，并预约双方当事人于 3 日后来调解中心参与调解。在正式调解之前，调解员对案件展开了初步调查，在致电出借人阿富时，阿富表示希望通过调解让借款人阿新立即偿还本金及利息共计 38 万元，如果老杨调解中心的介入仍无法促使阿新还钱的话，他将去法院立案起诉。随后，调解员又与阿新取得了联系，了解到其由于资金周转困难一时难以归还借款的实际情况。调解员经过细致的调查，基本掌握了纠纷情况并梳理清楚案件的争议焦点。3 日后，双方当事人如约来到老杨调解中心。调解员采用背靠背的调解方法，分别与双方当事人进行谈话。调解员首先对出借人阿富的借款凭证进行审核。调解员在征求出借人阿富的意见时，向其如实介绍了借款人阿新在生产经营中所遇到的实际困难，并就适当减免利息问题征询阿富的意见。调解员劝说阿富珍惜乡邻之谊、朋友之情，两人毕竟是一个村的，并且是从小一起玩到大的朋友。调解员言辞恳切，入情入理，阿富的内心有所触动。为了不激化矛盾，尽快解决双方的纠纷，阿富接受调解员的建议，表示愿意减轻借款人阿新的负担，除了免收利息还答应让阿新分期归还 25 万元本金。

随后调解员和借款人阿新进行沟通，向其讲解《中华人民共和国合同法》中关于违约责任的相关法律条款，说明不还款将承担的法律后果。此外，调解员从道德伦理的角度劝说借款人阿新，讲明"借钱还钱，天经地义""有借有还，再借不难"，指出"借钱还钱，要讲诚信"，这是每个人应遵守的道德规范和做人品德。调解员还将出借人阿富的意见告知他，指出阿富念昔日朋友之情，已做出很大让步，希望他慎重考虑，不要走上对簿公堂之路。调解员入情入理的劝解以及阿富的大度宽容，让借款人阿新深受感动。他表示同意出借人阿富的还款计划并尽力尽快归还借款。

经协调，双方当事人就 25 万元借款分三期偿还达成协议：（1）第一期于 2019 年 8 月 30 日前偿还 5 万元，第二期于 2020 年 2 月 28 日前偿还 10 万元，第三期于 2021 年 2 月 28 日前偿还 10 万元。（2）偿还款收付方式由双方自行决定，以收款人收据为凭。（3）双方当事人自觉遵守协议约定，如借款人阿新违反协议约定，出借人可向人民法院提起司法诉讼。经过调解员的不懈努力，这起牵扯多时的借贷纠纷最终得以化解。在化解矛盾纠纷、维护社会和谐稳定的过程中，人民调解充分发挥了"第一道防线"的作用。

◈ 案例点评

本案中借贷纠纷的发生，充分说明了一个道理，那就是"借贷有风险，诚信是根本"。本案提醒人们在进行民间借贷活动时一定要慎之又慎，借款协议从名称到内容都应当合法、规范、明确。本案中双方当事人对债权债务关系并无异议，难点在于借款人由于资金周转困难，一直拖欠不还。调解员在本案调解工作中，利用农村是"熟人社会"这一特性，有针对性地采用了"情感感受"的调解策略。调解员在尊重双方当事人合理诉求的基础上，充分发挥人民调解平台公平、公正、公开的第三方优势，采用援引法律条款的方式，晓之以理、动之以情地与双方当事人沟通，赢得当事人信任。在调解会上，调解员首先让双方当事人分别陈述自己的观点和诉求，然后逐一分析问题，找出矛盾的根源。经过一番交流，双方逐渐理解对方的立场和想法，情绪也逐渐平静下来。调解员在听取双方意见后，提出了一些可行的解决方案。经调解员的撮合，纠纷双方又直接面对面进行了磋商，最后双方都同意分期还款方案，在友好的氛围下签订人民调解协议书。纠纷最终得到圆满解决，真正做到了"小事不出村，大事不出镇，矛盾不上交"。

（老杨调解中心）

借人钱款久不还　朋友担保共担责

◈ 案情简介

　　傅某与杨某系朋友关系。因生活急需用钱，杨某曾向傅某借款 30000 元，并由杨某的朋友阿朝签名担保。时隔数年，杨某一直生活困难，难以偿还傅某的借款，因此傅某要求担保人阿朝代为偿还，阿朝以钱是杨某所借为由拒不还款。事后傅某到诸暨市人民法院提起诉讼，经法院审理判决，由阿朝承担借款本金 30000 元，违约金 5000 元，共计人民币 35000 元。判决后法院当场执行 13000 元，尚欠 22000 元。其后，法院多次执行无果，将阿朝列入失信黑名单，这导致阿朝无法出门务工，丧失经济来源。阿朝一气之下赶到傅某家，双方发生激烈争吵并引发互殴，致使傅某后脑轻微受伤。傅某拨打 110 报警，民警赶到现场进行调查取证。傅某被送往医院治疗，共花去医药费 400 余元。2022 年 3 月中旬，双方当事人自愿来到老杨调解中心申请调解。

◈ 调解过程及结果

　　老杨调解中心当即受理此案，并与三方当事人约定于次日到老杨调解中心参与调解。调解员先是征求出借人傅某的意见，了解其调解诉求。出借人傅某认为借款问题已由法院裁定，在此前提下提出两点诉求：（1）付清所欠余款；（2）医药费照数赔偿。

　　调解员对傅某的合理诉求表示认可，随后又分别与借款人杨某和担保人阿朝进行沟通，并将傅某的诉求如实反馈给他们。借款人杨某对傅某的诉求表示认可，但同时提出立即付款确实有实际困难。在交流中，担保人阿朝表示十分委屈，认为自己只是给朋友杨某做了个担保，所借款项都是杨某所用，本人并没有得到任何利益或好处，现在还被法院列入失信黑名单。对于阿朝的陈述，杨某也表示认可，但杨某又提出当时只借了现金 10000 元，可借据上写的是 30000 元，后法院受理判决时加上违约金，欠款变成了 35000 元，杨某觉得这明显不合理。根据杨某的陈述，调解员再次向傅某核实，但傅某否认此种说法。对于借款具体金额，在双方均无确实证据的情况，为使纠纷不扩大，调解员建议三方当事人以法院审理的欠款数额为准，即扣除已付款，尚欠 22000 元。考虑到阿朝与杨某的实际情况，调解员提议出借人傅某在法院执行困难的情况下，主动让步，减免违约金 5000 元，将实际应还款金额降至 17000 元。同时，调解员也严正指出，借款人杨某虽然支付能力有限，但应做出限时还款承诺。经过反复协调，三方自愿达成协议：（1）出借人傅某同意减免违约金 5000 元，限期杨某还款 17000 元。（2）借款人杨某同意限期在 2022 年 4 月 30 日前全额支付借款 17000 元，并由老杨调解中心转付给出借人傅某。（3）阿朝当场补偿傅某医药损失费 1000 元，傅某对阿朝故意殴打他人的违法行为表示谅解。一起因借款担保引发的纠纷就地得到化解。

◈ 案例点评

凡涉及金钱的交易，每个人都要慎之又慎，尤其是需承担巨大风险的担保行为。即便如此，总有一些人碍于亲戚、朋友情面，好心替别人担保，结果给自己惹来了麻烦。在这起民间借贷纠纷中，两个好朋友因为借贷一事而关系恶化，担保人更是无端惹上纠纷，被列为失信被执行人。借贷纠纷如果不及时处理好，会导致事态变得无法控制，给社会带来负面影响。在调解这起民间借贷纠纷过程中，调解员采用背靠背的调解方法，深入了解借贷纠纷的实际情况，从法、理、情三个方面去做工作，充分保障各方当事人的合法权益。此外，为了推动调解顺利开展，调解员还提出了合理的分期还款方案，得到了各方的认同，终于使矛盾纠纷得以就地化解，维护了基层社会和谐稳定。

（老杨调解中心）

熟人借款难追讨　高效调解终偿还

◈ 案情简介

　　阿丽通过熟人介绍将 50000 元本金借给同村村民阿英，当时口头约定月息为 1 分。多年过去，借款人阿英一直拖欠借款，出借人阿丽多次催讨无果。2021 年 12 月间，阿英支付了 5000 元利息给阿丽，尚欠 50000 元本金及 5000 元利息。为明确借贷关系，此次出借人阿丽要求借款人阿英重新出具借条一份。事后，阿丽继续催讨借款，阿英总是以家庭经济困难为由，虽然承认欠债但就是不还。此次阿丽又上门催讨，要求归还本金和利息，双方为此发生口角。为了能顺利要回本金和利息，2022 年 5 月底，当事人阿丽求助枫桥镇联合调解中心介入调解。

◈ 调解过程及结果

　　接到当事人阿丽的求助后，枫桥镇联合调解中心当即受理。在开始调解前，调解员主动联系了双方当事人，深入了解此起借贷纠纷的相关事实。调解员首先向阿丽详细询问借款经过、借款数额、利息金额、催讨经过和借款人阿英的借款证据（出具的借据及借据下方注明发生的利息）等。而后，调解员又电话联系借款人阿英核实情况。在掌握这起借贷纠纷的基本情况后，调解员召集双方当事人到枫桥镇联合调解中心参与调解。

　　调解员首先向双方告知调解过程中的权利、义务，并认真听取了双方的陈述。在调解过程中，调解员再次向借款人阿英核实借款经过、借款数额、利息金额等情况。双方当事人对共计欠款 55000 元（含 50000 元借款、5000 元利息）一事均无异议。但借款人阿英强调家里债务缠身，目前尚无能力偿还，提出按 5

年分期支付借款，前 4 年每年归还 10000 元，最后一年归还 15000 元，还款期间不计利息。为保护出借人的权益，调解员就阿英提出的诉求再次与阿丽交流、谈话，征求她的意见。对此，阿丽提出若阿英一次性还款 50000 元，可以免去阿英 5000 元的利息，即便分期还款也必须在 3 年内还清，否则将通过司法程序来维护自己的合法权益。调解员见状，连忙出言安抚。鉴于双方都是同村的乡亲，调解员再次采用"情感感受法"，向阿丽说明阿英家庭的实际困难，指出就算是走司法程序也难以执行到位，讨回欠款的较佳方式还是两人坐下来协商解决。调解员建议采用分期还款方案，阿丽听了调解员的分析，内心有所触动，同意分期还款，但必须以 3 年为期。

正当双方当事人就 3 年分期还款还是 5 年分期还款争执不下时，调解员采用折中的方法，提议分期 4 年还款。为使双方当事人互守诚信，调解员还建议双方当事人采用诉前调解司法确认的形式，由人民法院裁定结案，从而拥有法律保障。对此，双方当事人都表示认可，并于调解之日由诸暨市人民法院出具民事裁定书。双方当事人对诉前调解就地化解矛盾的结果均表示满意。借款人阿英真诚表态，表示会按调解协议和裁定履行，出借人阿丽心里的一块石头也落了地。一起纠缠多年的借款纠纷画上了圆满的句号。

◈ 案例点评

民间借贷作为一种民间融资活动，对激活民间资金、促进民间经济发展、改善民间生产、生活发挥了十分重要的作用。但是如今很多人缺乏风险意识，为了快速致富而进行高风险投资借贷。他们在向周围的亲戚、朋友、熟人进行借贷时，常许以高额利率，一旦投资失败，借方往往无力支付利息，甚至无力偿还本金，这时双方就会发生严重纠纷，给社会和谐稳定带来极大危害。本案中，双方当事人是同村的乡亲，出于信任和想获得一定收益的心理，发生了借贷关系。由于经济不景气等各种原因，借款人难以承担归还责任，引发了双方借贷矛盾纠纷。调解员经过实事求是的分析，采用折中的方法使纠缠多年的纠纷得到了解决。当前农村民间借贷纠纷案件呈多发态势，广大群众在参与民间借贷过程中，要切实树立法治思维，增强风险防范意识，规范订立借贷合同，进一步增强守法意识、留证意识、期限意识，管好自己的钱袋子，以避免出现不必要的纠纷。

（枫桥镇联合调解中心）

借款判决执行难　联动调解来帮忙

◈ 案情简介

A村村民陈某（女）与B村村民楼某早年相识。10年前楼某为发展家庭产业，向朋友陈某借了26万元，借款利息为2分。其间，楼某向陈某支付过部分利息。后来，楼某因为经营不善，连年亏损，实在无力偿还借款，所以一直逃避面对，并拉黑陈某的联系方式。陈某在多次催讨借款与利息无果的情况下，于2021年上半年到诸暨市人民法院起诉楼某。经民事判决，楼某应偿还陈某26万元借款及10年以来的利息共计76万元。楼某对诸暨市人民法院的民事判决不服，于当年诉讼期内上诉于绍兴市中级人民法院，并对诸暨市人民法院的审理法官心怀不满，以信访形式投诉至诸暨市人民法院。2021年下半年，绍兴市中级人民法院审理后维持原判，但是楼某拒不执行判决。无奈下，陈某向诸暨市人民法院执行局提请强制执行，诸暨市人民法院执行局采取措施，依法扣押楼某名下的车辆、冻结银行账户等，但资不抵债，扣押、冻结措施仍未达到强制执行效果。为了维护债权人的合法权益，守护法律正义，以及就地化解矛盾、维护社会稳定，枫桥人民法庭、枫桥派出所和楼某所在村干部联合开展调解工作。

调解之初，楼某总是强调家庭困难，无兑现能力，调解组从法、理、情入手反复疏导、规劝，最终楼某只同意归还本金26万元，对利息及其他费用不予认可。由于双方诉求差距较大，本次调解无果。陈某在达不到自己目的的情况下，以非法集资的名义到公安机关举报楼某，公安机关立案后进行调查取证。根据楼某提供的证据及调查到的事实情况，陈某与楼某的借款纠纷尚未构成非法集资，公安机关不予立案，并告知陈某不立案的理由。为此，陈某又将维权的途径转向信访渠道。为维护群众的切身利益，使纠纷不扩大、矛盾不激化，枫桥镇政府十分重视，并建议职能部门通过枫桥镇人民调解委员会聚集多方力量，再做一次多部门参与的联动大调解。

◈ 调解过程及结果

枫桥镇联合调解中心接到枫桥镇综治中心委托后，召集原经办部门枫桥人民法庭、枫桥派出所、综治中心、双方当事人所在行政村的干部、双方律师、老杨调解中心团队及诸暨市人民法院执行局等有关人员组成联合调解团队，与双方当事人确定时间到枫桥镇社会治理中心调解室参与调解。在调解过程中，首先由枫桥人民法庭工作人员及承办法官详细介绍案情，分析案情，陈述证据事实、审判程序、法律依据。在双方当事人均无异议的情况下，调解员要求双方当事人陈述各自的诉求和意向。楼某表示：（1）目前家庭困难，法院判决的76万元无力偿还；（2）为解决纠纷，同意在一次性归还本金26万元的基础上适当提高偿还金额。陈某表示：（1）楼某必须归还法院判决的本金及利息共计76万元；（2）如楼某有诚意，可协商适当减免部分利息。

根据双方的诉求和诚意，调解组经商议，采用集体谈话、个别疏导、情感感化方式，在规劝中要求双方都做出让步。调解员在与楼某谈话时，不断地向楼某宣讲法律法规及拒不执行法院判决的严重法律后果，并结合相似的案例进行明示。此外，调解员还从道德伦理方面对其进行感化，强调"借钱还钱天经地义，诚心守德是良心道德所在"，要求楼某用实际行动体现守信之德。调解员又指出法院判决的76万元债款合法合理，询问楼某目前能力范围内最大还款数额是多少。在调解员的反复规劝下，楼某态度有所软化，表示能承受30万—40万元之间的还款金额。而后，调解员与陈某及其代理律师进行对话，如实反馈楼某的实际困难、还款态度及调解诉求。调解员认为按照楼某目前的实际情况，还款76万元的执行难度较大，为达到案结事了的目的，建议陈某降低执行标的，并提出调解方案供陈某参考：（1）若楼某一次性还款，归还标的能否降至30万—35万元；（2）若楼某分期还款，归还标的能否降至35万—45万元。

调解员在与双方当事人面对面交谈时，指出这次纠纷已严重影响彼此的生活，诚恳规劝双方当事人都回归理性，和平友好地解决纠纷。经过一番深思熟虑，楼某、陈某也想通了，明白了调解员的一番良苦用心。双方均表示赞同调解员的建议，最终自愿达成以下共识：（1）由楼某向陈某支付借款本金及利息共计人民币45万元，定于2022年8月30日前支付款项20万元，2023年1月10日前支付款项25万元，上述款项付清后本案执行完毕，陈某放弃本案剩余权利；（2）协议签订后，陈某同意向诸暨市人民法院执行局申请解除对楼某名下车辆扣押、银行账户冻结等措施。

◈ 案例点评

　　借贷纠纷是法院执行工作中常见且较难处理的案件。随着商品经济的不断发展和经济交往的不断增多，当事人之间因经济纷争而涉讼的案件大量增多，有些被执行人法治观念淡薄，置生效的法律文书于不顾，置对方当事人的生产、生活困难于不顾，能拖则拖，能避则避。自觉履行生效法律文书所确定义务的债务人越来越少。本案在推进解决"执行难"过程中，既采取了扣押、冻结等刚性手段，又使用了人民调解的柔性措施，终于使这起"十年借款二审诉讼"的执行案件就地得到化解，切实维护了当事人的合法权益，避免了昔日朋友再次对簿公堂。

（枫桥镇人民调解委员会）

欠款十六年未还　倾情调解释前嫌

◈ **案情简介**

　　骆某因经营项目发展需要，于2006—2013年间先后多次向枫桥镇B村村民王某借款，累计人民币208000元。由于项目经营一直没有起色，经济亏损严重，骆某已无力支付所欠债务。10多年来出借人王某多次上门向借款人骆某催讨，骆某都以家庭困难为由，承认欠款但就是不还。骆某初次欠王某3万元的借款纠纷，虽然诸暨市人民法院枫桥人民法庭于2008年2月曾开庭审理，但因债务人骆某拒不到庭，逃避责任，这笔钱也没有归还。最后骆某欠王某债务（含利息）累计高达20余万元。最近几年，见骆某家庭经济状况有所改善，为了要回欠款，2022年9月初，王某来到枫桥镇人民调解委员会申请调解。

◈ **调解过程及结果**

　　枫桥镇人民调解委员会接到当事人求助后，及时受理，并组织双方当事人到枫桥镇人民调解委员会参与调解。调解员对人民调解的程序、原则以及双方当事人的权利、义务进行解释和告知。在调解过程中，调解员首先耐心倾听双方当事人陈述各自的诉求。出借人王某提出自己的诉求很简单，就是让骆某全额支付本金和利息208000元。对此，借款人骆某表示母亲亡故后，她的债务也落在自己身上，以目前自己的财务状况实在无力偿还全额欠款。王某听后情绪十分激动，认为债务已经拖了10多年，坚决要求立即还款。面对此种情况，调解员及时调整调解方案，联系了骆某所在村的村书记，希望村书记出面劝说骆某弟弟出点力，帮哥哥解忧。骆某弟弟听从了村书记的建议，并劝说哥哥与出借人王某再次见面协调。

于是，枫桥镇人民调解委员会再次组织双方当事人进行调解。在调解过程中，借款人骆某对家庭的实际情况和弟弟支持的力度做了说明，为了减轻还款的压力，请求出借人王某从 208000 元欠款中减免 58000 元，并同意自己分 3 期偿还剩余的 15 万元。调解员将骆某的诉求反馈给王某，并对走司法程序追讨欠款的利弊关系做了综合分析，明确人民调解不会违背当事人本人的意愿，反而更能促使当事人按期归还欠款。王某对调解员的案情分析表示认可，但对还款方式仍有顾虑，觉得骆某可能是在拖延时间。

调解员劝说双方拿出各自的诚意，相互做出让步。他建议出借人减免部分利息，同意借款人采用分期还款的方式；同时要求借款人恪守诚信，并提出合理的还款期限及还款金额。双方当事人在调解员和村干部的劝导下，就还款方案再次做了商讨，最终双方自愿达成调解协议：由欠款人骆某于调解之日支付 5 万元，其余 10 万元分两年付清。为确保双方当事人的利益与调解协议的法律效力，人民调解委员会将调解协议提交诸暨市人民法院申请司法确认。历时 16 年的借款纠纷最终成功化解，真正实现了"案结事了人和"。

◈ 案例点评

民间借贷作为一种资源丰富、操作简捷灵便的融资手段，在一定程度上缓解了银行信贷资金不足的问题，促进了经济的发展。但是，民间借贷的随意性、风险性也导致了诸多的社会矛盾纠纷。本案涉及的法律关系明确，事实清楚明了，适合通过人民调解予以解决。通过人民调解的方式，将法理与情理相结合劝说双方当事人，能更加温和地安抚双方的情绪，从而缓解矛盾、化解纠纷，使当事人深切感受到司法的温度，进一步提高人民群众对人民调解的认知度和满意度。人民调解作为预防和解决社会矛盾的重要手段，为维护社会稳定、促进社会和谐贡献了重要的力量。

（枫桥镇人民调解委员会）

小 结

◇◇◇◇◇◇◇◇◇◇◇◇◇◇◇

民间借贷是一种历史悠久的民间金融活动。从口头借款到打欠条，再到如今的签订借款合同，体现了群众风险意识的逐渐增强。随着农村地区经济的不断发展，农民对于生产生活的要求也不断提高，导致农村地区的资金需求持续扩大。但是由于农村土地有限，农民的赚钱渠道不多，所以出现了农村资金短缺的问题，而现有的金融体制又难以满足农村的借贷资金需求。基于此，民间借贷在农村金融市场中发挥了有益补充作用，满足了一部分农民的资金需求，推动了农村的经济发展，使农村金融市场焕发新活力。但是由于农村民间借贷往往游离于金融体制之外，法律及金融方面的监管不完善，又加上其手续简单、灵活性强、随意性强等特点，导致农村民间借贷纠纷暴增。

农村民间借贷纠纷一般是由借款人违约即不能按期归还借款或拒不给付借款及利息而引发的。民间借贷纠纷往往发生在亲属之间、朋友之间、同事之间。借款人通常是因某个时刻遇到特定困难才向出借人借款。借款有的是口头约定，有的是书面约定。手续一般比较简单，有的只写个借条，有的连借条都不写。为了尽量避免自身合法权利遭受侵害，给有不良企图的人留下可乘之机，在发生借贷行为时，出借人应充分了解借款人的信用状况、借款用途及经济能力，以减小借款风险。出借人必须要求借款人在出具的手续上写明该笔款项是属于借款；要求借款人书写工整，对借款的数目最好用阿拉伯数字和中文大写数字两种形式写明，并注明还款的时间和方式；甚至还可要求借款人提供担保。

一旦借款人违约，发生借贷纠纷，如果双方协商不成，出借人可以向法院起诉主张权利。因为双方当事人往往都是熟人，所以一般不会选择通过起诉这种方式来维护自己的基本利益。人民调解由此成为解决当下民间借贷纠纷的主要途径。并且现阶段关于民间借贷纠纷也没有一套专门的法律体系，主要规定散落在《中华人民共和国民法典》《最高人民法院关于审理民间借贷案件适用法律若干问题的规定》及相关司法解释等民事法律规范中。若此类借贷纠纷案件从诉讼转为调解，能够有效减少诉累，提高处理效率，节约司法资源。调解工作中要充分发挥诉调对接机制的作用，有效推动矛盾纠纷的合理分流和多元化解，实现多方共赢。

第八章

租赁合同纠纷调解案例

ZULIN HETONG JIUFEN TIAOJIE ANLI

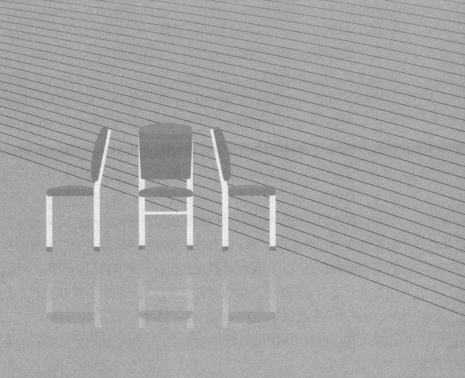

房东违约闹纠纷　剪线断电应赔偿

◈ 案情简介

　　村民何某在枫桥镇工业园区建有一幢工业厂房。他将其中部分厂房（面积约330平方米）租给吴某从事生产经营活动。2019年，双方签订租赁协议，就租赁内容做了相关约定：（1）租期3年，从2019年5月5日到2022年5月4日，租金每年38000元；（2）租金必须提前一个月支付给何某；（3）若何某另有安排或吴某不租赁，双方须提前6个月左右相互通知。一年多后，出租人何某改变经营方式，在尚未告知承租人吴某的情况下，于2020年8月将吴某租赁的厂房转让给了王某。王某得到合法产权后，要求承租人吴某在两年期满时搬出厂房。因吴某尚未支付第三年承租费，王某也不打算继续将厂房租赁给吴某。为此，出租人、承租人及厂房权属人三方发生纠纷，出租人何某认为厂房已转让，第三年租期尚未收租费，租房两年到期后自然终止租赁合同，后期租赁与自己无关。承租人吴某认为，承租合同签订的租期是3年，尚在有效期内，何某不得任意终止合同，况且何某也没有按合同约定提前半年告知自己。吴某表示在未处理好纠纷前拒绝搬出，如终止合同，何某必须要承担违约责任。厂房权属人王某认为，厂房已合法转让到位，厂房权属归自己所有，吴某的原租房协议履行与自己无关。三方为此事争论不休，厂房权属人王某在与承租人吴某多次私下协调无果的情况下，为迫使吴某搬出厂房，与何某一起在2021年5月10日擅自将厂房的电线剪断，造成吴某承租的厂房断电，影响生活生产，造成生产经营损失。吴某要求对剪电线的行为做出处罚，要求对方支付 50000 元以补偿租期内终止协议与剪电线造成的生产经营损失。为尽快解决纠纷，三方当事人来到老杨调解中心自愿申请调解。

◈ 调解过程及结果

老杨调解中心受理此案后，立即召集三方当事人进行调解。调解采用背面结合的方法。调解员先分别与出租人何某、承租人吴某及厂房权属人王某进行单独谈话，征求各自的意见，倾听各自的诉求。随后，调解员又组织三方当事人进行面对面协商。调解员对《中华人民共和国民法典》的具体条款进行宣讲，又根据租赁合同的相关条款对案件做了全面的分析，明确是非对错。调解员指出，首先出租人何某在承租期间擅自转让厂房，未在半年内书面或口头告知承租人吴某，给吴某造成了生产经营损失，对此应负相应的经济补偿责任。其次，何某转让厂房后，在没有协调好的情况下，采取断电这种行为迫使吴某停止生产经营活动实在不可取，应向吴某赔礼道歉，对于造成的损失也应承担赔偿责任。至于厂房权属人王某，调解员也对其进行了批评教育，指出其不应与何某一起剪断电线，破坏生产，而要尽量友好协商，和平解决纠纷。

为了使吴某尽快搬走，也为了使企业早日恢复生产秩序，调解员在做好出租人何某的思想工作后，再次建议厂房权属人王某做出适当的经济补偿。为达到邻里和谐、企业和谐的目的，调解员又反复做好承租人吴某的思想工作，建议吴某将原来的 50000 元赔偿诉求降至一次性补偿 25000 元。为达到案结事了的目的，调解员与何某、王某再次协商，建议双方共同承担吴某生产经营损失费及提前搬房损失补偿费共计人民币 25000 元。

功夫不负有心人，在调解员的反复劝导下，三方当事人达成共识：（1）何某、王某一同支付吴某 25000 元，这笔损失补偿款于调解之日当场预付给老杨调解中心暂时保管；（2）限吴某于 2021 年 6 月 30 日前搬走；（3）为避免再次发生纠纷，由老杨调解中心的调解员落实搬厂、付款等事宜。三方当事人当场签订调解协议，至此该起纠纷得到有效化解。

◈ 案例点评

本案涉及的法律关系并不复杂，何某违反合同约定，提前解约，应当承担违约责任。《中华人民共和国民法典》第五百零九条规定，当事人应当按照约定全面履行自己的义务。第五百七十七条对违约责任进行了规定，当事人一方不履行合同义务或者履行合同义务不符合约定的，应当承担继续履行、采取补救措施或者赔偿损失等违约责任。何某未知会吴某就提前解约，属于未履行合同义务，应当承担违约责任。在调解过程中，调解员遵循相关法律法规，引导当事人换位思考，互谅互让，在合理的范围内进行损失补偿。调解工作是一个不断积累经验的过程。调解员依靠扎实的法律功底和专业的调解素养，找准当事人的问题和需要，采取灵活多变的调解策略，成功化解纠纷。

（老杨调解中心）

歇业违约拒补偿　相互体谅息事端

◈ 案情简介

陈某于 2019 年 11 月将 ×× 路的一间店面房，租给同镇居民王某经营瑜伽业务。双方签订租赁合同，就相关内容做如下约定：（1）租赁期为 3 年，租金每年 5000 元；（2）承租人支付押金 2000 元，如违反合同约定，押金拒返。在实际经营中承租人王某因疫情原因，无法正常开展瑜伽业务，在勉强经营 2 年后只能歇业。王某并未提前告知房东陈某将终止租赁，直到第二年租赁到期时才通知陈某，并表示将 2000 元押金作为歇业违约补偿金。但房东陈某认为协议条款中明确规定若承租人违反约定，则出租人不退押金，此外承租人要支付剩余租期的租金。因此，除了不退还 2000 元押金外，王某还要再赔付 5000 元。王某不认可房东陈某的说法，为此双方发生争执。为解决事端，房东陈某主动到枫桥镇人民调解委员会申请调解。

◈ 调解过程及结果

枫桥镇人民调解委员会在接到房东陈某的申请后，当即受理，并召集承租人王某到枫桥镇人民调解委员会参与调解。在调解过程中，调解员认真听取双方当事人的陈述，深入了解当事人的真实想法，并仔细核对合同，根据申请人的诉求和案件事实证据，分析本案争议焦点所在。

在与房东陈某交流时，调解员对陈某不退还王某押金一事予以支持，但也指出合同的部分条款存在单方强制性。为了客观理性、公正合理地处理问题，对于房东陈某提出一次性补偿 5000 元的诉求，调解员进行了合情合理的劝导。他还征询陈某意见，对王某因疫情原因未履行剩余租期这一点，能否只做适当补偿。在与承租人王某谈话时，调解员指出，根据《中华人民共和国民法典》相关规定，当事人一方不履行合同义务或者履行合同义务不符合约定的，应当承担继续履行、采取补救措施或者赔偿损失等违约责任。王某没有事先告知房东陈某而单方终止租赁协议，应负违约责任。王某承认违约事实，表示愿意将押金赔付给陈某，但对陈某额外再收取 5000 元损失费表示不能接受。

在调解员的反复劝导下，房东陈某做出了让步，表示考虑到客观原因，未到租期（一年）的租金可适当减免，愿意将之前 5000 元的赔偿诉求降至 3000 元。而承租人王某认为 3000 元的补偿款依旧过高且没有依据。在双方仍然争论不休的情况下，调解员再次对双方当事人分别进行了劝导，并提出折中的解决方案，建议王某再支付一次性经济补偿 1000 元给陈某。调解员晓之以理、动之以情，耐心劝说王某，指出疫情之下，大家生活都不易，要相互体谅。调解员反复做思想工作，双方当事人最终认同了调解员的折中方案：王某承担违约责任，除抵扣 2000 元押金外，再适当补偿房东陈某经济损失 1000 元。王某当场支付房东陈某违约金（押金抵作违约金）及补偿金共计 3000 元。房东陈某收到违约金（押金抵作违约金）和补偿金后，双方租赁协议终止，互不纠缠。

◈ 案例点评

新冠肺炎疫情暴发后，各行各业在一段时间内停工停产，致使各经营主体的经营收入锐减。由此也造成各种合同陷入履行困难，其中房屋租赁合同履行困难尤为明显。本纠纷发生的原因，是承租人王某没有事先和房东陈某沟通就终止了租赁合同。双方矛盾的焦点在于三年租期只履行了两年，那第三年的房租是否要补偿？在调解过程中，调解员站在公正的立场上，向双方当事人解释相关法律法规，使其明白各自的权利和义务。《中华人民共和国民法典》第五百六十二条规定："当事人协商一致，可以解除合同。当事人可以约定一方解除合同的事由。解除合同的事由发生时，解除权人可以解除合同。"在本案中，疫情的确对承租人正常使用出租房并遵循商业规律获取收益产生了严重负面影响，如果按照合同约定让承租人支付第三年全额租金并赔付全额违约金，显然对承租人不公平。但是，出租人的房子也是花钱买的，房屋空置给出租人带来的损失也很大。而且出租人在此合同纠纷中没有过错，合同解除并非出租人的原因导致，提前解除合同后出租人再出租此房屋可能也会面临困难。因此，在租赁合作中，双方相互信任和理解是非常重要的。如果双方能够以开放的心态来处理问题，相信一定能够找到解决问题的最佳方案，避免因为纠纷而损失更多的利益。此外，调解员还要考虑到社会公共利益，如保障租赁市场的稳定和秩序，维护社会和谐等。因此，在调解过程中，调解员需要全面考虑各方利益，寻求最优解。

（枫桥镇人民调解委员会）

厂房买卖起纠葛　三方协商止纷争

◈ 案情简介

2015年期间，毛某和金某合伙拍得位于诸暨市某村的厂房21间。经双方协商，其中16间为毛某所有，5间归金某所有。拍卖后，21间厂房的产权权属证都办在毛某名下。数年后，金某按照自己的事业规划，将自己名下的5间厂房转让给绍兴兰亭镇的陈某。陈某支付了购房款300万元给金某，还对厂房进行了装修，共花去装修费20余万元。为落实5间厂房权属问题，陈某要求金某将在毛某名下的5间厂房权属转到自己名下，但毛某考虑到厂房已增值许多，认为陈某应补偿差价。三方当事人经过多次协商，始终无法就购买差价及房产权属问题达成一致。为解决厂房买卖纠纷，2022年5月底三方当事人均请求枫桥镇联合调解中心介入调解。

◈ 调解过程及结果

枫桥镇联合调解中心受理后，立即预约三方当事人于次日到枫桥镇联合调解中心参与调解。调解员采用背靠背的调解方法，向当事人了解情况，倾听他们的诉求，并合情合理地提出建议、意见。而后，调解员又召集三方当事人一起面对面进行调解。调解员认为按照目前的政策，厂房权属分割存在难度，既然厂房权属证都登记在毛某名下，建议金某终止与陈某的厂房买卖合同，退回300万元购房款，将现有5间厂房转让给毛某。陈某若需要租厂房可直接向毛某租赁，至于厂房装修费用可三方协商。

通过调解员一番深入的剖析，陈某意识到了纠纷的复杂性，同意退出与金某的买卖约定，要求金某退回购房费300万元、补贴厂房装修费20万元。而后，调解员又继续做毛某工作，提议他用一个合理的价格回购金某的5间厂房。对此，毛某表示同意，但最高只能出420万元购买金某的5间厂房。金某表示近年来房产增值了不少，要求出价不低于480万元。双方存在较大差距，为减少矛盾，调解员不厌其烦地做金某工作，帮其分析个中利弊，最终使得金某同意将出售价降为420万元。

调解员见各方都有诚意尽快解决此纠纷，于是趁热打铁，适当提出了建议：（1）毛某以420万元购进金某5间厂房，并于调解之日，将房款当场付清；（2）毛某另补助陈某厂房装修费5万元；（3）金某与陈某的厂房购买协议终止，金某于调解之日将陈某的购房款300万元退付给对方；（4）从调解之日起，陈某的租房事宜可与毛某自愿协商。调解员的合理建议得到毛某、金某、陈某三方当事人的共同认可，并于当天自愿达成调解协议，各方的经济款项当场兑现。一场纠缠多年的厂房权属纠纷，就地得到了圆满化解，三方当事人在友好的氛围中握手言和。

◈ 案例点评

本案的合同纠纷涉及三方利益，各种利害关系错综复杂。如果抓不住问题的源头，解不开死结，纠纷就无法调解完成。在处理涉及金钱利益的纠纷时，最关键的是调整当事人的心理预期。就当事人而言，一般都认为自己的诉求是合理合法的，如果不能调整他们的预期，调解工作就会陷入僵局。在本案调解过程中，调解员洞察各方当事人的心理，查找出纠结于他们心中的"病因"，并针对不同情况采取不同的策略，尽量缩小各方诉求的差距，最终使得厂房权属的历史遗留问题得到了完美解决，维护了厂房租赁方的利益，做到治标治本。

（枫桥镇联合调解中心）

厂房租金难追讨　和平协商解难题

◈ 案情简介

村民王某有闲置厂房数间，他将其中坐落在枫桥镇××大道的一间厂房（位于2号楼第四层南区域）租赁给了毛某、朱某夫妇经营轻纺业务，合同租期为1年（2021年7月1日—2022年6月30日）。2021年12月，毛某夫妇又租了2号楼第四层、第五层北区域的厂房，但迟迟没有交付厂房租赁费。两处厂房合计拖欠租赁费6万元。出租人王某向承租人毛某夫妇催讨多次，但毛某脸难看、话难听，难以沟通交流。到了2022年8月，2号楼第四层南区域厂房的租赁合同已逾期2个多月，但毛某夫妇还是一直拖欠、拒付承租费。出租人王某为维护自身的合法权益，于2022年8月底来到枫桥镇人民调解委员会申请调解。

◈ 调解过程及结果

枫桥镇人民调解委员会接到王某的申请后，立即受理。调解员向申请人王某了解纠纷详情，询问其调解诉求，又审阅、核实房屋租赁合同。在掌握纠纷发生的前因后果之后，调解员与双方当事人敲定时间，于次日到枫桥镇人民调解委员会参与调解。鉴于毛某比较容易激动、不太容易沟通，调解员建议毛某暂时退出，由其既讲道理，又有沟通能力的妻子朱某参与调解。在调解过程中，调解员首先给朱某实事求是地分析事件经过，明确是非对错，讲清楚毛某夫妇作为承租人存在的主要过错：（1）违反租房租赁合同，未按合同约定支付租赁款；（2）截至2022年8月1日，双方的租房合同逾期2个多月，如需继续租房，双方需重新签订租赁合同；（3）拖欠的租金应按合同约定履行兑现。调解员又援引相关法律条款进行释法说理。《中华人民共和国民法典》第五百七十七条规定："当事人一方不履行合同义务或者履行合同义务不符合约定的，应当承担继续履行、采取补救措施或者赔偿损失等违约责任。"第五百七十八条规定："当事人一方明确表示或者以自己的行为表明不履行合同义务的，对方可以在履行期限届满前请求其承担违约责任。"第七百二十二条规定："承租人无正当理由未支付或者迟延支付租金的，出租人可以请求承租人在合理期限内支付；承租人逾期不支付的，出租人可以解除合同。"经过调解员耐心疏导、释法说理，朱某的认识有所转变，并表达了继续租房、限期付款的意向，希望通过协商合理解决本次纠纷。

随后，调解员又就朱某愿意继续租房、限期付款的意向征询王某意见。对此，王某提出两条诉求：一是毛某夫妇拖欠房屋租金共计人民币6万元，应限期付清；二是2号楼第四层南区域厂房的续租问题，双方协商后签订续签合同。

经过调解员一番入情入理的开导，双方坦诚地交换意见，朱某当场代表丈夫毛某向王某诚恳道歉，请求其原谅丈夫毛某在态度、语言上的不当之处，并对目前家庭经济困难状况做了解释。朱某的诚意得到出租人王某的理解和谅解，最终在调解员的建议下，双方当事人自愿协商并达成调解协议：（1）承租人毛某、朱某夫妇于2022年12月30日前支付给出租人王某厂房租赁费6万元；（2）厂房续租事宜由双方当事人自行协商。在调解员真诚的规劝下，双方互相让步，经过相互交流达成谅解，双方握手言和，达到止纷息诉促和谐的社会效果。

◈ 案例点评

在现实生活中，很多企业没有自己的厂房，往往是通过租赁厂房进行经营活动的。而租赁厂房往往会产生租赁纠纷，如拖欠租金等。根据法律规定，厂房租赁合同纠纷的解决方式是：当事人在合同中有约定的，按照约定解决；没有约定的，可以进行协商；协商不成的，可以调解；调解不成的，还可以起诉。调解员在处理纠纷时，首先要了解双方当事人的情况和诉求，然后通过耐心倾听、分析问题、提出建议等方式，引导双方当事人理性沟通，寻找共同点，化解分歧，达成和解协议。调解员还通过解读相关政策法规，帮助当事人更好地了解自己的权利和义务，避免类似纠纷再次发生。在此案件调解中，调解员抓住纠纷当中起关键作用的人物，让承租人毛某回避，由其较为通情达理的妻子朱某参与调解，使得出租人和承租人顺利沟通，为调解工作圆满完成打下了基础。调解员坚持"以事实为依据，以法律为准绳"的原则，对双方当事人进行劝导，最终使纠纷化解，双方关系重归于好。

（枫桥镇人民调解委员会）

提前解约纠纷起　求助调解息风波

◈ 案情简介

　　2022 年 5 月下旬，胡先生向陶老板租了一幢楼房。其中的一楼、二楼和一间平房作为工坊使用，另外两间小平房暂时空置。胡先生与陶老板签订了一份简易协议，协议中有关租赁的内容比较粗略，没有就双方权利、义务和违约应承担的责任做出详细约定。协议大致内容如下：（1）双方约定房屋租赁期为 3 年，每年的房租费为36000 元;（2）承租方提前 3 个月支付下一年度租金,水电费自理;（3）承租方支付租房押金 5000 元。承租方胡先生照章行事，并于 2022 年 6 月 1 日签订租房协议时，一次性支付当年租金 36000 元及租房押金 5000 元。胡先生的工坊经过近半年运作，由于经营不善加上疫情影响，断断续续开工生产，生意亏损严重，到了 2023 年 1 月不得不停工歇业。春节后，胡先生在未告知陶老板的情况下，擅自将所租赁工坊内的物品搬走，想不辞而别不再支付第二年的租赁费用。胡先生搬物品的举动被陶老板发现，陶老板询问胡先生缘由并催促胡先生支付第二年的租赁费用。胡先生拒绝支付租赁费用，双方发生口角。陶老板要求追究胡先生的违约责任，胡先生故意回避，并拉黑其联系方式。为维护自身正当权益，使矛盾纠纷得到合理解决，陶老板于 2023 年 3 月中旬来到枫桥镇人民调解委员会求助，申请调解此房屋租赁纠纷。

◈ **调解过程及结果**

枫桥镇人民调解委员会接到当事人陶老板的求助后，立即受理。调解员向当事人陶老板详细了解相关情况，分析租房协议内容及有关条款，询问陶老板的诉求。陶老板提出胡先生要搬物品可以，但必须把第二年的租赁费用 36000 元付清，租房押金 5000 元作为违约金不予退还。听完陶老板的陈述后，调解员向他指出双方的租赁协议内容不够完善，违约责任不明确，有关条款缺乏约束力。经过调解员的研判、分析，陶老板重新提出诉求：（1）承租方胡先生无正当理由终止租赁协议，要承担违约责任，租房押金 5000 元不予退还；（2）承租方胡先生在无事前协商告知停租的情况下，擅自搬离、停租，应补偿租赁损失费 10000 元。为使纠纷不扩大、矛盾不激化，调解员按照租房协议上的联系方式，立即与承租方胡先生取得了联系。在电话联系中，胡先生向调解员强调因为疫情，工坊无法继续经营，他也无力支付接下来的 36000 元租赁费用，并指出陶老板在未征得胡先生同意的情况下，将胡先生租赁范围内的两间小房租给他人并与他人签订了租房协议，陶老板同样也有违约行为。因此他对陶老板扣除 5000 元租房押金的诉求不予认可。为弄清情况、明断是非，调解员与当事人胡先生约定于 3 日后来枫桥镇人民调解委员会面对面陈述相关情况，合理解决纠纷。

3 日后，双方当事人如约来到枫桥镇人民调解委员会参与调解。调解员为核实事实、公正调处，采用背面结合的调解方法。在调解现场，调解员详细倾听了承租方胡先生的诉求，弄清他的真实意愿，确定是继续租房还是承担终止三年租赁协议的违约责任。胡先生向调解员讲述了事情的前因后果，强调因为疫情，他已无力再继续生产经营，也无法支付第二年的租赁费用。调解员在与出租方陶老板沟通时，指出在租房协议尚未终止前，陶老板将胡先生租赁范围内的两间小平房出租给他人，也应承担违约责任。调解员分别给双方讲清法律责任和规范履行协议的道理。经过反复探讨、分析，为使双方当事人和睦相处、好聚好散，将双方的损失降到最低限度，调解员建议双方当事人都做出让步。经过调解员耐心劝导，双方当事人自愿达成调解共识：（1）承租方胡先生将原租赁期间的 5000 元押金作为违约金补偿给出租方陶老板；（2）承租方胡先生应于 2023 年 3 月 25 日前搬离租用工坊，并将工坊完整无损地交还给出租方陶老板；（3）2023 年春节后使用的水电费用由出租方陶老板自己承担；（4）双方当事人同意于调解协议签订之日，自动终止租赁合同，双方再无经济和其他任何纠葛。双方握手言和，达到了就地化解、案结事了的良好效果。

◈ 案例点评

在合同生效后，任何一方都不能擅自解除。承租方在租赁房屋前应当充分考量自身需求以及房屋的实际情况，与出租方就租期、租金等事项进行充分协商，在签订房屋租赁合同时，应在合理范围内明确违约责任，避免双方产生争议，造成不必要的纠纷。如果承租方因客观原因无法继续履行合同，承租方应尽快与出租方就提前退租事宜进行协商，如果双方协商不成，应及时通过第三方调解或者诉讼的方式进行解决，避免损失扩大。

在此租赁合同纠纷的调解过程中，调解员抓住双方当事人分歧的焦点，在坚持依法调解的同时，采取换位思考的方法，促使双方当事人达成一致协议。在工作态度上，调解员对双方当事人动之以情，晓之以理，引导双方达成共识，并当面履行到位。在调解过程中，调解员做到心中有法、兼顾情理，既维护双方的合法权益，又切中要点快速解决纠纷，充分发挥人民调解这"第一道防线"的作用，维护了社会的和谐稳定。

（枫桥镇人民调解委员会）

小 结

◇◇◇◇◇◇◇◇◇◇◇◇◇◇◇

这几年受疫情的影响，民间租赁纠纷已成为现实社会的热点问题。租赁纠纷的解决一般是先由当事人进行协商沟通，当事人应本着互谅互让的态度和实事求是的精神进行磋商或谈判，自行达成解决纠纷的协议。在协商过程中，当事人要确定双方合理的利益界限，最终达成共识。这是最可行、最经济的一种解决方式。当然，当事人也可以向人民法院提出诉讼。民事诉讼是解决房屋租赁纠纷的司法手段，它具有强制性和最终性。只要一方当事人提起诉讼，另一方当事人只能被动参加诉讼，由人民法院做出裁决，双方当事人都要服从并履行诉讼结果。如果一方当事人不履行，那么另一方当事人可以向人民法院申请强制执行。

但是起诉至法院，不仅耗时耗力，也需要付出一定的经济成本。这时，人民调解不失为一种快捷、高效、成本低且不伤和气的解决问题方式。在调解租赁纠纷时，调解员首先要了解双方当事人的租赁协议内容。租赁纠纷的出现，根本原因在于一方或双方违反协议内容，而判断是否违约则需要对双方的合同进行深入分析。一般而言，调解工作主要是对当事人进行说服教育，这对多数当事人是有效的，但有时候耐心的说教并不能触动当事人。这时，调解员要敏锐地抓住当事人的趋利心理，站在当事人立场上为当事人分析有利因素与不利因素，最终实现双方利益的平衡。因此在调解租赁纠纷时，应当注重解决在纠纷中当事人所面对的实际问题。如果不注意解决当事人所面临的实际问题，对当事人的思想开导就会脱离当事人的实际状况，难以收到成效。只有切实解决纠纷当事人的实际困难和问题，找准争议的焦点，才能最终彻底地化解纠纷。很多调解员在做了大量工作后仍没有成功化解纠纷，关键的一点在于调解员在调解时没能及时地洞察当事人的想法、掌握当事人的心理动态，最终导致功亏一篑。这就要求调解员在调解时，要学会细致观察，力求能准确地揣测到当事人的心理变化情况，以便及时改变调解策略，增加调解成功的可能性。另外，需要提醒的是，我们在合同签订的时候要特别注意在主要条款上的约定，尤其要注意租期、租赁物的状态等对租金产生重大影响的相关事项；在合同的履行过程中要明确违约责任，一定要按照合同约定全面地履行自己的各项权利义务。

第九章

校园纠纷调解案例

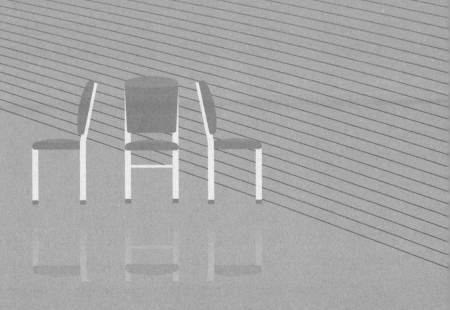

校园玩耍受伤害　妥善处理平事端

◈ 案情简介

　　2020 年 12 月某日下午 2 点，小学五年级学生小锐，在第二节课下课期间，独自一人在三楼教室西侧楼梯的走廊处玩耍。生性好动的小锐用双手抓住楼梯扶栏左右摇摆，玩起了荡秋千。此时，同班同学小宇、小科刚好路过，他们想和小锐开个玩笑，就趁小锐不注意时，两人一起抬起小锐双腿，这一举动致使小锐俯面着地，造成门牙断裂及嘴唇等多处受伤。这起意外事故发生后，学校立即联系了小锐家长，并马上送小锐到医院救治。经医院治疗后，小锐伤情已基本治愈，三方当事人（监护人）就相关赔偿事宜进行协商。虽然校方多次协调，但三方当事人（监护人）就具体赔付金额问题，始终无法达成一致意见，调解未有结果。2021 年 1 月 25 日，校方及三方当事人（监护人）自愿请求老杨调解中心介入调解。

◈ 调解过程及结果

　　为保护未成年人的合法权益，及时化解纠纷，老杨调解中心收到求助后立即受理，并召集三方当事人（监护人）到老杨调解中心参与调解。调解员先仔细听取学校领导、学校调解员的案情介绍，详细了解学校调解员前期工作的进展以及各方当事人对赔偿事宜的态度，受害人的诉求和行为人（监护人）的认识与意向。根据案件性质与后果，各方的态度反应，调解员决定采用面对面及依法疏导的调解方法。在和各方当事人（家长）面对面交流谈话时，调解员首先阐明了该起伤害纠纷的当事人均是未成年人，在主观上并不是故意造成伤害，而是在开玩笑中造成了意外伤害，他希望受害者家长能做出谅解，合理解决好此伤害纠纷，让学生能安心学习，家长能安心工作。为让纠纷赔偿有法可依，调解员援引《中华人民共和国民法典》第一千一百七十九条规定"侵害他人造成人身损害的，应当赔偿医疗费、护理费、交通费、营养费、住院伙食补助费等为治疗和康复支出的合理费用，以及因误工减少的收入"，明确谁侵权谁承担侵权责任，使各方当事人（监护人）都清楚自己应承担的民事法律责任。在调解现场，受害人家长周妈妈表示受害人小锐牙齿尚未镶补，需提高继续治疗费，并提出不含已支付医药费，再做一次性赔偿 25000 元的诉求。但是两行为人家长不认可这个赔偿方案，调解最终没有达成结果。

经过校方多次沟通，做思想工作，老杨调解中心调解员多次上门去做法、理、情的疏导感化，两行为人家长表示愿意在合理范围内共同承担一次性赔偿各类医药损失费，最终受害人家长周妈妈同意由两行为人家长共同承担一次性赔偿各类医药损失费共计人民币 24000 元。因为是小宇、小科两行为人的共同行为造成小锐受到伤害，故受害人小锐所发生的医药损失费用由两行为人的家长各半分摊。由小宇家长陈妈妈承担 12000 元，小科家长金妈妈承担 12000 元。赔偿款于调解之日当场兑现。三方当事人（监护人）在友好的氛围中握手言和，达到了"矛盾不上交，就地解决"的社会效果。

◈ 案例点评

爱玩，是孩子的天性。学习之余，轻松休闲、快乐玩耍，应该是一个健康儿童的生活方式。但是很多校园意外伤害事故也是在玩耍中发生的。这种意外伤害事故在小学校园最为常见。因为小学生受限于自己的认知能力，往往对自己的种种行为可能引起的危险后果无法预先察觉，等到察觉到危险的时候，在对危险行为的把控以及人员的救治上已经无能为力，因此导致的后果也比较严重。校园伤害事故是难以避免的，当它发生时，我们要站在公正的立场上进行评判，充分保障当事人的利益。要根据学生的行为能力以及伤害事故的实际状况，合理地依照过错推定原则、过错责任原则、补充责任原则、自甘风险原则等进行归责，判定相关主体的责任，严格按照法律规定进行合法裁定。

（老杨调解中心）

意外死亡谁担责　人民调解暖人心

◈ 案情简介

2021年某日上午，高二学生小江在课间活动慢跑时，突然身体不适休克倒地，在场班主任及体育老师等发现后，一边采取紧急救护措施，一边拨打120、110电话求助。约10分钟后，救护车驶达现场，在老师的陪护下，学生小江被紧急送到医院抢救，但遗憾的是最后小江经抢救无效宣告死亡。小江同学死亡后，为查清事件经过及死亡原因，当地公安机关立即组织警力展开调查，经过警方取证调查，得出小江的意外死亡是自身身体差造成的结论。校方及时通知死者家属，并由办案民警将派出所调查的情况如实反馈给死者家属。死者家属对小江的死亡事实难以接受，强烈要求追究校方的责任，要求校方提供监控视频资料，还原事件的真相。在公安机关的疏导下，死者家属同意进入调解程序，于是办案民警将案件移交枫桥镇联合调解中心。

◈ 调解过程及结果

枫桥镇联合调解中心在接到学校与死亡学生家属的申请后，立即受理。调解组为弄清案件情况，确保依法合理调解，先是召集派出所办案民警、校方代表及调解组成员召开案情通报分析会。会上各方汇报案情的发生与处置情况，对学生小江的死因做出客观分析。然后根据这些信息，调解组研究制订调解预案，落实调解地点、参与单位及人员和调解方法等。在案情分析会上，调解组主动征求校方意见，了解校方对此次纠纷的态度与认识，明确其应承担的责任。通过对各方所陈述情况的汇总与分析，调解组初步确定几点意见：（1）小江同学在课间慢跑时突发身体不适倒地，经抢救无效死亡，这起意外属疾病性死亡，死因明确无异议；（2）在小江死亡事件中，本人及学校均无故意过错，双方均无过错责任；（3）死亡事件发生后，校方处置措施妥当，抢救程序到位（有高清监控视频为证），校方无失职行为；（4）校方认为对于小江的死亡，校方并无过失过错，不予承担赔偿责任。但鉴于小江平日在校表现优秀，校方愿意给予人性化的合理补偿。调查组与校方达成以下几点共识后，决定采用分合式调解方法。为了使调解工作能顺利进行并达到良好的效果，调解组通过搜集的信息得知，小江父母与枫桥镇的调解志愿者倪同志有轻纺业务往来，对志愿者倪同志有较深情义与信任感，于是邀请倪同志参与此次调解。

　　双方当事人准时参加调解，调解员采用背面结合的方法，分别向双方当事人通报案情，征求诉求、意见。调解员娴熟运用法、理、情进行疏导，阐明调解组联席会议的4条意见。在征求校方意见时，校方表示同意调解组的协调意向，愿意对小江的死亡做出一次性人性化补偿，补偿标准为赔偿标准的10%—15%。至于死者家属方面，虽经过调解员释法说理，他们基本认可调解组的4条意见，但为了争取多一点补偿款，死者家属的朋友态度强硬，用威胁的语言打压校方，强调"活人交给学校，死人交给家长"，认为校方要给家长高额的心理安慰，提出一次性补偿100万元的要求，并扬言"如学校不同意，就通过电视台、报社等新闻媒体进行曝光"。由于死者家属的赔偿诉求过高，调解中止。事后在调解员多次耐心疏导下，死者家属提出了4点诉求：（1）校方领导上门向死者家属做一次慰问；（2）死者在校表现良好，故请求校方发放一份荣誉证书；（3）校方领导上门慰问，得到家属谅解后，双方再进行面对面调解；（4）死者遗体火化时，校方要派人参与追悼会。死者家属的这些请求合情合理，校方表示认可，并同意再次参加调解。

　　在这次调解中，调解组充分发挥了调解志愿者倪同志的作用。调解组充分运用亲情友情、释法说理等方法，安抚死者家属情绪，督促他们坐下来进行理性协商，合理地提出赔偿诉求。为使家属得到心理上的安慰，校方也做出让步，提出一次性补偿20万—30万元。校方的真诚打动了死者家属，死者家属认同校方一次性补偿30万元的方案。双方达成调解共识，补偿款于调解之日后三天内打到小江父亲账户内。当事人在和谐的气氛中签订调解协议。

◈ 案例点评

　　校园一旦发生意外事故，就会成为舆论的焦点。若事故各方对承担的责任、主张的利益无法达成一致，就会引发学校与家长、家长与家长之间的纠纷。很多时候家长的诉说只是一家之言，他们往往过于强调自己的弱者地位，个别家长或是其身边的人甚至还会利用网络进行情绪宣泄，一个事件短短几分钟之内就会传遍全国甚至全世界各个角落。因此调解组必须迅速找到正确有效的调解方法，妥善地处理好各方利益关系，避免事态进一步扩大化，通过化解一个纠纷、教育一批群众、稳定一方人心，实现"闹"到"调"的转变。本案属于一起高中学生在校意外身亡引发的人身损害赔偿纠纷，如果处理不好很可能引起群体性冲突。调解员的首要工作是迅速稳定家属情绪，做通家属的思想工作，尽快处理病亡学生的丧葬事宜。因本案赔偿金额巨大，各方当事人诉求差距甚大，调解很难一蹴而就。调解需要时间，需要策略，单纯依靠某一个人、某一个部门，很难解决实际问题。只有通过多部门联动联调，相互配合，通力协作，坚持不懈，才能最终破解难题。做好校方给予死者人道主义补偿的思想工作是协商解决本案的突破口，对学校而言，即使没有任何责任，发生这样的不幸事故，负面影响也是极大的，因此学校必须积极平息此次事端。本次纠纷最后由有着丰富经验的调解员出面协调，通过锲而不舍的努力，最终使双方诉求达成一致，做到案结事了。

（枫桥镇联合调解中心）

学生打架致伤害　校调对接化矛盾

◈ 案情简介

　　小超、小珂、小莎、小波、小炜、小思为小学同班同学。2020 年 11 月某日课间休息时，小超与同学小珂发生口角，在争吵中双方还发生互殴，在互相推拉中，小超跌倒。因小超平时在校表现不太好，而且经常欺负其他同学，此次小莎、小波、小炜、小思等看到小超跌倒后乘机"报复"，拳打脚踢小超。此行为被老师发现，并及时制止。小超被送往医院治疗，治疗期间共花去医疗费 18000 余元。在小超伤势痊愈后，小超爸爸联系校方要求学校及参与打架的学生（监护人）赔偿损失。由于小超爸爸提出的 10 万元赔偿款数额过高，学校调委会协调无果，于是将此案件移送老杨调解中心。

◈ 调解过程及结果

　　2021 年 6 月中旬，老杨调解中心受理此案后，对事发经过及小超的伤情治疗情况进行全面调查，并向校方了解前期调解工作中各方的诉求与调解的难点。为使调解客观公正，既保护未成年人的合法权益，又兼顾受害人（监护人）的合理诉求，调解组采用分合式和依法疏导的调解方法。调解员首先向小超爸爸讲明，经医院诊断，受害人小超头部受伤与原有病因有关，指出小超平时在学校常有轻微违反校纪校规行为，造成多名同学反感，本人也应承担相应责任。对于小超爸爸提出一次性赔偿 10 万元的诉求，调解员认为金额过高，建议其降低诉求。在与小珂、小莎等 5 人的监护人谈话时，各方提出不同的质疑，家长们认为：（1）伤者头皮血肿依据监控和对行为人的调查，都不能提供确实证据证明是行为人殴打所致，并反映受害人小超头部原有旧伤；（2）小珂等 5 人的监护人认为受害人监护人提出的一次性赔付 10 万元的诉求过高，不能接受；（3）小珂等 5 人的监护人认为小超所受伤害与行为人踢打的部位不相符，并且每个行为人的行为有轻重之别，应按行为结果分担民事赔偿责任。

调解员根据双方监护人的意见与诉求，分别进行疏导与规劝，要求小超爸爸提出合情合理的诉求。在调解员多次耐心疏导下，小超爸爸态度有所软化，将原先一次性赔付 10 万元的诉求降至一次性赔付 7 万元。为达到就地化解矛盾，保护未成年人的合法权益的目的，调解员与 5 名行为人的监护人进行协商：（1）受害人、行为人都属未成年人，为利于未成年人的健康成长，各监护人应承担相应的民事监护责任。（2）由于小超的伤势为共同行为所致，各行为人无法按比例分担责任。在无法提供确切证据的前提下，建议 5 名行为人的监护人共同承担民事赔偿责任。鉴于此纠纷是小珂引发的，建议小珂监护人适当提高赔偿金额。（3）所有监护人认为事件发生在校内，学校也应承担相应责任。

经过调解员多次沟通、反复协商，各方当事人都做出相应让步，达成共识：受害人监护人同意一次性赔偿 7 万元，主要行为人小珂监护人承担 15000 元，校方与其他 4 名行为人监护人各承担 11000 元。各方当事人当场自愿签订调解协议书，赔偿款于调解当日全额支付完毕，使矛盾得到就地化解，纠纷不出校，达到案结事了的法律效果。

◈ 案例点评

随着社会环境的一定变化，学校中出现了一定数量的得不到关爱的"问题学生"。这些学生因长期得不到关心和爱护，逐渐形成了自我封闭的心理，经常会做出一些叛逆的事情以引起别人的注意。其实这些学生的内心深处是极其渴望获得关爱的。摸清事实、分清责任、依法理赔是校园纠纷调解的"三步骤"。在本案中，调解员认真倾听当事人陈述，仔细查阅病历资料，开展现场调查，做细做实各项工作。通过咨询、论证等方式，对双方过失行为、损害结果发生所起作用大小、举证不能的责任及后果等进行综合分析，依法厘清责任，使双方知晓如何划分责任及承担多少责任，再依据责任等级、损害程度、赔偿标准确定赔偿数额，力求公平公正、不偏不倚，从而使各方监护人心服口服。需要提醒的是，当学生在学校里发生纠纷出现冲突时，学校老师或者保安要迅速前来处理。同时，如果发现学生伤势比较严重，应该立即拨打急救电话，将伤者送往医院进行治疗，并及时联系学生家长或监护人。在处理过程中，应该保持冷静，不要激化矛盾，避免造成更大的伤害。平时学校也应该加强对学生的管理和教育，加强安全意识教育，避免类似事件再次发生。

（老杨调解中心）

负气出手伤同学　厘清责任拆心墙

◈ 案情简介

　　某学校初三9班学生小煜与11班学生小文，因为食堂就餐区域的座位划分问题发生矛盾。按学校划分的就餐座位，小煜应坐在9班的位置上，但他喜欢与11班的同学坐在一起，所以就坐到了11班学生的就餐座位上。11班的小文见到，自言自语地责怪小煜："素质差，不文明。"小煜听到此话语后，感到很不舒服，一直记恨在心。过了数天，小文在校篮球场打球，小煜为出气跑到篮球场叫住了小文，并用手推搡责问小文。小文要向老师报告此事，小煜追向小文并再次用拳头殴打小文脸部，造成小文鼻部受伤。学校政教处发现后，一方面及时送小文去医院治疗，另一方面对小煜进行严肃批评。经医院检查诊疗，小文的鼻骨骨折，治疗期间花去费用数千元。此纠纷虽经校方多次协调，但因小文妈妈诉求过高，调解无果。事后校方将此案件移送枫桥镇联合调解中心。

◈ 调解过程及结果

　　枫桥镇联合调解中心受理后，及时与校方沟通，了解案情始末，研究该案的矛盾焦点，制订调处方案。在做好前期准备后，调解员致电双方当事人，约定于2021年10月15日到枫桥镇联合调解中心参与调解。本次调解采用背面结合的调解方法。为达到关爱青少年和保护未成年人权益的目的，调解组分别与双方当事人的监护人进行谈话，倾听各方的诉求和意见，并表明态度，指出对初犯的未成年人应"法纪教育从严，行政处罚从轻"。调解员依据《中华人民共和国民法典》第一千一百七十九条的具体规定，对行为人小煜的妈妈进行法律宣讲，指明谁侵权谁承担侵权责任，使其从思想上认识到孩子故意殴打他人造成他人身体伤害应承担法律责任，从而使监护人自愿接受调解，接受民事赔偿。同时，调解员向受害人小文的妈妈讲清行为人应承担的法律责任和依法理赔的有关项目及理赔的标准，并征求其意见。小文妈妈提出要行为人小煜在全校师生面前向小文道歉并支付一次性赔偿款35000元。调解员将小文妈妈的诉求反馈给小煜妈妈。小煜妈妈同意赔礼道歉，但对赔偿35000元医药损失费的诉求不予接受，只同意一次性补偿5000元。双方监护人的诉求差距较大，未达成调解共识，致使调解中止。

调解员认为，学生都是未成年人，应从帮助教育、挽救感化着手。既然双方都有调解息事的意愿，为达到就地化解、促进校园和谐的目的，调解员先采用冷处理的方法，劝导双方监护人"以和为贵"，回去沟通协商后，可再次申请调解。调解员再次动用亲友渠道，邀请小文父亲的朋友何同志出面规劝、协调。在多方力量的不懈努力下，双方监护人各自都做出了让步。调解员又要求学校领导再次出面协调，关心受害学生家长提出的合理诉求。双方监护人于一周后再次向枫桥镇联合调解中心申请调解。枫桥镇联合调解中心接到请求后于当日下午组织双方监护人再度调解，并按照双方自愿的调解原则，提出折中意见：（1）行为人小煜及其监护人应真诚向受害人小文及其监护人当面赔礼道歉；（2）坚持教育从严，行政处理从轻，民事赔偿按责的原则，学生纠纷由学校依规处理；（3）经济赔偿退让兼顾，行为人小煜的监护人将赔偿款提高到18000元，受害人小文的监护人合理提出赔偿诉求。调解员与何同志从情、理、法三方面对小文妈妈进行劝说。几轮调解下来，小文妈妈认可了对方的赔偿请求。双方达成一致意见，以18000元的赔偿金额签订调解协议，矛盾成功化解。赔偿款于调解之日当场兑现。双方监护人拆除了心墙，调出了和谐，达到了握手言和、案结事了的良好效果。

◈ 案例点评

若要减少校园霸凌、校园事故的伤害，学校应该加强对未成年人在校期间的教育引导，加强对未成年人的普法教育，使未成年人了解责任后果，从而引以为戒。在出现校园伤害事件以后，一方面，家长爱子心切容易情绪激动，使矛盾激化；另一方面，双方当事人都是同学，日常接触较多，将来"旧事重提"可能产生新的矛盾。针对这些特点，在校园纠纷的处理中，应当更多考虑事后帮助当事人修复彼此的关系和情感。因此，校园纠纷应该调解优先，诉讼后行。也就是说，可以由人民调解委员会先行调解，为家长提供法律咨询服务，引导学生家长理性处理，帮助当事学生解开心结。在调解校园纠纷工作中，调解员需要了解双方当事人的诉求和矛盾点，了解纠纷的起因和发展过程，以便更好地进行调解。调解员需要根据双方当事人的意愿和实际情况，制订一份可行的调解方案。调解员还需要引导双方当事人进行沟通和交流，帮助他们理解对方的立场和诉求，以便更好地达成共识。最后，调解员需要跟进调解结果，确保双方当事人按照调解方案执行。总之，调解员在处理校园纠纷中的作用非常重要，他们可以通过专业的调解技巧和方法，有效地缓解矛盾，维护校园和谐。

（枫桥镇联合调解中心）

摔断门牙惹争议　依法调解获赔偿

◈ 案情简介

2021年某天中午，小学四年级学生小乐（男，10岁）与同班同学小泽（男，11岁）课间在一起玩耍。玩得"不亦乐乎"的小乐不慎将小泽推倒在地上，小泽跌倒时撞到嘴部，造成一颗门牙断裂。老师发现情况后立即联系小泽家长，小泽由其母亲送往医院治疗，花去医药费3000余元。经过医院治疗，小泽伤情基本稳定。为尽快解决好相关赔偿事宜，及时化解矛盾纠纷，在学校建议下，双方监护人于2021年10月29日自愿来到老杨调解中心申请调解。

◈ 调解过程及结果

老杨调解中心受理了此案，并预约双方当事人监护人（父母）于3日后到老杨调解中心就赔偿事宜进行调解。调解过程中采用了背面结合的调解方法，调解员首先与双方监护人分别进行谈话，征求各自的意见，询问各自的诉求。在面对面交流过程中，调解员向双方监护人讲清案情经过，指出可以排除故意行为的可能，着重讲清孩子过失造成的伤害后果及监护人依法应承担的民事责任。经过调解员耐心规劝，双方监护人都有接受调解的意愿，希望在合理的赔偿范围内尽快解决赔偿纠纷。但在单方询问受害人一方的诉求时，小泽妈妈要求一次性赔偿44000元。而行为人小乐的妈妈却认为，一颗牙齿要赔44000元不合理，不予以接受，参照其他赔付案例最多一次性补偿15000元。由于双方监护人提出的赔偿金额差距较大，调解陷入僵局。为此，调解员建议双方监护人回去后向专业人士再做咨询，尽可能将赔偿金额限定在合理且双方能接受的范围内。

经过一周的思考，小泽妈妈再次向老杨调解中心提出申请，老杨调解中心接到小泽妈妈的求助后，立即受理。调解员从关爱青少年心理和身体健康的角度对双方监护人进行了耐心说服，提议双方都应在合理范围内做出让步。调解员从法、理、情的角度，对双方当事人进行规劝。为达到尽快就地化解矛盾的目的，调解员又邀请了学校老师参与调解。在调解过程中，调解员根据前期工作结果，对双方监护人提出了三点要求：一要诚心诚意，二要互相谅解，三要为孩子着想，各自都要做出让步。调解员建议受害人监护人降低赔偿诉求、行为人监护人提升补偿标准，最终调解员采用折中的方法，建议由行为人监护人做出不少于20000元的补偿。调解员又向受害人小泽的妈妈介绍行为人小乐家里的经济情况，希望小泽妈妈能体谅对方家里的难处。在双方监护人将心比心的沟通下，调解员苦口婆心的劝导下，最终小泽妈妈做出让步，同意调解员的补偿方案，由小乐妈妈一次性补偿给小泽妈妈各类医药损失费共计20000元。补偿款于调解之日当场兑现，双方监护人当场签订调解协议，握手言和。

◈ 案例点评

本案为小学生在嬉笑、打闹、追逐中发生的意外事件。事发时，两名学生均为无民事行为能力人，双方对自己行为性质的认识、预见性、判断力均不足。客观地讲，儿童间的嬉笑、娱乐，甚至打闹、追逐，都是其天性使然，很难用法律上的"过错"去衡量、评判，谁也无法禁止一种天性所导致的外在自然行为。在调解此类校园伤害纠纷时，调解员要始终从关爱儿童心理、身体健康的角度出发，站在公正的立场上对纠纷进行评判，听取当事人的陈述，了解纠纷的产生原因，充分保障当事人的利益。此外，调解员还要根据学生的行为能力以及伤害事故的实际状况，合理进行归责，严格按照法律规定进行调解。同时，学校也要加强管理，加强学生的安防知识教育，提高学生的自我保护意识，预防学生发生各类意外事故。

（老杨调解中心）

小　结

◇◇◇◇◇◇◇◇◇◇◇◇◇◇

　　近几年来，中小学安全事故频发，给学生造成了不同程度的人身伤害。由于在事故处理过程中涉及责任认定、赔偿金额等问题，家长和学校之间很难达成一致。一些家长甚至直接将责任推给学校，认为学生在校期间发生的事故就应该由学校负责，由此提出较高数额的赔偿诉求，导致家长与学校之间的矛盾不断升级，由此引发的纠纷也日益增多，严重时甚至导致"校闹"事件的发生。

　　校园作为一个特殊的地方，受到家长、政府、社会的广泛关注。未成年人是祖国的希望，校园纠纷、安全事故会给未成年人身心造成伤害，而这将伴随着他们整个成长过程。另外，很多校园纠纷往往是家长一时的错误认知和冲动所致，但其碍于面子在与对方协商时很难做出让步。纠纷当事人因各自对事故责任的认定、主张的利益无法达成一致，由此带来学校与家长、家长与家长之间的严重矛盾。有些家长甚至会利用网络进行宣泄，从而使得舆论发酵，影响社会稳定。

　　中小学生人身伤害赔偿纠纷涉及的范围广泛，想要从根本上解决这类问题就应该从多方面入手，找到问题的症结。摸清事实、分清责任、依法理赔是校园纠纷调解工作一直坚持的原则。在调解校园纠纷时，调解员一定要熟知相关的法律知识。未成年学生与学校之间的关系，从本质上讲，是一种教育关系，而不是基于民法和血缘关系形成的父母（包括其他监护人）与子女之间的监护关系。学校等教育机构对未成年学生所负的是教育、管理和保护责任，而不是民事法律意义上的监护责任。学生在校园学习、生活期间遭受人身损害，若学校存在未尽教育、管理职责之过错，且该过错与损害之间存在因果关系，则学校应当承担民事赔偿责任。如学生所受伤害非受外力作用，系其自主行为所致，行为为常人无法预见与控制，学校对事件的发生并无管理上的过失，则学校无过错，不应承担责任。

《中华人民共和国民法典》对未成年学生在校学习、生活期间受到的校内外的人身损害侵权做了明确规定，认真研究并运用这个法律武器，对于维护中小学生及学前儿童的合法权益有着重要意义。如《中华人民共和国民法典》第一千一百七十六条规定："自愿参加具有一定风险的文体活动，因其他参加者的行为受到损害的，受害人不得请求其他参加者承担侵权责任；但是，其他参加者对损害的发生有故意或者重大过失的除外。"第一千一百九十九条规定："无民事行为能力人在幼儿园、学校或者其他教育机构学习、生活期间受到人身损害的，幼儿园、学校或者其他教育机构应当承担侵权责任；但是，能够证明尽到教育、管理职责的，不承担侵权责任。"第一千二百条规定："限制民事行为能力人在学校或者其他教育机构学习、生活期间受到人身损害，学校或者其他教育机构未尽到教育、管理职责的，应当承担侵权责任。"

总的来说，处理校园纠纷要在热心、耐心、细心、恒心的基础上，坚持调解与普法相结合、依法与依理相结合、刚性与柔性相结合，坚持教育、挽救、感化的育人理念，动之以情、晓之以理、明之以法，促成双方自愿达成调解协议。

附 录
FULU

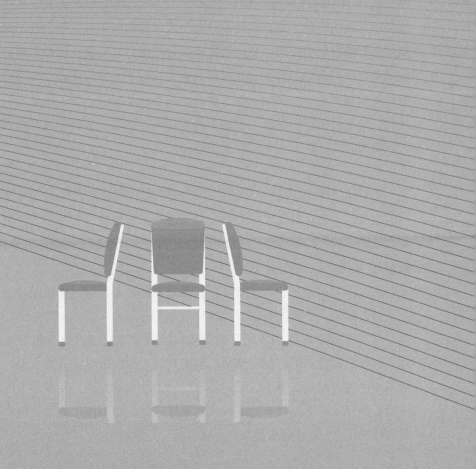

坚持和发展"枫桥经验"，习近平总书记这样说

《求是》2021年第5期发表习近平总书记重要文章《坚定不移走中国特色社会主义法治道路　为全面建设社会主义现代化国家提供有力法治保障》。文章指出，要推动更多法治力量向引导和疏导端用力，完善预防性法律制度，坚持和发展新时代"枫桥经验"，完善社会矛盾纠纷多元预防调处化解综合机制，更加重视基层基础工作，充分发挥共建共治共享在基层的作用，推进市域社会治理现代化，促进社会和谐稳定。党的十八大以来，习近平总书记高度重视坚持和发展"枫桥经验"，做出一系列重要论述。

各级党委和政府要充分认识"枫桥经验"的重大意义，发扬优良作风，适应时代要求，创新群众工作方法，善于运用法治思维和法治方式解决涉及群众切身利益的矛盾和问题，把"枫桥经验"坚持好、发展好，把党的群众路线坚持好、贯彻好。

——2013年10月就坚持和发展"枫桥经验"做出的指示

重视化解农村社会矛盾，确保农村社会稳定有序。提高预防化解社会矛盾水平，要从完善政策、健全体系、落实责任、创新机制等方面入手，及时反映和协调农民各方面利益诉求，处理好政府和群众利益关系，从源头上预防减少社会矛盾，做好矛盾纠纷源头化解和突发事件应急处置工作，做到发现在早、防范在先、处置在小，防止碰头叠加、蔓延升级。要学习和推广"枫桥经验"，做到"小

事不出村，大事不出镇，矛盾不上交"。

——2013 年 12 月 23 日在中央农村工作会议上的讲话

要推进社会治理现代化，坚持和发展"枫桥经验"，健全平安建设社会协同机制，从源头上提升维护社会稳定能力和水平。

——2019 年 1 月 21 日在省部级主要领导干部坚持底线思维着力防范化解重
大风险专题研讨班开班式上的讲话

要坚持打防结合、整体防控，专群结合、群防群治，把"枫桥经验"坚持好、发展好，把党的群众路线坚持好、贯彻好，充分发动群众、组织群众、依靠群众，推进基层社会治理创新，努力建设更高水平的平安中国。

——2019 年 5 月在全国公安工作会议上的讲话

要坚持和发展"枫桥经验"，深入开展扫黑除恶行动，加大对涉毒、涉恐、走私、诈骗、偷越边境、越境赌博等跨境违法犯罪的打击力度，坚决打掉背后的黑势力和"保护伞"。

——2020 年 1 月在云南考察调研时的讲话

要加强和创新社会治理，坚持和完善新时代"枫桥经验"，深化扫黑除恶专项斗争。

——2020 年 4 月在陕西考察时的讲话

要加强和创新基层社会治理，坚持和完善新时代"枫桥经验"，加强城乡社区建设，强化网格化管理和服务，完善社会矛盾纠纷多元预防调处化解综合机制，切实把矛盾化解在基层，维护好社会稳定。

——2020 年 9 月 17 日在基层代表座谈会上的讲话

（摘自求是网）

"枫桥经验"的历史性贡献与重要启示

从百年党史中回顾总结"枫桥经验"产生、发展、创新的光辉历程，对于深入学习贯彻习近平新时代中国特色社会主义思想，准确领会把握习近平总书记关于坚持和发展新时代"枫桥经验"的重要论述精神，进一步总结历史经验，认清历史方位，把握发展大势，在新的历史起点上切实担负起坚持和发展新时代"枫桥经验"的时代使命，助推浙江高质量发展建设共同富裕示范区，建设更高水平的法治中国、平安中国，推进国家治理体系和治理能力现代化，全面建设社会主义现代化强国，实现中华民族伟大复兴，具有重要意义。

一、科学把握"枫桥经验"的发展阶段，充分肯定其历史性贡献

"枫桥经验"是人民的创造、历史的选择、时代的需要。从党史、新中国史、改革开放史、社会主义发展史来审视"枫桥经验"，把"枫桥经验"划分为产生、发展和创新三个阶段，是符合历史规律和客观实际的，体现了历史逻辑、实践逻辑、理论逻辑的有机统一。

（一）"枫桥经验"产生于社会主义建设时期，为巩固人民民主专政政权做出了历史性贡献

中华人民共和国成立后，随着社会主义改造的基本完成和社会主义制度的逐步建立，我国进入探索社会主义建设时期。1963年，中共中央决定在全国广大农村开展社会主义教育运动，对地、富、反、坏"四类分子"进行教育改造。

同年 5 月，浙江省委工作队进驻诸暨枫桥开展社会主义教育运动试点，创造了"依靠群众，通过说理斗争，就地教育改造'四类分子'"的经验。毛泽东同志称之为"矛盾不上交，就地解决"，并亲笔批示"要各地仿效，经过试点，推广去做"。"枫桥经验"的产生和推广，对巩固人民民主专政的国家政权，调动一切积极因素建设社会主义，做出了重大的历史性贡献。粉碎"四人帮"后，枫桥干部群众率先对"四类分子"开展评审摘帽，摘掉一顶帽，调动几代人，"枫桥经验"对推动拨乱反正、给全国"四类分子"评审摘帽、平反冤假错案做出了重要贡献。

（二）"枫桥经验"发展于改革开放新时期，为实现社会和谐稳定做出了重要贡献

党的十一届三中全会后，我国进入改革开放和建设中国特色社会主义新时期。枫桥干部群众把"枫桥经验"运用到维护社会治安和社会稳定领域，创造了"组织建设走在工作前，预测工作走在预防前，预防工作走在调解前，调解工作走在激化前"的"四前"工作法和"预警在先，苗头问题早消化；教育在先，重点对象早转化；控制在先，敏感时期早防范；调解在先，矛盾纠纷早处理"的"四先四早"工作机制，形成了"党政动手、依靠群众、立足预防、化解矛盾、维护稳定，做到小事不出村、大事不出镇、矛盾不上交"的新时期"枫桥经验"。新时期"枫桥经验"为创新社会治安综合治理，建设动态社会治安防控体系，有效预防控制犯罪行为，就地化解矛盾纠纷，最大限度增加和谐因素，最大限度减少不和谐因素，实现社会和谐稳定做出了重要贡献，成为新时期推进社会治安综合治理的典范、维护社会和谐稳定的重大经验。

（三）"枫桥经验"创新于中国特色社会主义新时代，为推进国家治理体系和治理能力现代化做出了重要贡献

2003 年特别是党的十八大以来，经过长期不懈的努力，中国特色社会主义进入新时代。2003 年，时任浙江省委书记习近平同志在纪念毛泽东同志批示"枫桥经验"40 周年暨创新"枫桥经验"大会上提出"充分珍惜'枫桥经验'，大力推广'枫桥经验'，不断创新'枫桥经验'"，为"枫桥经验"的创新发展指明了方向、明确了要求。枫桥干部群众适应新时代社会主要矛盾的深刻变化，坚持以习近平新时代中国特色社会主义思想为指引，坚持以创新"枫桥经验"为总抓手，坚持以平安建设为主线，不断加强和创新基层社会治理，形成了"党建统领、人民主体、多元共治、'三治结合'，做到矛盾不上交、平安不出事、服务

不缺位"的新时代"枫桥经验"。党的十九大以来，新时代"枫桥经验"先后被写入《中国共产党农村基层组织工作条例》《中共中央关于坚持和完善中国特色社会主义制度 推进国家治理体系和治理能力现代化若干重大问题的决定》《中共中央关于制定国民经济和社会发展第十四个五年规划和二〇三五年远景目标的建议》《中共中央、国务院关于支持浙江高质量发展建设共同富裕示范区的意见》等重要文件。新时代"枫桥经验"是党领导人民创立的一整套行之有效的社会治理方案，是中国特色社会主义的重大创新成果，为推进国家治理体系和治理能力现代化，建设更高水平的法治中国、平安中国，决胜全面建成小康社会做出了重要贡献，成为我们党治国理政、社会治理的重要经验。

二、"枫桥经验"产生发展创新的历史，标志着我们党领导的社会治理变革实现了三次历史性飞跃

从"枫桥经验"到新时期"枫桥经验"再到新时代"枫桥经验"，"枫桥经验"产生、发展、创新的历程，见证了中华民族从站起来、富起来到强起来的历史进程，标志着我国社会治理变革的三次历史性飞跃，彰显了中国特色社会主义的政治优势、制度优势和治理优势，表明了我们党对共产党执政规律、社会主义建设规律、人类社会发展规律的认识不断深化，实现了党的执政理念和执政方式的重大转变，推动国家治理体系和治理能力现代化跃上了新的台阶，开辟了新的境界。

第一次飞跃：从习惯于运用军事斗争手段到就地监督管制

中华人民共和国的成立，揭开了中国历史新的篇章。中华人民共和国成立后，我们党领导人民开展了土地改革、镇压反革命、"三反"、"五反"、社会主义改造等运动，建立了社会主义基本制度。1956 年 4 月，毛泽东同志在中央政治局扩大会议上发表题为《论十大关系》的讲话，同年 9 月，党的第八次全国代表大会召开，提出要调动一切积极因素，团结一切可能团结的力量，建设社会主义新中国。1957 年 2 月，毛泽东同志在最高国务会议第十一次（扩大）会议上发表题为《关于正确处理人民内部矛盾的问题》的讲话，提出了一系列处理矛盾的方针、政策和方法。面对复杂的国际形势和国内社会主义建设实际，摆在全党面前的重大任务是如何把旧社会遗留下来的社会基础即"地、富、反、坏"四类分子教育改造成为社会主义建设有用的新人，化消极因素为积极因素，集中力量建设社会主义。"枫桥经验"的产生，是我们党夺取全国政权后，从教育改造末代

皇帝溥仪、日本战犯、国民党高级将领转向教育改造"四类分子"的成功实践，标志着社会治理变革由新中国成立之初的习惯于运用革命思维、军事斗争手段向社会主义建设时期的就地监督管制、教育改造转变的第一次历史性飞跃。

第二次飞跃：从社会管制到社会管理

党的十一届三中全会做出了把党和国家的工作重心转移到社会主义现代化建设上来、实行改革开放的伟大决策，实现了伟大的历史转折。同时，改革开放带来了人、财、物的大流动，加快了静态社会向现代动态社会的转变，社会治安和社会稳定面临大量的新情况、新问题、新挑战，刑事案件高发多发，社会矛盾大量增多，原有的社会管制政策已不能适应时代发展的要求。1981年5月，中共中央召开了五大城市治安工作座谈会，开展社会治安整顿，实行综合治理；1983年8月，中共中央做出为期三年的"严打"斗争决策，扭转社会治安不正常状况；1990年4月，中共中央发出《关于维护社会稳定加强政法工作的通知》，指出维护稳定是全党和全国人民压倒一切的政治任务；1991年，党中央、国务院和全国人大常委会相继发布《关于加强社会治安综合治理的决定》，进一步在全国范围大力加强社会治安综合治理。在邓小平理论、"三个代表"重要思想、科学发展观指引下，坚持稳定压倒一切的方针，正确处理改革、发展、稳定的关系，促进了经济大发展和社会和谐稳定。新时期"枫桥经验"的新发展，标志着社会治理变革由社会管制向社会管理转变的第二次历史性飞跃。

第三次飞跃：从社会管理到社会治理

2003年特别是党的十八大以来，我们党团结带领人民进行伟大斗争、建设伟大工程、推进伟大事业、实现伟大梦想，完成了第一个百年奋斗目标，在中华大地上全面建成了小康社会，历史性解决了绝对贫困问题，正在向着全面建成社会主义现代化强国的第二个百年奋斗目标迈进，实现中华民族伟大复兴进入了不可逆转的历史进程，创造了世所罕见的经济快速发展、社会长期稳定"两大奇迹"，实现了从改革开放新时期到中国特色社会主义新时代的历史性跨越。习近平同志担任浙江省委书记期间，中共浙江省委相继做出了实施"八八战略"、建设"平安浙江"、建设"法治浙江"等一系列决策部署。2013年11月，党的十八届三中全会通过的《中共中央关于全面深化改革若干重大问题的决定》，在我们党的历史上第一次提出了"社会治理"的概念。2014年11月，党的十八届四中全会通过的《中共中央关于全面推进依法治国若干重大问题的决定》，部署推进国家治理体系和治理能力现代化，开启社会治理新阶段。这一阶段，党和国家着眼于坚持和发展中国特色社会主义，统筹推进"五位一体"总体布局，协调推进"四个全面"战略布局，根据社会主要矛盾的深刻变化，加强和创新社会治理，开展平安中国、法治中国建设，推进国家治理体系和治理能力现代化。新时代"枫桥经验"的创新发展，标志着社会治理变革由社会管理向社会治理转变的第三次历史性飞跃。

三、"枫桥经验"产生、发展、创新的成功实践，为我们坚持和发展新时代"枫桥经验"提供了重要启示

回望"枫桥经验"产生、发展、创新的历程，分析其内在演变机理，深化对坚持和发展新时代"枫桥经验"规律性的认识，把握历史主动，坚持守正创新，进一步增强工作的系统性、预见性、创造性，为更好地担负起实现全面建设社会主义现代化强国、实现中华民族伟大复兴中国梦的重任，提供了重要启示。这些重要启示，可以概括为以下"八个坚持"。

（一）坚持党建统领

党的领导是中国特色社会主义最本质的特征，是中国特色社会主义制度最大的优势，也是"枫桥经验"产生、发展、创新的根本保证。要坚持和发展新时代"枫桥经验"，必须坚持党建统领，完善党委领导、政府负责、民主协商、社会协同、公众参与、法治保障、科技支撑的社会治理体系，全面加强党的基层组织建设，健全党领导基层治理的体制机制，创新党组织的设置和活动方式，推动基层党组织向社会组织、社区网格等延伸，实现基层党组织在社会组织、社区网格等全覆盖，真正把党的领导贯穿于社会治理的全过程、各方面，把党总揽全局、协调各方的核心领导作用落到基层、落到实处。坚持党建引领，以党建带群建，提高党在基层治理中的政治领导力、思想引领力、群众组织力、社会号召力，充分发挥基层党组织的战斗堡垒作用和党员的先锋模范作用。

（二）坚持思想引领

"枫桥经验"是在科学理论、先进思想的滋养下产生、发展、创新的，毛泽东思想诞生了"枫桥经验"，邓小平理论丰富了新时期"枫桥经验"，习近平新时代中国特色社会主义思想创新发展了新时代"枫桥经验"。习近平新时代中国特色社会主义思想是马克思主义中国化的最新成果，是当代中国马克思主义、

21 世纪马克思主义，是实现中华民族伟大复兴的行动指南。习近平总书记关于创新发展"枫桥经验"的新理念、新思想、新战略，是习近平新时代中国特色社会主义思想的重要组成部分，为坚持和发展新时代"枫桥经验"提供了根本遵循。坚持和发展新时代"枫桥经验"，必须坚持以先进思想为引领，始终坚持以习近平新时代中国特色社会主义思想为指导，深刻学习领会和全面贯彻落实习近平总书记关于坚持和发展新时代"枫桥经验"的重要论述精神，坚持以党的创新理论最新成果武装头脑、指导实践、推动工作，不断推动新时代"枫桥经验"的理论创新、实践创新、制度创新。

（三）坚持以人民为中心

以人民为中心是马克思主义人民性的内在要求，是党的群众路线和根本宗旨的集中体现。人民是推动社会发展进步的决定力量，党的根基在人民、血脉在人民、力量在人民。"枫桥经验"是枫桥人民的伟大创造，并随着时代的发展不断与时俱进，始终走在时代前列。坚持以人民为中心是新时代"枫桥经验"的根和魂，无论时代如何变迁、世界如何变化，坚持群众路线，充分相信和依靠群众、全面组织和发动群众不能变。必须坚持以人民为中心，一切为了人民、一切依靠人民，以增进人民的福祉为出发点和落脚点，贯彻党的群众路线，尊重人民的主体地位和首创精神，主动问计于民，向人民学习，紧紧依靠人民来坚持和发展新时代"枫桥经验"，使新时代"枫桥经验"牢牢扎根人民之中。"服务不缺位"是社会和谐稳定的金钥匙，要把人民满意作为价值追求，把人民放在心中最高位置，把人民对美好生活的向往作为奋斗目标，主动问需于民，做到服务不缺位，进一步密切党群、政群、干群关系，实现社会和谐稳定，增强人民的幸福感、获得感、安全感。

（四）坚持矛盾不上交

"矛盾不上交"是"枫桥经验"的初心和本义，也是新时代"枫桥经验"的核心要义和首要任务。世界正经历百年未有之大变局，必须坚持矛盾不上交，牢固树立忧患意识，坚持底线思维，深刻认识我国社会主要矛盾变化带来的新特征、新要求，以坚持和发展新时代"枫桥经验"为总抓手，全面建设更高水平的法治中国、平安中国。用好矛盾法则，强化问题意识，下好先手棋，打好主动仗，防范化解重大风险，推动促进社会和谐。建立完善风险预测预防预警体系和化解管控处置机制，完善社会心理服务体系和疏导干预机制，全面提高应对风险挑战的能力和水平，最大限度把各类风险防范在源头、化解在基层、消除在萌芽状态，真正做到矛盾不上交、平安不出事，实现国家长治久安、社会安定有序、人民安居乐业。

（五）坚持多元共治的基本原则

"枫桥经验"发展到今天，最重要的成果和最鲜明的特色就是实现自律和他律、刚性和柔性、治身和治心、人力和科技相统一，创立了以党的领导为核心、以政府为主导、各类社会主体共同参与的多元化协同治理体制，创造了"矛盾不上交、平安不出事、服务不缺位"的基层治理机制。坚持和发展新时代"枫桥经验"，必须坚持多元共治的基本原则，坚持共建共治共享，积极培育壮大人人有责、人人尽责、人人享有的社会治理共同体，充分发挥市场在社会治理中的调节作用，最大限度挖掘和整合各种社会资源，最大限度激发社会组织活力，营造既稳定有序又充满活力的社会治理生态，实现政府治理同社会调节、居民自治良性互动，提高基层治理的社会化、法治化、智能化、专业化水平。

（六）坚持自治、法治、德治相结合的基本方式

自治、法治、德治相结合的基本治理方式是党的领导、人民当家作主、依法治国的有机统一在基层社会治理领域的具体体现，是党组织领导的城乡基层治理体系的基本模式。自治强基础，法治强保障，德治强教化。坚持党组织领导的基层群众性自治组织制度，充分发挥人民群众在基层治理中的主体作用，建立并完善基层自治的体制机制，完善基层民主协商制度，提高群众在自我管理、自我服务、自我教育、自我监督中的主动性。要更好地发挥法治在基层治理中的保障作用，善于运用法治思维和法治方式引导和规范社会生活，完善公共法律服务体系，培育办事依法、遇事找法、解决问题用法、化解矛盾靠法的法治环境，使尊法、学法、用法、守法成为社会风尚。要深入践行社会主义核心价值观，加强社会公德、职业道德、家庭美德、个人品德建设，提高全民道德素养。同时，要发挥好智治的支撑作用，强化科技和数字赋能，推动治理方式和手段现代化，提升基层社会治理的数字化、智能化、智慧化水平。

（七）坚持"大抓基层、大抓基础"的鲜明导向

新时代"枫桥经验"最鲜明的特点就是抓基层、打基础，紧紧依靠群众，就地预防化解矛盾纠纷。基层治理是国家治理的基石，基层强则国家强，基层安则天下安。社会治理的重点在基层，难点在基层，关键点也在基层，必须把抓基

层、打基础作为长远之计和固本之举，摆到推进国家治理体系和治理能力现代化的战略高度予以布局和实施。要把风险预防化解作为最重要的基层基础工作，把数据作为最重要的战略性基础资源，从思想理念、制度设计、政策导向等各方面推动社会治理重心下移、力量下沉、保障下倾，不断增强基层实力，激发基层活力，提升基层战斗力，使社会治理基础强固，共产党执政地位坚如磐石。

（八）坚持弘扬"枫桥精神"

枫桥人民在"枫桥经验"产生、发展、创新的长期实践中逐步形成了以"敢为人先、勇立潮头的创造精神，以民为本、春风化雨的和合精神，就地解决、舍我其谁的担当精神"为基本内容的枫桥精神。枫桥精神是与建党精神、红船精神、民族精神、浙江精神等一脉相承的，是党的精神谱系的组成部分，是激励"枫桥经验"创新发展的强大动力和宝贵精神财富。要弘扬光荣传统、赓续红色血脉，继续把"枫桥经验"发扬光大。创新是社会进步发展的不竭动力，也是新时代"枫桥经验"的生命力所在。要大力弘扬敢为人先、勇立潮头的创造精神，解放思想、实事求是、与时俱进，不断推动基层治理改革创新，永葆新时代"枫桥经验"的强大生机和旺盛生命力；要大力弘扬以民为本、春风化雨的和合精神，坚持民意导向，倡导"和而不同、和谐共生"的理念，加强和改进新时代思想政治工作，加强社会心理建设，培育自尊、自信、理性、平和、积极向上的社会心态，构建舒心、安心、放心的社会环境，进一步促进人与人、人与自然、人与社会的和谐共生；要大力弘扬就地解决、舍我其谁的担当精神，做到守土有责、守土尽责，为党分忧、为民解难，在大是大非面前敢于亮剑、敢于斗争，遇到矛盾风险迎难而上、挺身而出，切实担负起坚持和发展新时代"枫桥经验"的历史使命。

以上"八个坚持"，是"枫桥经验"产生、发展、创新成功实践的基本经验和科学总结，是加强和创新社会治理的法宝，构成了坚持和发展新时代"枫桥经验"的基本思想、基本理念、基本原则、基本方式、基本导向、基本精神，我们必须坚持好、发展好、传承好、弘扬好。

（金伯中，浙江省新时代枫桥经验研究院院长。本文系2021年6月20日金伯中在诸暨召开的庆祝中国共产党成立100周年暨新时代"枫桥经验"的使命与担当理论研讨会上的主旨发言，略有删减和调整）

坚持和发展新时代"枫桥经验" 全面推进基层治理体系和治理能力现代化

　　新时代"枫桥经验"是习近平新时代中国特色社会主义思想的重要组成部分，是习近平法治思想的重大成果，是以习近平同志为核心的党中央领导人民创造的一整套行之有效的基层社会治理方案，是推进国家治理体系和治理能力现代化的一条重要经验，是维护国家安全和社会稳定的一大法宝。党的二十大报告指出，在社会基层坚持和发展新时代"枫桥经验"，完善正确处理新形势下人民内部矛盾机制，加强和改进人民信访工作，畅通和规范群众诉求表达、利益协调、权益保障通道，完善网格化管理、精细化服务、信息化支撑的基层治理平台，健全城乡社区治理体系，及时把矛盾纠纷化解在基层、化解在萌芽状态。

　　党的二十大开启了全面建成社会主义现代化强国、实现第二个百年奋斗目标、以中国式现代化全面推进中华民族伟大复兴的新征程，强调要贯彻落实总体国家安全观，推进国家安全体系和能力现代化，坚决维护国家安全和社会稳定，把维护国家安全贯穿党和国家工作各方面全过程。在社会基层坚持和发展新时代"枫桥经验"，确保国家安全和社会稳定，必须坚持党的领导，坚持人民至上，坚持防范化解重大风险，坚持建设平安和谐社会，坚持大抓基层基础，坚持弘扬"枫桥精神"，全面推进基层治理体系和治理能力现代化。

一、必须坚持党的领导，这是坚持和发展新时代"枫桥经验"的根本保证

中国共产党的领导是中国特色社会主义最本质的特征和最大的优势。坚持和发展新时代"枫桥经验"，必须坚定自觉地坚持党的全面领导、绝对领导，善于把党的领导的政治优势和中国特色社会主义制度优势转化为社会治理效能，努力建设更高水平的平安中国、法治中国，全面推进国家治理体系和治理能力现代化。枫桥镇坚持和发展新时代"枫桥经验"、创建"红枫党建"品牌的实践证明，在社会基层坚持和发展新时代"枫桥经验"，必须深刻认识"两个确立"的决定性意义，切实增强"四个意识"、坚定"四个自信"，坚决做到"两个维护"，始终坚持以习近平新时代中国特色社会主义思想为指导，全面加强党的基层组织建设，充分发挥党支部的战斗堡垒作用和共产党员的先锋模范作用，不断完善党组织领导的自治、法治、德治相结合的基层社会治理体系，真正夯实中国共产党的执政根基。

二、必须坚持人民至上，这是坚持和发展新时代"枫桥经验"的根本立场

我们党来自人民，党的根基在人民、血脉在人民、力量在人民。江山就是人民，人民就是江山。中国共产党领导人民打江山、守江山，守的是人民的心。人民群众是我们党执政的最大底气。坚持人民至上，就是要始终把人民放在心中最高位置，坚持一切为了人民、一切依靠人民，始终实现好、维护好、发展好最广大人民群众的根本利益，这是中国共产党执政治国的根本立足点和出发点，也是中国共产党领导人民以中国式现代化全面推进中华民族伟大复兴的根本立场。枫桥镇坚持和发展新时代"枫桥经验"、培育发展"红枫义警"等平安类社会组织的实践证明，在社会基层坚持和发展新时代"枫桥经验"，必须始终坚持以人民为中心的发展思想，始终坚持全心全意为人民服务的根本宗旨，保持党和人民的血肉联系，切实站稳人民立场、把握人民愿望、尊重人民创造、集中人民智慧，善于依靠群众、发动群众，把群众组织起来参与基层社会治理，充分发挥人民群众建设平安社会、法治社会的积极性、主动性、创造性。

三、必须坚持防范化解重大风险，这是坚持和发展新时代"枫桥经验"的重大任务

防范化解重大风险是坚持和发展新时代"枫桥经验"的基本原则、重大任务和底线要求。面对世界百年未有之大变局，习近平总书记深刻指出，我们必须始终保持高度警惕，既要高度警惕"黑天鹅"事件，也要防范"灰犀牛"事件；既要有防范风险的先手，也要有应对和化解风险挑战的高招；既要打好防范和抵御风险的有准备之战，也要打好化险为夷、转危为机的战略主动战。枫桥镇坚持和发展新时代"枫桥经验"、防范化解重大风险的实践证明，在社会基层坚持和发展新时代"枫桥经验"，必须增强忧患意识、强化底线思维，始终坚持专项治理与系统治理、综合治理、依法治理、源头治理相结合，科学运用固根基、扬优势、补短板、强弱项的工作方法，完善社会矛盾纠纷预防调处化解综合机制，切实提高社会安全风险预测预警预防能力，努力将各类矛盾纠纷和风险隐患化解在基层、化解在当地、化解在萌芽状态。

四、必须坚持建设平安和谐社会，这是坚持和发展新时代"枫桥经验"的目标追求

习近平总书记把建设平安和谐社会既作为全面建设社会主义现代化国家的主要目标，又作为全面建设社会主义现代化国家的前提和保证，做出了建设更高水平的平安中国的重大决策部署，创造性地提出了"大平安"观和总体国家安全观。平安和谐是全面建设社会主义现代化国家的内在要求和根本保障，也是创新发展新时代"枫桥经验"的价值取向和目标追求。枫桥镇坚持和发展新时代"枫桥经验"、建设平安和谐社会的实践证明，在社会基层坚持和发展新时代"枫桥经验"，必须坚持和发扬专门工作与群众路线相结合的优良传统，充分发挥各级党委政府特别是公安机关作为平安建设主力军的作用，善于运用法治思维和法治方式化解各类矛盾纠纷，坚决依法打击各种违法犯罪活动，把群众的急、难、愁、盼当作自己的急、难、愁、盼，用心用情用力做好各项爱民惠民利民工作，把服务送到群众的家门口、把工作做到群众的心坎上，切实依靠群众解决好群众身边的矛盾和问题。

五、必须坚持大抓基层基础，这是坚持和发展新时代"枫桥经验"的鲜明导向

习近平总书记反复强调，党的工作最坚实的力量支撑在基层，必须把抓基层打基础作为长远之计和固本之策。基础不牢，地动山摇。基层是国家治理的最末端，也是服务群众的最前沿。社会治理的重点在基层，难点也在基层。社会治理的最佳选择，就是将矛盾纠纷化解于未然，将风险隐患消弭于无形。枫桥镇坚持和发展新时代"枫桥经验"、加强基层基础建设的实践证明，在社会基层坚持和发展新时代"枫桥经验"，必须牢固树立大抓基层、大抓基础的鲜明导向，建立完善基层社会治理机制，推动治理重心下移、力量下沉、保障下倾，切实增强基层实力、激发基层活力、提升基层战斗力，发展壮大群防群治力量，从根本上解决社会治理的源头问题。

六、必须坚持弘扬"枫桥精神"，这是坚持和发展新时代"枫桥经验"的强大动力

红船精神、建党精神、民族精神、浙江精神是浙江人民坚持和发展新时代"枫桥经验"的精神支柱，为推动坚持、发展、创新、完善新时代"枫桥精神"提供了力量源泉。正是在红船精神、建党精神、民族精神、浙江精神的激励鼓舞下，"枫桥经验"在诞生发展过程中培育形成了枫桥特有的"枫桥精神"，这就是"枫桥经验"所蕴含的敢为人先、勇立潮头的创造精神，以民为本、春风化雨的和合精神，就地解决、舍我其谁的担当精神。枫桥镇坚持和发展新时代"枫桥经验"、大力发展枫桥地域文化的实践证明，在社会基层坚持和发展新时代"枫桥经验"，必须大力弘扬中华优秀传统文化和社会主义先进文化，切实践行社会主义核心价值观，全面加强职业道德、社会公德、家庭美德建设，让"枫桥精神"在神州大地焕发独特而强大的精神力量，推动新时代"枫桥经验"在全面建设社会主义现代化国家、实现中华民族伟大复兴新征程上做出新的更大贡献。

（蒋国长，浙江警察学院"枫桥经验"与社会治理研究院副院长）

擘画伟大时代平安宏图

——浙江不断推动法治建设走在前列纪事

杭州西子湖畔，掩映在绿树中的"五四宪法"历史资料陈列馆，记载了中国宪法史上浓墨重彩的一笔。新中国第一部宪法就在这里诞生，奠定了我国政治、经济、社会等各个方面的基本原则和基本制度。

壮丽70载，厚植法治基因的浙江，以"三个地"的担当作为，在法治中国建设中留下浙江印记。

2006年4月，时任浙江省委书记习近平亲自倡导做出建设法治浙江的重大战略决策，率先开启法治中国在省域层面的探索，并睿智概括了法治建设的要义："推进法治浙江建设，要更好地体现党的领导、人民当家作主和依法治国的有机统一。"

自此，一场凝结才智、汇聚力量的行动席卷之江两岸。浙江坚持把深化法治浙江建设作为深入实施"八八战略"的重要内容，取得了丰硕充盈的实践成果、有效管用的制度成果和与时俱进的理论成果，以此谱写了经济持续健康发展、社会持续安全稳定"两大奇迹"的浙江篇章，群众安全感满意率达96.84%，被公认为全国最安全、最公平、最具活力的省份之一。

迈入新时代，锚定建设法治中国示范区的目标，浙江法治建设的先行优势正努力转化为领跑态势，一幅更高水平的法治浙江新画卷徐徐展开。

一、有法可依推进"大平安"

把建设"平安浙江"作为一项长期的战略任务，贯穿于加快浙江全面建设小康社会、提前基本实现现代化的全过程。

——摘自习近平 2004 年在省委建设"平安浙江"领导小组全体会议上的讲话

入夜，奉化银泰城、宁兴城市广场等地华灯齐放、人潮涌动，锦屏街道党工委副书记孙晶欣赏着美丽的夜景，心情愉悦。

中华人民共和国成立 70 年来，社会和谐稳定，百姓安居乐业，浙江人民的生活环境越来越安全，追求平安的脚步一刻也不曾停下。

孙晶所在的辖区内，集餐饮、购物、娱乐于一体的商业中心就有 5 家，曾让他最头痛的"双抢"案件数量，现在已降到了个位数。他告诉记者，奉化连续 12 年成为"平安区"，今年成功捧回"平安金鼎"，获得了平安浙江建设的最高荣誉，"这是 40 多万奉化人生活安定祥和的最好见证"。

平安图景的绘就，来自 16 年前的谆谆嘱托。2003 年 9 月，时任浙江省委书记习近平到奉化、鄞州考察时语重心长地对当地干部群众说，我们处于人均 GDP 接近 3000 美元这样一个"门槛"，很多别的地方没有遇到的问题，浙江往往最早遇到。我们既面临"成长的烦恼"，同时也要解决"先天不足"的问题，"必须建立健全一整套良好的和谐社会运行机制"。

在这一高瞻远瞩的思想指导下，浙江省委于 2004 年 5 月做出建设平安浙江的决定，明确了浙江要的"平安"，不仅是治安好、犯罪少，还涵盖了经济、政治、文化和社会各方面，具有宽领域、大范围、多层面的特点。省委领导还敏锐地意识到，必须把法治浙江建设提到同样突出的位置。

每月 15 日，一张平安报表和一张经济报表，一起准时出现在丽水各级党政主要领导的案头。2019 年 7 月的报表中，景宁畲族自治县的"生产安全"一栏，有个由"绿"转"黄"的单元格，引起了当地领导的警觉。

"这表示消防安全事故数量比去年同期增加了，县里立即部署全面整治城乡消防安全隐患。"景宁畲族自治县县平安办主任林长春说，报表数据一有变化，相关领导会马上对照，看看哪里做得不到位，做重大决策都要先过社会风险评估关。哪怕党政换届、人员变动，平安责任与经济责任都要实行"双交接"，因没办理交接手续或交接不清，造成平安建设工作重大失误或严重不良影响的，会被严肃追责。

抓平安、抓法治，一任接着一任干，是各级领导干部的常态。平安建设、法治建设作为浙江的"一把手"工程，已摆到经济、政治、文化、社会和生态文明建设"五位一体"的总体布局中来谋划和推进。

维护社会和谐稳定同样是政绩。每年底，各级领导干部考核时，除了看"经济成绩单"，还要看"平安成绩单"，平安建设与经济建设形成同部署、同督导、同考核的良性互动机制，层层压实各级党政领导"促一方发展、保一方平安"的责任。

70载风雨兼程，社会环境越来越安全，百姓心里越来越踏实。站在新起点上再出发，浙江拉高标杆，开启了建设更高质量、更高水平的平安浙江、法治浙江新征程。

二、精心铺就民主法治路

和谐社会本质上是民主法治的社会。只有不断推进人民民主，提高法治化水平，才能确保发展健康安全、人民安居乐业、社会安定有序、国家长治久安。

——摘自习近平在2007年浙江省十届人大五次会议闭幕时的讲话

1949年10月23日，杭州上城区上羊市街的200名居民通过在油印纸上画圈，票选出了"新中国第一个居委会"。70年来，通过各地群众的不懈努力，浙江民主法治建设与新中国同成长、同进步，取得了辉煌成就。

"自己当主人、自己来办事"，在武义后陈村村民徐岳祥眼里，就是"把村务管理的公开透明做到极致"：2004年6月，后陈村选举产生了新中国第一个村务监督委员会。这些年，村监委把账目公开"贴"进电视里，什么事项、开支多少、经办人是谁……每张发票都标注得清清楚楚。

后陈村人没想到，村监委成立一年后的2005年6月，习近平同志就深入后陈村调研，鼓励村里进一步深化做法，为全省提供有益经验。他们也没想到，这一为化解村务管理混乱问题而做出的大胆尝试，竟演变成我国基层民主法治建设的一项创举。

如今，徐岳祥习惯了每天中午到村里的居家养老服务照料中心，为村里的老人盛饭分菜。村里商定，每年村集体收入的一半都要分给村民，每个村民每年都可以拿到2000多元的分红，全村人的社保、人身意外保险也都由村里全额代缴，

60 岁以上的老人每年还能去外地免费旅游一次。

连续 15 年，后陈村保持了村干部"零违纪"、村务"零上访"、工程"零投诉"、不合规支出"零入账"的纪录，成为全国闻名的"民主法治示范村"，村民对此赞不绝口。

不仅是后陈村，上羊市街也在实践中不断创新，先后创建"邻里大管家""邻里说事""邻里圆桌会"等居民协商治理新模式，总结形成一套社区协商"六步工作法"，如小区路面整治等重要工程开工，从前期资金筹备到项目招投标都由居民自主管理，使基层民主法治焕发出新的生机与活力。

看到法治浙江建设宏伟蓝图的浙江人，越来越迫切希望从法律和制度层面规范权力、平衡利益，以更民主的方式、更健全的法治力量来治理社会、减少矛盾。

发生在 2018 年 10 月的一件事，让台州市道路运输管理局副局长梁捷印象深刻。当时，台州交通系统在全国率先实行全市道路运输证件数字化，并开发全国交通系统首个电子身份验证系统。这一改革能极大地方便群众，但管理部门心里却没底。台州市委改革办专职副主任邵宣豪了解情况后，专门向他们介绍了"最多跑一次"改革的容错机制，使交通部门下定了改革创新的决心。

"浙江是全国较早探索行政审批制度改革的省份，但过去一些改革措施法律依据不充分，部分政府部门和工作人员怕因改革失误而担责。"邵宣豪说，在浙江，凡是涉及人民群众利益的重大改革都有法治保障，确保各项改革依法有序推进。2019 年 1 月起正式施行的全国首个"放管服"领域综合性地方法规——《浙江省保障"最多跑一次"改革规定》，就对目前看不清、看不准的事项不做规定或仅做原则规定，为改革发展预留出充足空间。

从平安浙江到法治浙江，造福人民的价值定位从未改变。长期以来，浙江把全面推进依法行政、加快建设法治政府，作为法治浙江建设的关键环节。

比如，在开门立法上，不断健全立法听证、公开征求意见等民主立法机制；比如，在民主协商上，深入开展专题、界别、提案办理等协商，推进协商民主制度化发展；再比如，在司法公正上，严格执法、司法透明，让人民群众感受到公平正义。

小智治事，中智治人，大智立法。法治浙江建设的成效"看得见""摸得着"，渗透到每一个浙江人的日常工作和生活中，带来一个又一个可喜的变化。

三、奏响基层治理最强音

基层既是产生利益冲突和社会矛盾的"源头"，也是协调利益关系和疏导社会矛盾的"茬口"。构建和谐社会，重心在基层。

——摘自《之江新语》

金秋时节，诸暨枫桥镇迎来一批又一批的参观者。发源于20世纪60年代初、1963年获毛泽东同志批示的"枫桥经验"，不断与时俱进，被写入今年《中国共产党农村基层组织工作条例》，并出现在2019年政府工作报告中。

用什么样的方式治理社会？枫桥人在持续70年的不断探索中，逐渐意识到，只有注重以人为本、提倡说理和教育的方式，才能依靠、发动、组织群众解开基层治理的"千千结"。

历史的长河中，群众的智慧一直闪耀。2003年11月，习近平同志赴枫桥调研，当得知全镇民事纠纷调解成功率达97%，其中80%以上在村和企业调解，做到了"小事不出村，大事不出镇，矛盾不上交"时，他开心地笑了。2004年8月4日，在省委建设平安浙江领导小组第一次全体会议上，习近平同志强调，要把创新发展"枫桥经验"作为总抓手，贯穿于建设平安浙江的始终。

"枫桥经验"的目的何在？意义何在？习近平同志提出问题并与当地干部群众一起思考。

"善政良治，根在基层。"枫桥最早一批调解员之一、退休民警杨光照亲身经历了"枫桥经验"创新发展的历程，对这句话的理解尤为深刻，他说："现在镇里有了联合调解中心，将公检法司、调解机构和社会组织等整合在一起，解决问题越来越专业细致，矛盾纠纷调解成功率已达99%以上。"

形成于社会主义建设时期，发展于改革开放新时期，深化于中国特色社会主义新时代，"枫桥经验"实现了两次历史性飞跃，反映了我国基层社会治理深刻而广泛的变革。在毛泽东同志批示学习"枫桥经验"50周年之际，习近平总书记进一步做出重要指示：要充分认识"枫桥经验"的重大意义，发扬优良作风，适应时代要求，创新群众工作方法，善于运用法治思维和法治方式解决涉及群众切身利益的矛盾和问题。

大国治理，机杼万端。面对多元复杂的矛盾纠纷，既要法治定分止争，还需德治春风化雨，两者如"车之双轮、鸟之两翼"。

此前，秀洲王店镇花鸟港村整治电动自行车乱象时，发现村民对戴头盔骑电动车很抵触。村里先修改了村规民约，专门把戴头盔骑电动自行车补充进去。接着，请来法官、民警、律师等上门开展普法讲座，反复宣传交通安全法规，介绍典型案例，号召村民签订交通安全承诺书。最后，平安志愿者上路劝阻骑电动自行车的不文明行为，并将查处名单晒上"红黑榜"……村民头盔佩戴率提高到了90%以上。

法与德相融，刚与柔结合。浙江各地学法用法守法蔚然成风，富民安民乐民齐头并进。

近年来，浙江统筹推进社会治理现代化，积极探索基层治理创新，进一步变"政府独唱"为"社会合唱"。从桐乡高桥街道越丰村发源的自治、法治、德治"三治融合"经验走向全国，被写入党的十九大报告，成为新时代"枫桥经验"的精髓，与习近平总书记全面依法治国新理念新思想新战略紧密契合。

此心安处是吾乡。今天的浙江，呈现给世界的不仅有激情迸发的活力，还有稳如磐石的平安、和谐与稳定，形成了民富民安并进、和谐发展共赢的良好社会局面。

（摘自 2019 年 9 月 24 日《浙江日报》第 5 版）

新时代"枫桥经验"中的四大辩证关系

党的十九大报告做出了中国特色社会主义进入新时代，我国社会主要矛盾已经转化为人民日益增长的美好生活需要和不平衡不充分的发展之间的矛盾的重大论断。新时代社会主要矛盾变化反映到基层，突出表现为人民群众对美好生活的需要不仅仅是丰衣足食、矛盾化解、安定有序，而且也包括民主参与、依法维权、共享建设改革发展成果，还包括社会和谐、风尚良好。针对这些新情况、新特征、新问题、新矛盾，如何深入分析中国社会不断动态变化的各类矛盾，如何探索中国特色社会主义社会治理实践，是社会治理现代化进程中必须破解的"矛盾论"和"实践论"。诞生于 1963 年的"枫桥经验"，是源于枫桥、闻名全国的政法工作的一面旗帜和新时代基层社会治理的典范。2019 年初，习近平总书记出席中央政法工作会议时指出，努力建设更高水平的平安中国，就要深入推进基层治理创新。"小事不出村，大事不出镇，矛盾不上交。""枫桥经验"依靠群众就地化解矛盾，最重要的成果和最鲜明的特色就是实现自律和他律、刚性和柔性、治身和治心、人力和科技相统一，其生命力就在于基层治理创新。

新时代"枫桥经验"的"四个统一"，就是"枫桥经验"不断发展中的四大辩证关系，内涵丰富、逻辑严密、意义深远。这一重要论述，进一步揭示了"枫桥经验"的历史贡献、时代价值和基本精神，为加快推进社会治理现代化指明了方向。

一、坚持自律和他律相统一

自律和他律相统一，究其本质而言就是强调严于律己与遵循法理相统一。从哲学意义上讲，自律和他律是对立统一的关系，可以说，自律是内因，他律是外因，外因通过内因而起作用。法律规范人们的行为，可以强制性地惩罚违法行为，但不能代替解决人们的思想道德的问题。我国历来就有德刑相辅、儒法并用的思想。法是他律，德是自律，需要二者并用。如果人人都能自觉进行道德约束，违法的事情就会大大减少，遵守法律也就会有更深厚的基础。

社会治理的过程，也是不断强化依法治国与以德治国相结合的过程。无论自律还是他律，都是严格遵循法律与道德的过程。

从自律层面上讲，首先要求各级党员干部心中有坚定的信仰，真正做到"不忘初心、牢记使命"。自律的核心问题便是信仰问题，就是要求每位党员干部必须严格遵守宪法法律和党内法规，真正做到全心全意为人民服务。一部"枫桥经验"发展史，便是一部枫桥党员干部严于律己、甘于奉献，不断做好群众工作并为社会主义建设全力奋斗的历史。历史上著名的"枫桥三贤"之首王冕先生曾言"不要人夸好颜色，只留清气满乾坤"，枫桥后人没有忘记先人的谆谆教导。中华人民共和国成立后，小小的枫桥镇诞生了两位全国人大代表和一位全国人民调解专家。第五届全国人大代表，原枫溪大队党支部书记陈友棠同志，他实事求是、坚持真理，和群众一起开创了最初的"枫桥经验"。第七、第八届全国人大代表，全国劳动模范梁焕木同志，他毕生致力于枫桥江治理，主持了著名的征天水库建设，有力地推动了枫桥水利建设和集体经济发展。全国人民调解专家杨光照同志毕生致力于基层矛盾化解。这些同志都是枫桥干部队伍中的典型，在他们心中有的是共产党员坚定的信仰；他们在枫桥这片土地上奋斗终生，得到了人民群众发自内心的尊重。崇高的理想信念是自律的最高境界，"枫桥经验"不断发展的动力之一便是这里有一支有着坚定信仰的党员干部队伍。自律对广大群众而言，就是能够恪守宪法法律精神，传承中华民族的传统美德，不断提升个人思想道德修养，做一个优秀的中华人民共和国公民。勤劳、善良、朴实的枫桥人民在社会主义革命、建设、改革的每一个重要历史阶段，都能以自己的智慧来不断推动社会发展，并塑造了良好的社会风尚和社会环境。枫桥是我国综合治理、源头治理、系统治理思想的发源地，"民主法治村"起源地之一。枫桥人民内心有自己的"一杆秤"，那就是坚持"以人为本""遵循法理"，继承优良传统并塑造善良风俗，这是枫桥人民"自律"的不断升华。

从他律层面上讲，首先要求广大党员干部严于律己，既要防微杜渐，勤于自省，又要心存敬畏，遵守党纪国法。中国在传统历史当中，就高度重视官吏的外部监督问题。汉代《六条问事》、唐代《巡察六条》都极为重视对官员的法律和道德监督。中国共产党抗战时期领导制定的《陕甘宁边区施政纲领》明确规定："厉行廉洁政治，严惩公务人员之贪污行为，禁止任何公务人员假公济私之行为，共产党员有犯法者从重治罪。"这些法律法规的实施，使得陕甘宁边区政府成为一个廉洁的政府。新中国成立以来，枫桥干部一直严于律己、恪守党纪国法，正是这样的优良传统，使他们得到了人民群众的坚决拥护和支持。治大国如烹小鲜，社会治理既要有高屋建瓴的顶层设计，更要有细致入微的基层规则。枫桥干部群众不断强化规则意识，严于律己、遵循法理，创新了一系列基层社会治理规则体系。在村级治理层面，枫桥全面落实《村级权力清单》，对村级党务管理事项、重大决策事项、村级招投标管理事项、村务财务管理事项、村民宅基地申请事项等 13 类 36 项具体事务进行了严格规范，治理效果良好。正是融自律与他律于一体的基层制度规则体系，把基层权力牢牢地"关到制度的笼子里"，使枫桥人民的人身权、财产权得到了真正保障，获得感、幸福感、安全感得到真正提升。他律对每一位群众而言，就是要真正做到遵守宪法法律、履行权利义务、恪守社会主义道德规范，做一名守法有德的公民。

二、坚持刚性与柔性相统一

刚性与柔性相统一，实质上是坚持法治与德治相统一，即坚持依法治国与以德治国相统一。习近平同志在《坚持法治与德治并举》一文中指出："法治与德治，如车之两轮、鸟之两翼"；"依法治国是维护社会秩序的刚性手段，以德治国是维护社会秩序的柔性手段，只有把两者有机地结合起来，才能有效地维护社会的和谐，保障社会健康协调地发展"。法治与德治是社会治理的两条基本路径，要求我们在社会治理过程中既要恪守法律边界，又要重视德治的教化作用。

刚性与柔性相统一，是我国政法工作的重要理念。按照《中国共产党政法工作条例》规定，政法工作是党和国家工作的重要组成部分，是党领导政法单位依法履行专政职能、管理职能、服务职能的重要方式和途径。古人云："金木水火以刚柔相济，然后克得其和，能为民用。"政法机关在履行专政职能过程中，要更加注重其中的刚性原则，严格依法办事；政法机关在履行管理和服务职能的过程中，要更加注意其中的柔性原则，做好为民办事。积淀56年的"枫桥经验"，一直秉承"刚柔相济"的治理策略。无论是社会管制阶段对"四类分子"改造中的"斗争与说理相结合"，还是社会管理阶段在社会治安综合治理领域的"惩办与宽大相结合"，还是在社会治理阶段实施的"宽严相济"政策，都是"刚柔相济"这一理念的具体呈现。

"刚柔相济"贯穿于社会治理全过程，凸显于政法工作领域。政法工作领域的"刚柔相济"主要是指在政法工作过程中要坚持"严格规范"与"文明公正"相统一。其中，严格是基本要求，规范是行为准则，公正是价值取向，文明是最高境界。特别是对于涉及群众的问题，要准确把握社会心态和群众情绪，充分考虑执法对象的切身感受，规范执法言行，推进人性化执法与柔性执法，遵循执法面前人人平等的基本法理。在司法领域的"刚柔相济"主要是指司法过程中要坚持"宽严相济"的刑事政策。如枫桥派出所一方面充分发挥专政职能，依法严厉打击严重刑事犯罪活动；另一方面全心全意做好为人民服务的群众工作，被评为全国"人民满意的公务员集体"。诸暨公检法等单位自20世纪90年代以来就采取"惩办和宽大"相结合的方针，坚持"少捕、少判、少处罚"的原则，对轻微犯罪、偶尔失足犯罪的青少年尽可能判缓刑或依靠社会各方力量就地落实帮教。长期以来，枫桥干部群众十分重视帮教工作和社区矫正工作。对归正人员，干部群众积极做好安置工作，解决他们的生产生活难题，使其安居乐业，防止其受到消极因素的影响而再次犯罪，实现了法律效果、社会效果的有机统一。近年来浙江公检法等机关，在办案中注重发扬"枫桥经验"中"捕人少、治安好"的精髓，积极贯彻宽严相济的刑事政策，坚持法治原则，该严则严，当宽则宽，全面落实认罪认罚从宽制度，保障犯罪嫌疑人合法权益，推动刑事诉讼依法有序进行。这些工作实践，充分体现了政法工作中"刚柔相济"策略的良好效果。

在法治与德治之间，"枫桥经验"在遵循法治的过程中，又充分重视德治在社会治理过程中润物细无声的重要作用。枫桥当地十分重视发展社会主义先进文化，弘扬社会主义核心价值观，塑造与新时代相适应的新风尚、新气象；正民心、树新风，营造基层的德治氛围，维护基层德治秩序。枫桥是历史文化名镇，有着极为深厚的历史文化积淀，优良的治理传统在德治领域展现出了新的活力。如枫桥当地十分注重良好的人际关系的塑造，注重和谐社区、美丽乡村建设，注重乡贤力量的发挥，也注重新枫桥人的全面融入；"包容、仁爱"深深扎根于此，形成了"矛盾不上交"的深厚文化底蕴。枫桥丰富的德治传统和新型德治对于民风的塑造和淳化起到了重要作用，对基层社会治理的发展起到了极大的助推作用。

三、坚持治身与治心相统一

坚持治身与治心相统一，实质上是坚持物质文明与精神文明相统一。治身与治心相统一是中国传统治理智慧的典型。"身"更多是指人本身与其物质生活水平，"心"更多的是指人的素质与其精神世界。早在古希腊时期，哲学家伊壁鸠鲁就把人的幸福界定为"身体的无痛苦和灵魂的无纷扰"的完美结合。物质生活水平、思想道德素养都是人的全面发展的主要内容。"河山之固在德不在险"，早在战国时期，吴起与魏武侯便深刻意识到政权稳定的根基在民心，"治心"的核心精神就是"以人民为中心"，打牢社会治理的"民心"基础。"治身"首重行为规范，"治心"首重思想道德；其中关键是满足人的物质和精神需求，塑造求真、向善、尚美的社会风尚，激发社会活力，实现经济发展与社会建设良性互动，推动社会治理现代化进程。

不断发展经济，改善民生，让人民群众真正分享改革和发展的成果。"枫桥经验"历经社会管制、社会管理、社会治理三大阶段，不仅仅是基层社会变革的呈现，也是基层干部群众不断推动经济发展的过程。枫桥在20世纪60年代为巩固农村集体经济，通过加强农田水利建设、垦荒造田、修路建仓、创办学校，探索了"劳力田"与"潜力地"并举的务实农业生产模式，造就了那个年代首屈一指的集体经济，为今天枫桥的农村集体经济奠定了丰厚家底。枫桥在20世纪80年代主动适应改革开放大潮，大力发展乡镇企业和个体私营经济，建成了著名的中国衬衫之乡。21世纪以来，枫桥更是努力把握社会主义市场经济纵深发展的机遇，继续推进民营经济高质量发展，不断转型发展为一座现代化小城市。没有经济建设上的卓越成就，就没有枫桥在全国社会治理领域的崇高地位。社会治理现代化必然建立在经济发展现代化的基础之上。顾炎武曾言：天下大患，莫大乎贫；有道之世，厚生为本；善为国者，藏之于民。只有民富才能国强。只有不断围绕民生经济建设，继续推动物质文明的不断发展，才能有"治身"之业。新时代，党中央下定决心打赢脱贫攻坚战、推动乡村振兴，有力夯实提升基层社会治理的物质基础；通过扫黑除恶专项斗争，有力巩固了基层政权。这些举措为基层社会治理现代化打下了坚实基础。

不断加强社会主义思想道德建设，提升公民思想道德文化素养。古人云："欲治身，先治心；欲责人，先责己。"不断提升个人修养，这是先人留下的宝贵财富，更是"以文化人、以德治心"的治理智慧。"治乱之关，必在人心风俗"，"知行合一，必在格物致知"。在历史长河中，"守望相助、患难相恤、善相劝勉、息讼罢争、讲信修睦"已成为中华民族的传统美德，是滋养社会治理的历史文化基础。"以人为本、以德服人、以理服人"，摆事实、讲道理、明法理，一直是枫桥人民的优良传统，这些文化基因是不断推动"枫桥经验"发展的内在因素。早在 20 世纪 90 年代，枫桥干部群众就提出"既要有一流的产品，更要有一流的人品""多一个球场、少一个赌场""退一步海阔天空、让三分心平气和"的朴素口号。这些发自内心的言语就是当地干部群众不断"正人心厚风俗"的直观反映。新时代"枫桥经验"，贵在坚持"文化引领"，全面贯彻社会主义核心价值观，大力优化社会风尚，创造理性平和的人文环境。遍布浙江的文化礼堂，一方面集成和吸收中华民族传统美德，为人民群众婚丧嫁娶提供了重要的活动空间；另一方面也成为新时代的基层自治、民主议事、法治宣传、德治洗礼等公共事业的重要平台，为基层社会治理现代化提供了重要的空间。在浙江永康，基层法庭秉承"无讼"理念，摸索出了基层诉源治理的"龙山经验"。在浙江镇海，基层法院因势利导，探索出全国首个"自动履行正向激励机制"，有力巩固了基层社会的诚信体系。这些因地制宜探索出来的基层社会治理样本，充分体现了新时代"枫桥经验"中高度重视思想文化道德建设的价值取向。

四、坚持人力与科技相统一

人力与科技相统一，实质上是要坚持群众路线与科技支撑相统一，具体而言就是追求社会治理社会化与智能化相统一。纵观"枫桥经验"56 年的发展历程，尽管它在不同的历史时期有不同的表现形式，但万变不离其宗，就是"坚持党的领导，走群众路线"。新时代"枫桥经验"，尊重人民群众的智慧和创造，将人民群众作为治理的主体，激发基层治理活力。在新技术革命的历史进程中，如何把群众路线与科技支撑紧密结合，如何把科技成果转化为治理成果，是新时代"枫桥经验"从农村走向城市，从县域走向市域的重要课题。

科学技术是第一生产力，同样也是推动社会治理现代化的核心动力之一。当前，以互联网产业化、工业智能化、工业一体化为代表的新技术革命正在推动人类社会的全面变革，对国家治理和社会治理的理念、体系、能力建设也产生了重大影响。近年来在城市治理变革中，以"城市大脑"为代表的新型城市治理模式全面崛起。如杭州"城市大脑"体系正在全面导入城市基层社会治理体系之中，将被塑造成为社会治理智能化的中枢和主要载体。杭州的"城市大脑"模式，强调人工智能与社会治理紧密结合，构建市域社会治理现代化的新平台，是一项集成式社会治理现代化创新项目。以"城市大脑"为标志的新时代"枫桥经验"城市版、网络版，正是在城市治理过程中充分运用新技术，全面贯彻群众路线与科技支撑相结合的新结晶，是实现人力与科技相统一的生动体现。"城市大脑"建设是一项巨大的城市治理系统工程，需要充分吸收广大基层党员的智慧和群众的智慧。"城市大脑"建设不能只靠党委政府、相关项目建设方的单打独斗，而是群众广泛参与城市治理的一个新载体、新高地，是承载党委政府厚望和巩固城市社会治理民心基础的重大工程。

在社会治理社会化和智能化的历史进程中，必须全面强化"枫桥经验"中"党建统领"和"法治保障"等重要原则，在人力与科技相统一的过程中注重法治思维和法治方式。在"城市大脑"建设中必须严格按照"法治政府"的要求，恪守政府的权力边界，保障公民的基本权利，特别是公民的通信秘密权和隐私权。"城市大脑"要把维系社会秩序和激发社会活力有机结合起来，既要保证社会安定有序、规范运行、调控有力，又要有利于激发全社会的创造活力，最广泛、最充分地调动一切积极因素，促进人的全面发展和社会进步。

中国共产党在革命、建设、改革过程中，既没有走西方道路，也没有照搬苏联模式，而是在人民群众的坚定支持下开创了崭新的中国特色社会主义道路，为世界社会主义事业的发展贡献了中国智慧。新时代"枫桥经验"，就是中国共产党带领人民群众探索中国特色社会主义社会治理的生动实践。

（余钊飞，杭州师范大学枫桥经验与法治建设研究中心主任。摘自 2019 年 10 月 18 日《人民法院报》第 5 版）

枫桥和静余韵长

"你可知道有一座美丽小镇，江南那一头，梅林飘墨香，枫溪唱乡愁。台门深深锁风雨，耕读几度秋，枫桥岁月酿成的一壶酒，情深深思悠悠，怎么也喝不够……"来到枫桥古镇，常能听到这首《爱满枫桥》，不少人将其设置成手机铃声，认为这首歌唱出了枫桥的浓浓乡愁，也唱出了枫桥的平安和谐，是当地美好生活的写照。

中国历史文化名镇枫桥镇位于会稽山脉西麓，其地名源于隋朝的枫桥驿，历来为诸暨东北部的政治、经济、文化中心。枫桥自古商贾云集，名贤辈出，涌现了以王冕、杨维桢、陈洪绶"三贤"为代表的一大批文化大家，孕育发展了举世闻名的"枫桥经验"。

有人说，一部枫桥史，半部诸暨史。枫桥和静，如诗亦如酒，让人品之回味悠长。

一、悠悠大部起风云

青石板、鹅卵石铺路，路旁是清一色古色古香的商铺和门坊，走进枫桥古镇青年街，浓浓的古镇风情和生活气息扑面而来。一位居住在这里的长者介绍，此地又叫大部弄，这一称谓从秦汉一直延续至今。

据《诸暨县志》《枫桥史志》载，夏朝中期，夏帝少康庶子无余立国於越。至春秋时，越国先后建都于埠中、大部、勾乘等地。大部，即在今枫桥江流域。

於越偏处一隅，与中原周天子的正式接触始于周成王时期。《竹书纪年》载有"二十四年，於越来宾"，即越国派遣使者，作为特命全权大使，受到周天子的朝见。由此可知，枫桥江流域是早期於越文化的发祥地。

作为越国早期都城，大部见证了一段段风云往事。《史记》载，秦始皇三十七年（公元前 210 年），始皇东巡，"上会稽，祭大禹，望于南海，而立石刻颂秦德"。

如今，在枫桥镇大溪村境内的会稽大山燕子岩头，有枫桥热心人士募资所凿的碑，这块东南第一圣碑秦皇石刻的重见天日，带动了秦皇古道和梓坞山森林公园开发。

枫桥以会稽山为屏，以枫溪江为带。开皇十一年（公元 591 年），隋文帝派杨素攻打聚众作乱之人，枫溪渡口军事活动频繁，乃在渡口架桥建驿站，枫桥与枫桥驿由此翻开新篇。

唐李渊即位后，设越州、婺州，枫桥驿位于婺越道上，遂有"婺越通衢"之称，有"江上年年春早，津头日日人行"的盛景。

至北宋大观二年（公元 1108 年），枫桥作为建制镇的地位正式确立。南宋时，析诸暨县大部、长阜、长宁等 10 乡置义安县，以枫桥镇为县治。由此，枫桥镇更加富庶繁华，成为一处政治、经济、商贸重镇。"上有柯桥，下有枫桥""一枫桥，二牌头"之说，见证着枫桥当年的重要地位。

古镇越千年，繁华今胜昔。2016 年起，枫桥镇启动小城镇环境综合整治工程，修旧如旧，恢复枫桥古镇风貌。走在孝义路上，粉墙黛瓦、飞檐翘角，勾勒出明清、民国经典历史文化街区轮廓，还原了几代人的记忆。枫桥镇还守住历史脉络，弘扬传统文化，恢复举办"台阁市"年俗文化节，让古镇兼具发展与乡愁。

二、千年文脉代相承

"枫桥先辈有风流，玉轴文池镇绮楼。""景色当年有物华，枫桥自古有名家。"枫桥人历来尊师重教，崇尚经学传世、耕读传家，诞生了一批文化大家。其中，尤以"三贤"王冕、杨维桢、陈洪绶为枫桥文人中的三座奇峰。

王冕，字元章，号煮石山农、梅花屋主等，枫桥镇栎桥村人。他出身贫寒，幼年替人放牛，靠自学成才，成为元末著名诗人、画家。"不要人夸好颜色，只留清气满乾坤"，习近平总书记引用的《墨梅》题画诗，让王冕备受关注。

　　王冕一生与梅为友，种梅、咏梅，又工画梅，创立了"墨梅流派"。更为人称道的是，他淡泊名利，品性高洁，关心百姓疾苦。栎桥村建有王冕故居和清气馆。"淡墨梅花万古香"的悠然意境，吸引了不少文人墨客前来。

　　枫桥镇先进村九里山麓，是王冕隐居地，此处清幽宁静，白云悠悠。王冕曾在此"种豆三亩，粟倍之，树梅花千，桃杏居其半，芋一区，薤韭各百本。引水为池，种鱼千余头"，创作了大量诗画名作。如今，此地建有仿元明风格的白云庵四合院一座，复制了当年王冕隐居时的草房、洗砚池和梅花屋，成为九里山坳中的一道亮丽风景。

　　"元之中世，有文章巨公，起于浙河之间，曰铁崖君。"为明代大文豪宋濂所推崇的就是他的好友杨维桢。杨维桢号铁崖，是枫桥全堂村人，其曾祖父为"浙东第一大孝"杨文修。

　　杨维桢年少聪明异常，却不喜读书。其父杨宏积先世藏书，聚万卷，建楼于全堂小铁崖山之巅，绕楼植梅数百株，号"万卷楼"。从此，这里诞生了杨维桢去梯以辘轳传食、五年足不下楼的美谈。杨维桢被称为"书楼杨"，享有一代诗宗的美名，其创作的古乐府诗备受推崇，被称为"铁崖体"。

　　"三贤"中的另一位陈洪绶，字章侯，号老莲，为明末清初著名书画家、诗人，一生以画见长，尤工人物画。其人物画成就，人谓"力量气局，超拔磊落，在仇（英）、唐（寅）之上，盖明三百年无此笔墨也"。

　　"三贤"之外，枫桥的名人名士灿若星辰。

　　宋元时期，枫桥的藏书楼被时人誉为越中之冠，这些楼里走出了一位位学者大家。在宋元明清四朝，枫桥有进士35人、举人68人。理学大师朱熹曾四度莅临枫桥义安精舍传经授学，在今学勉中学，刻有"朱子讲学处"故址碑。辛弃疾、陆游、徐渭、张岱等文化名人也曾游历枫桥，留下了大量诗文。

　　枫桥的名胜，因文人吟咏更添一分厚重。"老宿禅房里，深居罢送迎。"陆游所咏的东化城寺塔至今仍矗立于紫薇山巅，为全国重点文物保护单位。紫薇山西麓，则是明代进士骆问礼依山而建的小天竺。"凡议国事，惟论是非，不徇好恶"，习近平总书记引用的这句经典，即出自骆问礼的奏疏。

　　千年文脉，绵延不绝。近代以来，枫桥更是涌现出中国科学院学部委员金善宝、毛汉礼，全国劳模、水利专家梁焕木等仁人志士。

三、社会治理谱新篇

春日的枫源村，香樟葱郁，宁静幽雅。枫源村文化礼堂、为民服务中心、综治中心内，面对天南地北的一批批考察团的连连发问，村主任骆根土自如作答，考察团成员频频点头……

"我们村是'枫桥经验'的发源地之一，是枫溪江的源头，还有丰富的矿产资源。"骆根土对村情如数家珍，对村庄坚持发展"枫桥经验"的做法更是了如指掌。去年，枫源村接待"枫桥经验"考察团近600批，高峰期间平均每天接待20多批。

"枫桥经验"，是枫桥镇最大的名片，是全国基层综治工作的典范、新时代基层社会治理的标杆。

20世纪60年代初期，枫桥的干部群众在社会主义教育运动中，在如何教育、改造"四类分子"这一问题上，敢于从实际出发，实事求是，坚持"一个不杀，大部不捉"的方针，通过开展说理斗争，既没有打人，也没有捕人，就把"四类分子"给就地制服了，创造了"在党的领导下，依靠和发动群众，坚持矛盾不上交，就地解决，实现捕人少、治安好"的经验。毛泽东同志亲笔批示"要各地仿效，经过试点，推广去做"，"枫桥经验"这面旗帜由此高高飘扬，闻名全国。

在专家学者们看来，"枫桥经验"诞生在枫桥，绝非偶然，而是枫桥历史文化孕育滋养的结果，也是枫桥文化传承发展的产物。

历经55年坚持发展，从"小事不出村、大事不出镇、矛盾不上交"，发展到如今的"党建引领、人民主体、三治融合、四防并举、共建共享"，"枫桥经验"的内涵不断丰富，枫桥镇始终把造福群众、满足群众的需求，作为基层治理的终极目标。

邻里有矛盾、群众有纠纷，枫桥镇调解志愿者联合会第一时间介入，杨光照、毛仲木、杨少剑等调解专家用多年总结提炼而成的"调解十法"理性化解；镇村缺项目，建设缺资金，乡贤参事议事会的乡贤们牵线搭桥、慷慨解囊；获悉村庄有红白喜事，乡风文明理事会的志愿者上门宣传移风易俗知识，杜绝盲目攀比铺张浪费；在枫桥古镇上，一支由119人组成的"红枫义警"队伍常年巡逻，守护着一方平安……枫桥镇坚持走好新时代群众路线，建起280家镇村社会组织，平均每3个人中就有1人加入社会组织，共建共治共享蔚然成风。

办事依法，遇事找法，解决问题用法，化解矛盾靠法。在枫桥镇，29个村和2个社区，村村都有法律顾问。法律顾问定期下乡开展法律知识宣传，举办法治大讲堂，帮助居民树立法治意识，形成浓厚的法治氛围。

传承"三贤"文化，做强红色基因，枫桥建立了"三贤文化"研究会，建成乡贤馆，引导乡贤参与村庄治理。修缮推广梁焕木纪念馆、枫桥大庙等红色教育基地，传承红色文化、革命精神。推进新时代文明实践全国试点，开展"最美枫桥人""枫桥好人"系列评选，营造向上向善的良好风尚。

厚重的历史文化资源，享誉全国的"枫桥经验"，和谐稳定的发展环境，为枫桥经济与"枫桥经验"两轮驱动打下良好基础。目前，枫桥镇正高举"枫桥经验"这面旗帜，利用好"枫桥经验"带来的人气，系统谋划古镇游、红色游，大力发展沿枫溪江和镇南古镇区域的文创产业，以"枫桥经验"发源地的使命担当，讲好枫桥发展好故事。

陈洪绶有词云："吾岂恋他乡，深意如何说。他乡也是不安心，归卧枫桥歇。"清朝诗人朱用调曾云："归去枫溪好，千山如画图。"一个更加富裕美丽、文明和谐的枫桥，会越发让世人瞩目。

（摘自 2019 年 4 月 24 日《绍兴日报》第 15 版）

郭维德与杨光照：从调解模范看人民调解的经验传承及法治化转型

　　从历史的视角考察，发轫于苏维埃时期、形成于陕甘宁边区政府时期的民间调解制度，是中国共产党司法的一个主要政策和传统，并在此基础上形成了以"审判与调解相结合"为主要特征的"马锡五审判方式"。时至今日，这一调解的新传统仍然深深地影响着当下中国的调解实践。与延安时期的"马锡五审判方式"一样，"枫桥经验"已经成为中国共产党的法律制度中影响深远的主要传统之一。二者都是富于中国特色的政治与社会治理方式，都坚持走群众路线，注重矛盾纠纷的化解。

　　通过阅读相关文献资料，赴陕西延安、浙江诸暨等地多次实地走访调研，笔者注意到陕北绥德的郭维德是陕甘宁边区政府时期人民调解的代表人物，在"枫桥经验"的传承和创新发展中，杨光照及其调解团队则具有典型意义。基于此，笔者试图从郭维德与杨光照这两个不同时代背景下的典型调解模范人物入手，通过传统与现代的碰撞、对话，进而总结、梳理人民调解的优良传统，并在人民调解制度的历史变迁中勾勒其当下的法治化转型。

一、陕北绥德的郭维德与浙江枫桥的杨光照

（一）陕甘宁边区的调解模范：郭维德

郭维德（1918—1977），祖籍满堂川小窑沟。1918 年出生于陕北绥德城，后随父落户于绥德县义合镇西直沟村。土地革命初期参加儿童团，后加入地方赤卫队。曾追随义合党组织主要负责人霍维德，为革命做了不少秘密工作。1935 年参加东区某红军游击队，任副队长、队长，新政权建立前加入共产党。1941 年，郭维德当选本村自卫队排长，后任西直沟村主任、义合镇镇长等职。郭维德以善于调解民间纠纷闻名乡里，1944 年 11 月，被评为绥德分区民事调解劳动英雄，同年年底出席在延安召开的陕甘宁边区劳动英雄表彰大会，获特等奖。解放战争中参加解放军。解放后，历任甘肃省委基建处处长、中国科学院兰州分院管理处处长。1977 年因病去世，享年 59 岁。

（二）"枫桥经验"的传承人：杨光照

杨光照（1950—　），浙江诸暨人，诸暨市枫桥镇人民调解委员会调解员，新时期"枫桥经验"传承人。曾任浙江省诸暨市公安局枫桥派出所民警，获"全国优秀人民警察""浙江省优秀共产党员"等荣誉称号。2008 年，他带头组建了"老杨调解工作室"。2010 年临近退休前，该工作室升级为以专业调解为主、社区民警参与、特邀调解员辅助、志愿者联动的"老杨调解中心"。据统计，成立 7 年，老杨调解中心受理各类调解案件 1300 余起，调解成功 1180 余起，兑现各类经济损失补偿（赔偿）4800 余万元。杨光照和他的调解团队被中组部评为"全国离退休干部先进集体""浙江省十大法治人物"，其本人获"浙江省司法行政系统第五届百名优秀人物"等荣誉。央视媒体先后以杨光照及其调解团队为原型，在枫桥实地拍摄了《枫桥故事》《平安使命》《枫桥好人》等多部电视剧与专题片。

（三）共性与差异

结合以上郭维德、杨光照的事迹介绍，参考有关报道，笔者注意到，尽管陕甘宁边区政府时期的人民调解运动和郭维德的人民调解实践距今已逾 70 余年，但粗略分析比较，在郭维德、杨光照两名调解模范身上，仍不乏一些相似之处。（1）两者都有非常丰富的人生阅历。郭维德早年参加革命，后任村主任，26 岁时就因善做调解工作而被边区广泛宣传，受到嘉奖。杨光照则早年从军，后在有着光荣传统的诸暨市公安局枫桥派出所当了 25 年民警。退休后他继续发挥余热，

受聘担任枫桥镇人民调解委员会调解员，同时兼任枫桥镇调解志愿者联合会副会长。杨光照不仅亲身见证了"枫桥经验"的发展历程，更是用他和他的调解团队的行动，实践并创新"枫桥经验"，使之历久弥新。（2）都生在、长在农村，常年工作在最基层，对农村、农民有着深厚的感情，对基层群众的生活状态和利益诉求有着深刻的体会。（3）公道正派，善于、乐于做群众工作和调解工作，在群众中有较高威信，并因工作突出受到了国家领导人的接见。

然而，更值得我们认真思考的是两位调解模范所处时代的差异。从政治空间看，郭维德所处的陕甘宁边区是在全国人民抗战的背景下成立的。在抗战高于一切的"战时背景"下，人民调解工作当然服务于"抗战"这个中心，并承担了道德教化、法纪宣传、政治动员等诸多政治功能，成为中共"政法传统"的一个重要方面。而杨光照所在的诸暨市则是"枫桥经验"的发源地。作为全国政法综治战线的一面旗帜，近55年来，从阶级斗争经验到社会治安经验，再到社会治理经验，"枫桥经验"始终与时俱进、历久弥新。从地理空间看，陕甘宁边区的经济以农业生产为主，自然资源匮乏，经济、文化、教育十分落后，是典型的乡土社会。边区社会的乡土性，集中体现在边区制定法集中于土地和婚姻家庭继承这两大领域。位处浙江的诸暨市则可谓经济发达、民殷商富。一方面，经济社会的高速发展，人员的流动更加频繁，后乡土社会、离土社会、陌生人社会成为一种普遍的社会形态。另一方面，社会阶层和社会分工的细化，反映在纠纷的类型上，就是人民调解的受案范围已经不再局限于传统的婚姻家庭、邻里纠纷，而是向着民间借贷、交通事故、医疗赔偿、物业纠纷等新兴领域拓展。

二、人民调解制度溯源：陕甘宁边区郭维德的调解实践

陕甘宁边区的人民调解运动始于1943年前后。当时，随着边区一系列加强调解工作的政策法令、指示信的发布，尤其是在"调解为主，审判为辅""调解是诉讼的必经程序""调解数字作为干部政绩标准"等司法政策的指导下，边区的人民调解制度得到空前的发展和推广。调解不仅形式多样，还包含一切民事案件和一般民事事宜，并贯穿于审判、执行等诉讼的全过程。

正是在边区政府的大力倡导、组织推动下，加之边区《解放日报》等主流媒体的宣传报道，一大批民间调解模范出现在公众视野中。1944年6月7日，边区政府发布了由时任边区参议会副议长谢觉哉代拟的《关于普及调解、总结判例、

清理监所的指示信》，郭维德的调解工作经验首次得到边区官方的肯定："各地要学习西直沟，学习郭维德。要号召劳动英雄、有信仰的老人和公正人士参加调解。会调解、调解有成绩的人，应受到政府的奖励和群众的尊敬。"1944年12月22日至1945年1月14日期间，边区召开了第二届劳动英模代表大会，郭维德更是同吴满有、陈德发、赵占魁、石明德等其他73人被边区政府授予特等劳动模范，受到政府的传令嘉奖。1944年5月8日、1945年1月9日，《解放日报》先后以《民间调解的模范村——西直沟一年半来民事纠纷均在村内解决》《郭维德创造模范村》为题，介绍了郭维德调解的典型案例和调解经验。归纳起来，其主要做法有如下几个特点。

首先，将做人民调解工作与教育人民、改造"二流子"结合起来，通过"教化式调解"，达到增进邻里和睦、促进生产的目的。绥德义合镇的西直沟村曾是一个既贫苦又落后的村庄，全村75户居民共336人，"二流子"和半"二流子"很多。针对此种情况，郭维德的做法是针对家庭邻里纠纷，他先了解情况，对造谣生事者，进行婉言批评，使公婆、夫妻、姑嫂、妯娌都能相互尊重。对于品质不好的人，他不赞成采用激烈斗争或有伤脸面的方式，而是用好言劝说，使他自觉改正。如在调解一起口角纠纷中，郭维德一方面适当处罚打人者（罚其修路），平息被打妇女的气，另一方面，针对被打妇女平日为非作恶的毛病，批评她好吃懒做，搬弄是非，更进一步帮助她订立了生产计划，最终改造了一个当地闻名的懒婆姨。正是由于郭维德将人民调解工作与群众教育、改造工作紧密结合在一起，他所在的西直沟村，"不仅没有为争讼而费钱费时，而且大家必然和睦，肯互助"，同时，也从过去贫穷落后、"二流子"众多、纠纷频发的贫穷落后村，成为民间调解的模范村。

其次，调解中注重调查研究，调解因人、因事、因地制宜，调解方式灵活多样。深入基层调查研究，弄清案件的来龙去脉、是非曲直，是郭维德调解工作的另一个特点。情节不复杂的纠纷，只要在当事人叙述中多加注意，抓住问题的中心，多加说服解释，纠纷就容易解决了。但年头久远，情节复杂，涉及面广的纠纷，要对主要问题一一调查，弄清是非曲直，纠纷才能解决。尤其是"对于盗窃案件，不调查清楚确切情况，不随便冤枉人"。在调解方法上，郭维德在实践中多采用"冷静法""家庭会议法"等。在他看来，婚姻、土地、森林、继承、房产等方面的纠纷，大多是当事人"一时之气"，如能转变他们的情绪，待气一消，就什么都好说了。如在处理"常向珍持刀伤妻一案"中，郭维德闻讯赶到后，先令人将常向珍绑起来，然后坐下慢慢劝解。直到常向珍悔过，答应不再任性惹祸后，郭维德才亲手为他解开绑绳，派人护理他休息。常向珍精神恢复后，郭维德又召集他们夫妇俩及邻居一起讨论，发动他们俩在会上各自做了自我批评，于是夫妻和好。

最后，在做调解工作中自觉维护抗战团结大局，做到既依照政策法令，又兼顾各方利益。"私益服从公益""一时利益服从永久利益""富裕者提携贫苦者"是边区民事法制的基本原则。郭维德在做调解工作时，既严格依照边区颁布的政策法令、民事纠纷处理原则，又兼顾"战时背景"下的人民政权建设需要，具有鲜明的"动员式治理"色彩。如其调解的一起地主与佃农纠纷，贫农常永禄伙种了地主王泽滨一块土地，秋收时王泽滨不给常永禄分柴草，遂发生纠纷。常永禄向郭维德反映了这一问题，村民听说后要斗地主王泽滨。郭维德认为，对待富人，在政策上绝不能让步，按照法律规定，伙种地租形式，一是照抗战前原租额减 30% 至 20%，二是减租后，出租人所得最多不得超过收获量的 40%，但为了团结他们抗日，在说话上无妨让步。于是，郭维德将常、王找来进行调解。向王泽滨说明政府减租政策法令不是和富人过不去，而是考虑穷人出了苦力，也要照顾，所以柴草应当平分。常永禄也当场表示，不是为了争那些草，而是争个理，于是他把柴草也捐献给冬学了。

边区郭维德的人民调解实践表明：一方面，以村主任、村支书为代表的群众自治组织的核心人物，在民间纠纷的化解中发挥了重要作用。他们独特的身份、较高的群众威信以及公道正派的人格魅力，使他们能积极主动地介入纠纷、高效便捷地平息纠纷，从而使大事化小、小事化了。另一方面，人民调解不再仅仅是一种纠纷化解的手段，而是被赋予了思想教化、开启民智、改造社会等多元价值。对此，边区高等法院院长马锡五就明确指出："我们的调解工作，是增强人民内部相互团结、便利生产、教育人民爱国守法、减少诉争的有效方法。"一言以蔽之，陕甘宁边区政府时期郭维德的人民调解实践，既维护了农村家庭邻里和睦，又促进了生产，服务了抗战大局，其实质更多是一种"教化式调解"和"动员式治理"。应该说，在边区法制初创、司法资源尤其是司法干部严重匮乏的情况下，这种纠纷解决机制既适应时局，又顺应民意。

三、从郭维德与杨光照之共性看人民调解的优良传统

尽管郭维德与杨光照所处的时代背景大不相同，但通过对他们各自调解实践的比较、透视，我们不难看出，随着人民调解的制度变迁，人民调解在变与不变的辩证统一中实现了自我革新、自我发展。而这些"不变"的历史传统，正是我们当下创新、发展人民调解，推进基层社会治理现代化进程中弥足珍贵的本土资源。

（一）迅速介入，抓早抓小

相比较于司法的被动性、滞后性而言，人民调解更强调"第一时间发现、第一现场化解"，强调"化早、化小、化苗头"，如此一来，通过第一时间介入、平息矛盾，从而有效遏制矛盾纠纷转化升级，发挥了人民调解这"第一道防线"作用。而不管是郭维德还是杨光照，他们都工作、生活在最基层，与基层的人民群众有着天然的密切联系。这种场域和人际关系的便利、亲近，为他们在第一时间介入纠纷、快速平息矛盾纠纷提供了优势。在郭维德看来，"所有纠纷力求在下面当即解决，不推诿责任，不愿让村民涉诉"。所以，在处理"王怀音和谢永光相邻权纠纷一案"等案件中，他几乎是闻讯就去现场处理，有的案件他甚至是"连夜赶往事发地"。而杨光照在他的"勤、帮、靠、快、公、活"六字群众工作法中，也特别强调一个"快"字。在他看来，社区发生各类案件、重大纠纷矛盾或群众发生险情灾情时，应快速赶到现场及时调查取证，及时依法查处。强调人民调解在第一时间介入纠纷，把问题和矛盾化解在萌芽和第一现场，能够有效防止矛盾进一步扩大、蔓延、激化，防止小事拖大、大事拖炸。

（二）预防在先，源头治理

如果说，强调第一时间、第一现场，既为矛盾纠纷化解赢得了先机，也将一些"小事"化解在萌芽和当地，一定意义上也是一种纠纷预防，那么，"源头治理"则强调不仅要注重化解矛盾本身，还要挖掉矛盾产生的根源。郭维德和杨光照的人民调解实践表明，他们不仅注重矛盾纠纷的化解，还力争解决矛盾纠纷的根源所在。如杨光照在调解一起肢体冲突事件中，按调解目标，只要双方握手言和，杨光照就可打道回府。但杨光照不满足于此，会刨根问底。原来，甲方的一棵树长大了，树根损坏了乙方院墙，双方因此而起争执。杨光照就找双方商量，彻底挖掉了矛盾的"根"源，避免冲突再发。在当前社会转型的背景下，基层社会的矛盾纠纷易叠加、多牵连、燃点低，一些矛盾的背后往往有着共性的深层次

原因。因此，在化解已浮出水面的矛盾的同时，彻底解决隐藏背后的"症结"所在，就能起到有效预防的效果。应该说，从根源上预防纠纷、减少纠纷这样一种"源头治理"的理念，也是新时代"枫桥经验"的应有之义。

（三）身体在场，送法下乡

在调解中，调解者并非总是以群众所熟知的权威、英雄的姿态亮相的。因此，塑造人格型权威以取得人民群众的充分信任，进而在信任、信赖的基础上就双方的争执达成调解，"身体在场，送法下乡"就显得尤为重要。因为身体在场既能让民众感受权力人确实是在为其着想，也能够向民众展示自身行善和照看的能力。通过这种潜移默化的力量，权力人能与民众形成共同的语言，并获得民众的支持。而"送法下乡"，就是指人民调解员要深入基层调查研究，了解案件真实情况，主动上门提供法律服务。杨光照及其调解团队在实践中总结、摸索出的"四延伸、四服务、四到场""三四工作制"，就是一个很好的例证。"四到场"意味着从勘查现场到征求当事人意见意向，从协议（经济）兑现到回访当事人，在整个调解过程中的 4 个关键环节，人民调解员必须在场，必须亲力亲为。同时，对于老弱病残、未成年人等特殊群体以及隐私案件等则实行调解上门，主动提供法律服务。如在调解枫桥镇新择湖村王永根与王高松互为轻伤案中，杨光照和他的同事前后 8 次上门疏导，最终案结事了。"身体在场，送法下乡"，让老百姓切实感受到了人民调解员在化解矛盾纠纷中的公心、真心和诚心，进而产生了信任感、信服感。

（四）依靠群众，协同各方

人民调解制度是党的群众路线在司法领域的一个重要体现。"大家的事，大家来议，大家来做""群众的疙瘩群众解"，就是陕甘宁边区的民主决策理念。毛泽东在 1944 年与谢觉哉谈论边区司法工作问题时就明确指出："司法也该大家动手，不要只靠专问案子的推事、审判员，任何事都要通过群众。"郭维德常说："群众是面镜子，什么事都能照见，我解决问题时总爱听听群众的呼声。"他还说："群众的力量像山水一样，一个人能挡住山水吗？"实践中，他也多采用"群众会"的形式，联合多方力量共同调解。通常的做法是在纠纷发生地公开调解，通过群众讲事实，摆道理，共同评理，对双方当事人尤其是理屈一方产生强大的舆论压力。如其处理的义合镇王家坪王怀音和谢永光两家因道路通行引发的相邻权纠纷一案，郭维德便和村主任及市长商量，采用群众会议形式，公开调解，并在会上动员大家发言评理。"枫桥经验"的实质就是用党的群众路线正确处理人民内部矛盾。作为新时期"枫桥经验"的传承人，杨光照早在枫桥派出所任民警时就注重走群众路线，他曾撰文谈及自己处置民间纠纷的心得体会。担任人民调解员后，杨光照更是牢牢抓住"依靠群众化解纠纷"这一法宝，主动依靠镇村干部、乡贤、民间人士等力量，实行专职调解员与兼职调解员、志愿者调解员相结合，广泛联合各方力量共同化解纠纷。在他和他的调解团队所总结的"调解七法"中，"联动调解法""借助力量法"都是对依靠群众、动员群众参与人民调解的经验总结。

（五）忠诚为首，品德立威

若要对当事方的冲突观念和意识形态产生影响，调解者需具备特定的主体资格，即调解者的"权威性"问题。我们党的人民调解工作的一条重要传统经验就是人民调解工作者要靠道理说服人、教育人，同时要以自己的高尚道德情操和模范行动去启发人、感化人，去影响和带动群众。人民调解员凭借对纠纷的及时、有效化解，受到了群众的认可，确立了自身的权威地位。反过来，依靠权威地位，其又可以让周围群众心甘情愿地拥护他，接受他的调解。从人民调解的制度变迁看，以品行立威信，发挥人格魅力在人民调解中的作用，始终是一条重要经验。在边区，郭维德热心帮助乡邻，同时又很讲原则，在村里很有威信，以至于"现在连别的行政村有解决不了的问题，也来找他"。而在诸暨市枫桥镇，从军18年、从警24年的杨光照在退休后，完全可以把精力放在照顾患病的妻子和90多岁的老母亲身上。但在组织安排和工作需要面前，他依然表现出一名基层党员的政治本色和忠诚担当，"舍小家为大家"，全身心投入新的工作岗位中。在调解纠纷中，杨光照始终秉持一颗公心，坚持"干部与群众一个样""职工与老板一个样""外地人与本地人一个样"。他还带领他的调解团队总结并推行"四延伸、四服务、四到场"等工作机制及"四千精神""四心素质"等调解心得。用"公正""公心"和"亲民"赢得了百姓的信任。枫桥镇退休教师陈锦力这样评价："认识老杨20年，如水之交常淡淡；最乐莫过为百姓，至德当数想别人；沐风浴雨转忘我，调困排难传美谈；楷模总靠默默做，鬓雪飞来心亦甜。"也正是基于这种个人威信、人格魅力，让"有难事找老杨"的顺口溜在诸暨当地妇孺皆知。例如，在集镇经商的王某因妻弟经商，居间做担保人而陷入纠纷，法院判决后债主申请强制执行。视面子如命根的王某找到了素不相识的杨光照，要求从中协调。另一方当事人陈某知情后，提出杨光照出面什么事都好商量。就这样，一起即将进入执行程序的案件在杨光照的调和下，双方握手言和。

（六）道德教化，良善之治

陕甘宁边区政府从来没有把民事调解仅仅当成一种纠纷化解的手段，而是赋予其开启民智、道德教化、改造社会等多元价值。郭维德做调解工作的一个主要经验，就是将做人民调解工作与教育人民群众结合起来，通过道德教化，使得家庭和睦、邻里互助。正是因为如此，原本一个“二流子”众多的贫穷落后村，几年来没有人到政府打过官司，还成为当地有名的民间调解模范村。“枫桥经验”形成之初，就有关于“多捕好还是少捕好”“武斗好还是文斗好”的大讨论，并最终选择“文斗”，其实质就是道德教化的反映。杨光照及其调解团队的调解实践，传承了“枫桥经验”中一贯的教化治理传统。他不仅在做调解工作时依靠群众，同时在调解纠纷的过程中注重感化人、教育人、帮助人、塑造人。如在调解在校学生及未成年人伤害案件中，坚持“法制教育从严、行政处理从宽”的原则，从而使得在校学生的违规行为得到矫正。而在参与或主持轻微刑事案件和解中，他以第三方中立的身份对加害人进行劝谕，使其认识到自身错误，痛改前非，重新融入社会。同时，以一种宽恕的态度劝说被害人方进行谅解，从而化解纠纷，恢复破损的社会关系。老杨调解中心调解的一个个案例，生动地体现了人民调解与道德教化紧密结合进而实现善治的特点。

2012年11月，江西籍民工陶某与工业园区一冯姓老板因超车发生纠纷，争吵中陶某出手将冯某左眼打伤，法医鉴定为轻伤。初期，陶某并没有认识到错误，并以坐在副驾驶位怀孕的妻子受到惊吓为由，要求冯某赔偿经济损失。双方多次协商未果，事态进一步加剧。老杨调解中心受理后，杨光照和他的同事分别对双方当事人进行依法疏导、谈话教育，并明确指出陶某致人轻伤的行为及其应承担的法律后果。经过多次说服教育，陶某终于改变了态度，并在调解现场连续三次向冯某鞠躬致歉。陶某获得冯某的谅解后，冯某也主动降低了自己一直坚持的赔偿数额。最终，按照赔偿项目标准，由陶某一次性赔偿冯某3万元，并当场兑现赔偿款。协议兑现后，鉴于陶某态度诚恳，冯某的家属主动从赔偿款中拿出了2000元给陶某，让他给怀孕的妻子补充营养。陶某含泪紧握冯某的双手连声道谢，并发自内心赞言“枫桥好人多”。

这个调解个案，从多方面为我们展示了人民调解与“枫桥经验”教化治理之间的内在关联。首先，从案件双方当事人来看，一方为外地来诸暨务工的民工，另一方为当地企业老板。一内一外，一富一贫，但杨光照并没有因为这种身份上的差异而在整个案件的调解中偏袒任何一方。其次，在案件受理之初，杨光照就首先指出陶某致人轻伤的行为及其应承担的法律后果。因为按照法律规定，轻伤已经构成刑事立案的标准。倘若陶某对自己可能涉嫌犯罪的行为没有清醒的认识，并无后悔之意，那纠纷的性质就很有可能转化升级。而这样的结果，不管对陶某本人还是其怀孕的妻子而言，都将是一个沉重的打击。为此，在多次的调解过程中，杨光照始终依法疏导、谈话教育，试图通过耐心细致的群众工作改变双方的"敌对状态"，以达成互相谅解。最后，从调解的结果看，认识到问题严重性的陶某在调解中 3 次起身致歉的行为获得了冯某的谅解。而冯某不仅主动降低了赔偿的数额，并在拿到赔偿款后，又从中拿出一部分作为陶某怀孕妻子的营养费。调解的最终结果，显然与"枫桥经验"所追求的教化治理目标达到了高度的一致。

　　（七）组织动员，典型带动

　　"树典型"是中共自延安时期始惯用的宣传动员方式。通过典型传达政治信号一直是国家实施社会动员的重要策略。当时，政治推动的具体方式主要是报纸宣传、大会宣传、选举劳动英雄及实施奖励等。其中，影响最大的，还是从乡到边区每级政府都召开的声势浩大的劳动英雄代表大会。劳模运动作为一种创造典型和推广典型的运动，在思想来源上体现了毛泽东"从群众中来，到群众中去"的群众路线思想。劳模运动就是要将群众创造出来的宝贵经验，再推广到群众中去。为广泛发动群众参与民间调解，培养树立调解典型，对于在调解工作中做出成绩的干部和群众，边区政府及时予以表扬、奖励。当时各级政府都评选了调解模范，并给以物质奖励。郭维德就是同时受到绥德分区和陕甘宁边区表彰的司法领域的劳动英雄。与此同时，《解放日报》和《群众日报》不断载文介绍调解模范的事迹，登载他们的调解范例。文艺工作者还把调解模范的事迹和案例编成故事、秧歌，在群众中演出宣传，扩大影响，并号召广大人民群众尊敬调解模范，向他们学习，支持他们的工作。

　　毋庸置疑，榜样和典型的意义是无穷的。作为典型的"枫桥经验"，其在各个不同发展时期，也在重新培育和塑造着新的典型。这些新的典型，伴随着上级领导的视察、调研以及新闻媒体的广泛宣传，得以迅速传播和放大。这既是一种宣传、推广和普及，也是对"枫桥经验"的重塑和强化。一定程度上讲，"树典型"显然已经成为"枫桥经验"的一部分。人民调解作为"枫桥经验"的重要内容，近年来，诸暨市也通过电视、报纸、网络等平台以及越剧等多种形式，向群众推介诸如杨光照这样的明星调解员和老杨调解中心这样的品牌人民调解室。此外，央视媒体还以杨光照为原型录制了电视剧和专题片。在杨光照的示范带动下，诸暨市又先后涌现出以朱仲青、詹萍、蔡娟等为代表的一批人民调解典型及以这些典型人物命名的品牌人民调解室。目前，诸暨市已经实现了"一镇一品"。典型的辐射带动效应，也让"枫桥经验"走向全国。据不完全统计，近3年来，老杨调解中心共接待来自全国各地的考察团200余批，为江苏等省市考察交流团做矛盾纠纷化解、调解经验讲座30余场次。

四、从郭维德与杨光照之差异看人民调解的法治化转型

纵观人民调解的历史变迁，其历史贡献和现实作用是毋庸置疑的。然而，在转型社会背景下，传统的人民调解制度面临功能弱化等问题与挑战，但这并不意味着该制度与现代法治不相容而走向式微。为此，在传承人民调解优良传统的同时，应积极改革创新。透过杨光照及其调解团队的调解实践，可以看到人民调解法治化转型的探索和努力。

（一）调解主体：人民调解员职业化、专业化色彩凸显

人民调解员职业化是指科学选拔具备业务素质的人员，赋予其调解民间纠纷的权力，使之公平地、长期地从事人民调解工作，以此为生获取与劳动成果相适应的报酬，并接受组织的培训、监管、考评及奖惩。由此概念看来，人民调解员的职业化至少应包括人民调解员的职业技能、职业训练、职业准入、职业道德等核心要素。前已述及，杨光照曾在诸暨市枫桥派出所从警20多年，工作期间获得"浙江省十大杰出民警""全国优秀人民警察"等诸多荣誉。同时，他还被诸暨市委党校、绍兴市委党校聘请为兼职教授。应该说，相较于郭维德而言，杨光照不仅有丰富的工作阅历、较高的个人威信和人格魅力，更有20多年从事政法工作的背景。杨光照身上的这些"法律元素"，使他在调解民间纠纷中具有得天独厚的优势，也能较好地保证案件在法律的框架内得到解决。其实，杨光照及其调解团队仅是诸暨市人民调解员职业化的一个缩影。目前，该市不仅组建了由法律、医学、人民调解员等领域的82名专家组成的人民调解专家库，广泛开展星级规范化人民调解委员会创建活动，更是成立了覆盖交通肇事、医疗事故、环境

保护、物业纠纷、校园伤害等领域的专业性、行业性人民调解组织。截至2017年底，诸暨市行业性、专业性人民调解组织就多达11家。如在诸暨市医疗纠纷人民调解委员会中，专职调解员是兼有医学、法学专业知识的人员。被司法部授予"全国人民调解能手"称号的斯友全主任既是医学专家也是法学专家。除此之外，医调委还另外聘请了23名法律专家。诸暨市道路交通事故人民调解委员会涉及公安、司法、法院、保险、发改等5个部门，这5个部门的调解人均是各自领域解决交通事故纠纷的法律专家。2014年至今，诸暨市交调委共调解案件18472起，成功17601起；医调委共调解案件506起，成功494起。其中，2017年1月到7月，全市98%以上的医疗纠纷案件、90%以上的交通事故案件，分别由医调委、交调委妥善调处。

诸暨市人民调解主体的法治化转型，还表现为调解组织的自治化、社团化。与传统矛盾纠纷化解自上而下由政府主导相区别，诸暨市注重培育、发展社会组织，寻求纠纷解决的社会自治机制。如2015年12月4日，由杨光照担任副会长的枫桥镇志愿者联合会正式成立。与其他调解组织明显不同的是，枫桥镇志愿者联合会系在诸暨市民政局申请登记的社会团体，此举以志愿参与的形式开启了社会团体联合调解之路。尤为值得一提的是，2017年7月17日，诸暨市司法局下发《关于开展人民调解员等级评定工作的通知》，就组织开展首次人民调解员等级评定工作进行安排部署。人民调解员等级根据其政治素质、工作业绩、从事人民调解工作时间等情况进行综合评定，共分特级、一级、二级、三级等四个等级，等级可以逐级晋升，并作为实行奖励或补贴的依据。

毋庸置疑，随着专业性、技术性纠纷的日益增长，"专业矛盾专家调"的工作模式将是一个趋势。但这并不意味着传统的人民调解员及调解组织就失去了存在的价值，因为在处理传统的诸如婚姻家庭等家长里短式的纠纷中，他们因生活在同一个社区（村庄），熟知纠纷产生的原委、经过，更容易在第一时间介入、化解，效果也往往比较明显。因此，在坚持走人民调解职业化道路的同时，应注重提升以普通群众为主体的传统人民调解员队伍的调解能力和水平，从而走一条专群相结合的人民调解员队伍发展之路。

（二）调解依据：从"以情理为导向"逐渐转向"以法律为基础"

我国有着数千年的文化传统，"天理、国法、人情"是深深扎根于人们心中的公平正义观念和是非评判标准。陕甘宁边区政府时期郭维德的调解实践，显然是传承了"以情理为导向"的传统，即"情、理、法"并用，但情理明显要优于法律。在杨光照看来，调解不是和稀泥，而是一个学法、知法、守法、懂法的过程。调解首先是依法调解，依法是调解的基础。杨光照表示，他调解的案件之所以成功率高、大家都比较信服，靠的就是依法调解加群众路线。依法调解是基础，必须要依照法律的规定进行调解。在他总结的"调解七法"中，首个调解的方法就是"依法疏导法"。如在谈及调解的一起借贷担保引发的离婚纠纷中，杨光照就直言："两件事我们都用法律来调解，效果好，群众的法治意识越来越强，调解员不懂法就要下岗了。"笔者 2017 年暑假在老杨调解中心调研时也发现，人身损害赔偿、交通事故赔偿以及治安案件赔偿等常见、多发案件的赔偿项目、赔偿标准以及计算方法等全部上墙，让人一目了然。而对于文化素质偏低、法律知识较差的当事人，在通过法律等抽象的规定劝导往往难以达到较好效果时，则采取"案例举例法"，使当事人借助真实的案例更加直观地认识到纠纷的利害关系。

关于调解依据从"以情理为导向"逐渐转向"以法律为基础"，我们可以从如下案例窥见一二。2015 年 12 月 11 日，家住诸暨市山下湖镇的詹某驾驶轻型普通货车从山下湖镇驶往诸暨市牌头方向，途经诸安快速通道王家井镇道坛村段时与诸暨市王家井镇黄某驾驶的电动自行车发生碰撞，造成黄某当场死亡和车辆损坏的道路交通事故。首次调解时，因交通事故责任认定书尚未出来，双方未达成一致意见。从 2015 年 12 月 20 日零时起，诸暨市全市实行城乡一体化，"农业"和"非农业"户口统一登记为居民户口。2016 年 1 月 12 日，双方当事人申请王家井镇调委会再次组织调解。此时交通事故责任书已经出来，认定双方为同等责任。在此次调解中，双方争执的焦点在于是否按照城镇居民标准计算赔偿数额。由于该起事故跨越两个政策期，王家井镇调委会在拿不准的情况下向法院和专业律师咨询，了解类似案件的处理情况，确认该市的人身损害赔偿是否已经实现"同命同价"。经过多方咨询后，促使双方达成共识，按照城镇居民标准计算赔偿数额。最后，双方就赔偿数额达成一致意见，由肇事方一次性赔偿人民币 54.1 万元。

强调"依法调解""规范调解"，并不排斥情理的运用。杨光照也表示，在农村做调解必须兼顾情和理，考虑到乡情、民情和风俗习惯，这样群众才能接受，就是走了群众路线。如在调解一起加工承揽合同纠纷中，按法律规定作为定作方的企业老板确实可以不负法律责任。但是，承揽人造成九级伤残，住院花了 8 万多元，尚有 3 万多元没有着落。从道义上说，企业有义务帮困解难。于是杨光照通过人性化的调解，加上他找来了老板的亲友来做工作，最后老板同意支付承揽方8000元的补助。由此看来，依法强化了调解结果的公正性、权威性，而情理则弥合了法律和现实的裂痕，两者并非矛盾而是相辅相成的关系。

（三）调解机制：人民调解步入规范化，其在多元纠纷解决机制中的基础作用得到彰显

人民调解以其方式的灵活性和程序的非规范性有别于其他纠纷解决方式，但这并不意味着这一纠纷解决机制就与现代法治精神不相容。对此，至少可从如下三个维度观察：其一，健全人民调解管理和业务运行机制。即形成一整套完备、规范的人民调解工作制度。比如，关于人民调解场所建设，就有"五有""四落实""六统一"的规定和标准。而关于运行管理和业务工作制度，就包括岗位职责、学习例会、人民调解登记统计、调解文书档案管理、业务公开公示、矛盾纠纷分析评估预测以及人民调解回访制度等十余项。从人民调解工作具体流程到人民调解员待遇、物质奖励等制度的建立，从调解工作台账到调解协议、案件卷宗制作，等等，都有明确具体的操作规范。其二，深化人民调解、行政调解、司法调解"三调联动"机制。形成以人民调解为主，人民调解与行政调解、司法调解相互连接、优势互补的矛盾纠纷多元化解体系。以杨光照为核心所组建的老杨调解中心，就是人民调解创新发展的一种新组织，并在实际运行中不自觉地被"焊接"到既有的调解网络和国家正式权力体系中，形成了一张以诸暨市各级党委为领导，以调解中心为枢纽，以枫桥司法所、枫桥派出所、枫桥人民法庭、枫桥检察室等为主要结点的调解组织网络。从某种意义上讲，杨光照及其调解团队就是矛盾纠纷多元化解机制建设的缩影和成功实践。最后，完善人民调解协议的司法确认机制。其实，早在2010年《人民调解法》出台前，诸暨市法院就有将依法审查后的人民调解协议书转化为法院民事调解书的做法，从而使得人民调解协议书的效力得以确认。为使人民调解协议得到有效执行，近年来，诸暨市出台《关于加强对人民调解协议司法确认工作的若干办法（试行）》，对于一些重大案件、涉及分期给付的案件，往往引导双方当事人申请司法确认，从而赋予人民调解协议强制执行力。2013年和2014年，诸暨市法院经司法确认的人民调解协议书就分别达1088份、876份。此外，为方便调解协议的司法确认，诸暨市人民法院还专门设立了审判简易案件的第九审判庭，只要有需要，法庭法官可以到联调委、医调委办公室进行司法确认，也可由当事人到第九审判庭进行司法确认。

（四）调解手段：信息技术广泛应用，人民调解智能化水平提高

党的十九大报告提出："要提高社会治理的智能化。"社会治理智能化，意味着应顺应网络时代的发展大潮，充分应用好大数据资源，在促进信息化与社会治理的深入融合中，提升社会治理智能化水平。人民调解工作作为社会治理的一项重要内容，只有与信息技术深度融合，才能在未来的发展中占据主动，赢得先机。2018年1月9日，浙江"矛盾纠纷多元化解平台"先行上线运行。平台依托互联网技术、人工智能和大数据，将在线咨询、调解等五大功能有机结合，汇聚全省各个条线、各个行业的优质解纷资源，形成了近万名在线调解队伍。调解员在调解过程中可以随时通过智能咨询实时获取相应的法律法规和案例支持，有效解决了以往调解能力不足的瓶颈。诸暨市非常重视创新发展"互联网＋人民调解"，杨光照及其调解团队更是把"脚板走访"与"网络对话"有机结合起来，让人民调解变得更方便、更快捷。如：老杨调解中心配备有同步录音录像设备，对调解整个过程实行全程记录；调解过程与调解协议制作同步进行，调解协议达成后在第一时间签订。而在诸暨市，还可以通过手机App实行在线调解、在线司法确认。截至2017年6月，平台向调解组织委派网上调解案件39起，调解成功27起，司法确认9起。

2016年9月，陈老先生的儿子陈某向诸暨市某针织有限公司借款1万元，但未按期履行还款义务。某针织有限公司经多次催要无果后，于2017年7月7日将陈某诉至诸暨市法院。起初，诸暨市法院办案法官在征得原告同意后，将案件委托给诸暨市总商会人民调解委员会调解，但总商会多次联系陈某无果，将案件退回诸暨市法院。考虑到被告陈某的住所地位于枫桥镇，办案法官遂通过"法官指导QQ"请求枫桥镇人民调解委员会杨光照协助查找被告下落。后陈某父亲陈老先生根据杨光照留下的地址找到杨光照，并有意替儿子偿还债务。根据办案法官的委托，在"娟子工作室"，当事人借助在线调解平台就此起债务履行纠纷进行调解，双方最终达成一致意见。由于是分期履行，为确保调解协议执行到位，经双方申请，办案法官很快在调解平台上进行了司法确认。

（五）调解功能：由"动员式治理"向"合作式治理"转型

合作式社会治理的实现路径是通过政府与社会组织多元主体的合作，整合社会治理与公共服务的资源并优化配置，为社会主体的功能发挥提供制度空间。在陕甘宁边区"战时法制"的特殊背景下，人民调解除承担平息纠纷的本原功能

外，更承担着一定的社会职责，即"在解决问题的过程中贯彻党的路线、方针和政策，实现共产党改造社会、治理社会的目的"。人民调解因被纳入党贯彻自己的政治主张、动员群众支持党的政策、塑造新的社会秩序的努力之中而具有浓厚的阶级动员意味。与边区"动员式治理"明显不同的是，以杨光照为代表的诸暨市人民调解实践，则是一种强调政府与社会组织（志愿者协会、乡贤理事会等）、企事业单位、社区和个人等多元治理主体各守其界、相互赋权、分工合作的基层治理模式，是一种着眼于社会治理主体结构变化的"合作式治理"。这种转变，体现为将人民群众从传统的管理对象变为参与治理的主体，有助于促进个体培养公民意识、实现自我教化，进而也拓展了人民调解的治理功能。

五、结语

党的十九大报告中提出，"加强社会治理制度建设，完善党委领导、政府负责、社会协同、公众参与、法治保障的社会治理体制，提高社会治理社会化、法治化、智能化、专业化水平"。打造共建共治共享的社会治理格局，离不开人民调解组织等多元化主体的广泛参与和协同配合，依赖其社会自治和公共治理的能力和水平。而无论是陕甘宁边区的调解模范郭维德，还是"枫桥经验"的传承人杨光照，都是创新人民调解、推进基层社会治理中弥足珍贵的"本土创新"和"中国经验"，其在变与不变中的自我传承和自我革新，体现了弘扬优良传统与加强工作创新的结合，需要我们虚心借鉴、总结传承，推动人民调解工作更好地服务群众。

（薛永毅，陕西省西安市新城区人民检察院；王斌通，中国政法大学。

摘自《法治社会》2018年第3期）

不忘初心、牢记使命　乐做人民群众的贴心人

从军人、警察到专职人民调解员，我在枫桥整整度过了 36 个春秋。2010 年 8 月，我光荣退休。退休后，我脱下警服换上了便服，顺应群众的呼声，在组织的安排下，由我牵头在枫桥派出所创建了全省公安机关基层派出所首个调解组织老杨调解中心。

职业转换了，岗位变换了，但我一心为民的初心没有变，共产党员的标准没有变，为民服务的宗旨没有变，我始终坚持平平凡凡做人实实在在做事，做到退休不退责，退职不褪色，10 余年来一直奋战在人民调解的工作岗位上，秉持着公仆情怀，践行着从思想上热爱群众、感情上贴近群众、工作上依靠群众、行动上服务群众的群众工作理念，天天进社区、走企业、访校园，时时为群众排忧解难，办实事、做好事、解难事、行善事，对群众求助的事"主动办、热情办、及时办、联系办"，切实做到问题不找准不放过，问题不解决不放过，群众不满意不放过，为实现新时代"枫桥经验"矛盾不上交、平安不出事、服务不缺位的新目标而努力。按照习近平总书记"平常时候看得出来，关键时刻站得出来，危难关头豁得出来"的"三能"精神要求，争做一名组织肯定、群众信任、百姓认可、群众满意的新时代优秀人民调解员。几十年来，我践行"枫桥经验"，扎根基层，奉献公安事业，现将自己的感受与体会向大家汇报如下：

一、哪里需要哪安家

光荣在党 50 年，听党话跟党走，一切服从党安排，哪里需要哪安家。

我于 1985 年 7 月从部队转业，1986 年 1 月 1 日经组织安排到枫桥派出所工作。我在枫桥所工作不到半年，因枫桥区新建了赵家派出所，组织决定将我调往赵家派出所工作，我二话不说带上简易行李（一张硬板床，一张抽屉桌，一把靠背椅及一辆海狮牌自行车），来到赵家派出所。从此，我与家人又分居两地，家庭仍得不到照顾。在赵家派出所我负责内勤工作和赵家镇上的社区工作。在本职工作岗位上，我在干中学、学中干，较快地掌握了公安业务，在内勤工作岗位上，被诸暨市公安局评为优秀内勤。

1988 年枫桥派出所缺少内勤，组织上又将我调往枫桥派出所工作。在枫桥派出所我立志干一行爱一行，干一行安一行，做到一日生活制度化，执法办案规范化，廉洁自律经常化。我在社区警务中创造性地开展工作，自定目标自加压力，为做好群众工作，归纳与总结了社区民警"六字群众工作法"，即"情、帮、靠、快、公、活"六字群众工作法，并在诸暨市局进行推广与应用。

2004 年因自己患重度糜烂性结肠炎，家属患重症肌无力疾病，当时我是在所当公仆在家当保姆，在困难和压力面前我舍小家顾大家选择了奉献。为照顾家人，组织上将我调任到城区交警大队工作。为方便群众，我在交警大队创建了道路交通事故调解室，经过 3 年的运作，得到广大群众的认可和各级领导的肯定。

2008 年纪念"枫桥经验"40 周年活动启动，根据工作需要，领导再次将我调回枫桥派出所。"情系千万家，枫桥是我家"，哪里需要我哪安家。

我从警 24 年，在社区民警的岗位上，平平凡凡做人实实在在做事，多年的工作事迹，得到了领导的肯定、同事的认可、群众的赞扬与支持，我先后获得了"全国优秀人民警察""浙江省十大杰出人民满意民警""浙江省优秀共产党员"等荣誉称号。

二、工作有年限，服务无终点

2010 年 8 月我光荣退休，在退休仪式上，枫桥的干部群众高声呼喊："老杨留下来，老杨不要走，枫桥群众需要你。"群众的呼声激励了我，感动了我，为顺应群众的呼声，我选择了留用。在各级领导的支持下，我在枫桥派出所牵头创建了"老杨调解中心"。

"退休不退责、退职不褪色"，我在人民调解岗位上，发挥余热无私奉献，主动发扬老有所乐、老有所学、老有所为的"五老"精神，在调解工作中，推行五加二、白加黑的工作制度，不管是白天还是黑夜，双休日还是节假日，只要群众有求助，都能做到随叫随到，不分纠纷的大小、区域的界限，我们都能热情接待，主动相帮，把群众的事当成自己的事，把群众的小事当成自己的家事，公正断案处事，一碗水端平。

老杨调解中心运作 11 年来，共受理各类民间纠纷 2600 余起，调解结案 2570 起，调解成功率为 97%—98%，兑现各类赔偿补偿款 9700 余万元，协议兑现率达到 100%，群众满意率 100%，实现了案结事了的社会效果和法律效果，老杨调解中心已成为枫桥的调解品牌，群众的"堂宗娘舅"，"有难事找老杨"成为当地群众的口头禅。

2014 年老杨调解中心被中组部评为全国离退休干部先进集体，我也在北京受到习近平总书记和中央领导的亲切接见，还被央视评为 2018 年度全国十大法治人物，2018 年 6 月被中华人民共和国司法部选聘为首届全国人民调解专家。

三、立身践行，当好新时代"枫桥经验"的传承人

依靠群众、依靠基层、依靠党委政府、依靠社会组织，就地化解矛盾，是新时代"枫桥经验"的基本内涵，自治、德治、法治三治融合是构建基层社会治理体系、提升社会治理能力的根本保证，"树枫桥形象、创枫桥品牌"是我们的工作目标和准则。我们在新时代新形势新要求下，努力打造共建、共治、共享的基层社会治理新格局，宣传"枫桥经验"促进自身效能。

近两年来，我直接接待全国公安、政法、党政各级各类考察团 500 余批，接待全市各乡镇机关、事业单位及各省（市）来诸考察团、培训班 120 余批，应邀去安徽、湖南、江西、四川及本省其他地区授课交流多次。在全国创建枫桥式派出所活动中，老杨调解中心"多调融合"的调解模式得到推广应用。

近年来，老杨调解团队被各级媒体多次采访报道，文明和谐调解图片展选地定了北京国家展览馆，真正做到了报刊有文章、图书有篇章、电视有图像、舞台进剧场、提名见形象、群众中有影响、微信群里树偶像的品牌效益，为枫桥和诸暨赢得了荣誉。

　　多年来，我们的工作得到了各级领导的肯定，广大群众的信任与认可，获得了不少荣誉和奖杯。荣誉是组织对我们成绩的肯定和鼓励，更是对我们今后工作的促进与鞭策，我们将以荣誉为起点，坚持创新发展新时代"枫桥经验"，为实现"矛盾不上交、平安不出事、服务不缺位"的基本目标，乐做一名人民群众的贴心人，为建设法治中国、平安中国、富强中国做出新的贡献。

（杨光照）

坚守初心　在实践中创新"枫桥经验"

在绍兴诸暨枫桥镇，有个人人皆知的"老杨"，他的全名叫杨光照。在 24 年从警生涯和 9 年的"退休"时间里，杨光照共调解案件近万起。其中，退休后调解案件 1900 余起，调处成功率 98% 以上，百姓满意度达 100%。

在"枫桥经验"发源地诸暨，"有难事找老杨"成为当地百姓的口头禅。今年 70 岁的杨光照头发已半白，是位和蔼可亲的老人。杨光照是"枫桥经验"的经历者、实践者，更是"枫桥经验"的传承者和创新者，在诸暨，他就是"枫桥经验"的活化石。

新时代里，"枫桥经验"在浙江有了新气象，而"枫桥经验"发动和依靠群众，坚持矛盾不上交、就地解决的核心要义一直没有变。正如杨光照所坚持的"从群众中来到群众中去"的初心，一直为"枫桥经验"添砖加瓦。

一、足迹

在基层做调解 30 余年，以"枫桥经验"基本精神，首创了"帮教四延伸"工作方法，让辖区 100 余名违法违规人员重获新生。退休后发挥余热，提出"调解八法"，传承和创新"枫桥经验"。

他是杨光照，诸暨市枫桥镇老杨调解中心主任。

2014 年，老杨调解中心被中组部评为全国离退休干部先进集体，杨光照获得习近平总书记的亲切接见。

2016年7月，"老杨调解团队"被司法部评为浙江省十大法治人物，他本人先后荣获浙江省、全国优秀人民警察，浙江省"人民满意"十大杰出民警，浙江省优秀共产党员等荣誉称号。

2018年3月，被评为中国好人和浙江好人；2018年6月，被司法部聘为全国人民调解专家，同年12月被评为"CCTV 2018年度法治人物"。

二、榜样的力量

在枫桥派出所有个传统：新警入警，不论分工，都要到杨光照那里去上课。

现任枫桥派出所教导员吴嘉军，2008年来到这里工作。"老杨就像我们的导师，在这里干民警，不光是业务能力，更要和群众打成一片，这里面的道道可多了。"吴嘉军说："我发现到所里找老杨的群众特别多，我问过群众为什么相信老杨，他们说，就是相信老杨。信任，是老杨用经年累月的汗水换来的。"

吴嘉军开始观察杨光照的工作方法："老杨中午从来不休息，每天都骑车下片区。"

沉下身子，下基层到群众中去，杨光照用实际行动给"初出茅庐"的吴嘉军上了重要的一课。"尤其是退休后，老杨每天风里来雨里去，一天都不带休息的，更让我感动。他用实际行动诠释了什么叫到群众中去。"

这一课，同样让"90后"的民警赵信印象深刻。"刚开始社区走访时，看到几位老大爷在聊天，就主动凑上去想聊聊，结果他们理都没理我。"赵信说："去求教老杨师父，他告诉我，做群众工作不能有架子，第一次吃了闭门羹没关系，多动腿，跑第二次、第三次……"

赵信说，老杨更像新民警的人生导师："一杆公平的秤在调解中发挥作用，他不教你业务，更多的是将自己和群众的沟通经验教给你。"

三、我的中国心

在杨光照家，满屋子的书、笔记、相片、证书……这是今年70岁的他的青春印记。

1986年1月1日，杨光照从部队转业来到枫桥派出所。他的抽屉里有好几本已泛黄的笔记本，最早的一本是1986年刚进派出所时的学习笔记。"那时没经验，唯有多动笔。"他说。

1994年，杨光照转岗做社区民警，开始接触基层群众矛盾纠纷调解工作。本着"枫桥经验"精神，杨光照结合实际，在工作中积极开展警调联动，化解群众矛盾，被群众誉为"堂宗娘舅"。此后的20多年里，在枫桥田间地头、群众家里、厂矿企业、机关学校，都能看到杨光照忙碌的身影。"有难事找老杨"成了枫桥群众的一句口头禅。

采访中，杨光照一直强调做群众工作要做到公平公正。怎样做到公平公正？"依法，这也是群众信任你的基础。"杨光照指着桌上的一本本法律书籍说，"这些都是我得力的助手。它让我调解有底气，所以每天都得研究研究。"

杨光照对法律法规"情有独钟"是有原因的。

2013年10月18日，在当地一家公司工作的陶某夫妻驾驶一辆轿车从枫桥开往绍兴时，与驾车同向行驶的冯某发生剐蹭，陶某一拳打向冯某眼部致其左眼受伤，经鉴定为轻伤。冯某出院后，找到了杨光照。

"当时双方各执一词，不过谈话发现，他们都是为了争一口气，但里面的调解还是有法可依的。"杨光照说，根据《中华人民共和国刑法》第二百三十四条，故意伤害造成他人身体损害轻伤以上的应追究刑事责任，可判处三年以下有期徒刑、拘役或管制。调解中，杨光照强调了依法的原则和违法所需承担的法律责任及民事赔偿责任，最后双方握手言和。

杨光照调解的案件数以万计，但直到如今，他对每个案件都如数家珍。"我有记日记的习惯，已记了100多本。调解的时候，人家在说，我很认真地在听、在记、在分析，他们会有认同感。另外，好记性不如烂笔头，有些案件我还可以回头去看看一些细节。"他解释。

这些日记本，如今整整齐齐地摆放在杨光照家的铁皮柜里。日记本上，密密麻麻写满了字，包括时间、天气、当事人、调解人、当事人陈述的内容等。

四、他说"只要群众需要，我就一直在"

在别人眼里，杨光照是"枫桥经验"传承和创新的活化石，而杨光照自己说，他只是一个践行者，"只要群众需要，我就一直在"。

1994年，"枫桥经验"由原先的社会管理上升到了综合治理。1988年，全国第一个综合治理办公室在枫桥镇设立。"'枫桥经验'与时俱进，综合治理，由政府统筹，涉及社会的方方面面，已不再是公安一条线上的工作了。"杨光照说，但"枫桥经验"中"依靠群众、矛盾不上交"的基本精神没有变。

为什么再复杂的案子，到了杨光照手上都能迎刃而解？他笑笑说："让自己成为群众信赖的人。"而要做到这点，就要热情、真诚、公正。"调解工作不是和稀泥，要将情感和公平公正相结合。"杨光照说得很认真。

杨光照总结编写的《传承枫桥经验 创新治理模式》一书，可以说是枫桥经验的核心。这里面，他总结了"调解八法"，包括依法疏导法、把握重点法、换位思考法、背面结合法等。"这些方法，要结合热情、真诚、公正来进行。"他说。

"你要问我'枫桥经验'中我做了什么，其实就是很普通的工作，大家都在做。"杨光照拿出一本通讯录，他说，这里全是化解矛盾纠纷的"得力助手"，他们来自枫桥社会各界，是为调解纠纷出力的热心志愿者。

目前，老杨调解中心背后的调解志愿者团队已有 138 名成员，实现了各个行政村、企业全覆盖。"我只是群众的一员，只有大家一起努力，枫桥经验才能传承下去，发扬光大。"杨光照说。

五、成绩单

近年来，浙江公安作为坚持发展"枫桥经验"的主力军，始终以坚持发展"枫桥经验"为己任，不断提升公安机关基层社会治理现代化水平，为促进国家治理体系和治理能力现代化提供了更多的浙江元素、浙江经验。

"枫桥经验"已全面渗入浙江公安基层基础工作，贯穿于公安各项业务工作及各环节，在矛盾纠纷化解和基层治理等方面发挥了不可替代的作用。

统计数据显示，2018 年，浙江全省群众安全感和满意度分别为 96.84% 和 94.95%，连续 15 年居全国前列。

（摘自 2019 年 10 月 1 日《青年时报》第 A06 版）

对违法违规青少年爱心帮教工作的实践与思考

新时代新形势下，如何做好违法违规青少年的结对关爱、帮教帮扶工作。结合自己多年关爱帮教工作的实践，我与大家共同探讨与交流未成年人帮教帮扶工作的认识与方法。供大家参考。

一、青少年及在校学生违法违规行为的主要表现形式

违法违规行为主要可分以下两大类。

1. 违法类：①盗窃案；②殴打他人、致人伤害（残）案；③寻衅滋事案；④抢夺案；⑤抢劫案；⑥卖淫嫖娼、介绍卖淫案；⑦强奸、轮奸案；⑧吸毒及容留他人吸毒案、网络诈骗案等。

2. 违规类：①偷窃少量财物；②勒索少量财物；③早恋；④迷恋网吧；⑤逃学（有学不上，有业不就，有家不归）；⑥传销；⑦打架斗殴；⑧称兄道弟，仗势欺人，结伙斗殴；⑨寻衅滋事；等等。

二、关爱团（组）"五老"志愿者结对关爱帮教帮扶工作的主要对象

关爱帮教帮扶工作的主要对象有：①失学、失业、失足青少年；②单亲失管青少年；③孤儿、留守儿童；④"问题学生"（涉毒、涉恶青少年）；⑤刑满释放回归青少年。

三、未成年人帮扶帮教工作的具体方法及对策

近年来，枫桥镇关工委对轻微违法违规的未成年人及在校的"问题学生"始终坚持"教育、感化、挽救、改造"的育人方针。实行"政府管理、网格运作、组团服务"模式，落实帮教工作的四延伸，即"帮教工作向家庭延伸，帮教工作向校园延伸，帮教工作向社会（企业）延伸，帮教工作向监狱延伸"。充分运用社会资源，创新与推广（"6＋1"）社会管理"枫桥式"帮教模式。"6＋1"即村、校、镇、派出所、司法所、家长加帮扶对象。经过多年帮教实践，取得较好的帮教效果。近年来，枫桥镇关工委归纳与总结了对违法违规青少年挽救教育的几种帮教方法与对策。

（一）依法疏导教育法

依法疏导教育法是针对违法违规青少年及在校"问题学生"进行学法说理的一种帮教方法。根据不同的对象、不同的环境、不同的违规行为，采用不同的教育方式与教育内容。结合辖区及校园实际，开办多形式、多层次的法制学校、家长学校、矫正学校、心理学校。结合实际，以案说法，在授课时采用"听、记、谈、写、改"的五字教育法，要求帮教对象仔细听课，认真记录，谈思想认识，写心得体会，认真剖析自己，改存在问题。如：原枫桥镇中108班宣某等学生有早恋现象，为女生打架斗殴，我们及时组织班主任老师、家长、驻校社区民警、"五老"志愿者等社会力量对该校的"问题学生"展开联动帮教，上好"法制教育课"。在帮教课堂上，"问题学生"汇报在校的表现及自身存在的问题，老师向家长介绍学生在校的表现及存在的主要问题，家长积极配合学校提出家校共管的意见和建议。社区民警组织违纪违规学生对相关法律条款进行逐条学习。通过"谈心式"的法制教育课，10余名"问题学生"认识得到提高，思想观念有了转变。在学习会上，"问题学生"纷纷表示不会辜负大家对他们的期望，会自觉约束自己，让家长、老师及所有关心他们的人放心。经实践检验，收到预期的教育效果。

（二）分层管理帮教法

分层管理帮教法是根据青少年违规违法的深浅程度等进行分类管理帮教的一种方法。可分为管控、帮教、视线三大层次。

第一，管控的对象是假释、缓刑、保外求医、管制剥夺政治权利的矫正人员及吸毒、贩毒人员，由司法所矫正办采用"6＋1"帮教法开展帮教工作。

第二，帮教对象是有轻微违规违法的青少年，对他们实行教育挽救、感化。对在校学生实施优、良、差的分层管理模式，由老师评估，以身边的典型人物带动人，以校园里的优秀事迹感化人，以优秀品德教育人，抓一点，带一片。对差生实行"一对一""多对一"的帮教措施，做到定人、定位、定时、定责开展帮教活动。

第三，视线对象是情绪不稳、忽上忽下、可能违规的青少年，将他们列入视线管理。为确保青少年维权关爱的效果，帮教小组建议学校不能对"问题学生"搞开除、劝退等单一化的处理。实行不记账、不进档、不咎往、不嫌弃、不冷落、不歧视的"六不"育人准则，让学生感受到社会、学校、家庭的温暖。如：枫桥镇中学生骆某与魏某因早恋情绪失控，有学不上，有家不回，两人留宿旅店，同居生活。老师批评，他们不服；父母教育，他们不听；学校督促，他们离校出走。为此，帮教小组"一对一""多对一"进行帮教，让魏某深受教育。帮教小组在回访中了解到魏某早恋停了，思想稳了，就业落实了，已成为一名服务业的社会建设者。

（三）跟踪式帮教法

跟踪式帮教法是对"有学不上、有业不就、有家不归"的单亲失管子女的跟踪式帮教方法，我们的实施方法是联系到村、走访到户、谈心到人、尊重家长的意愿，保护未成年人的隐私权及名誉权。如陈家村的少女陈某因卖淫及介绍卖淫罪被判了缓刑。我们在了解情况后对其采用单线联系、单个帮教、专人管理、书信联络的帮教方法，使其弃邪归正，走上经商致富的道路。对个别结伙紧密、不务正业的违规少年，我们采用了"隔源、断线、稳心"的管理模式。如钟山村的梁某、陈家村的陈某、新跃村的骆某，多次参与结伙打架斗殴、寻衅滋事，在校内校外造成较坏的影响。为使帮教工作取得成效，我们建议其父母或亲属将其带离居住地，随同外出务工、就学，与团伙成员从源头上隔离。断线就是切断原有人员与团伙成员的接触与联系。稳心，就是排除外界干扰，让其养成独立思考、独立工作的习惯，提高其明辨是非的能力，这一方法在对陈某、梁某、骆某的帮教中取得实效。

（四）组团矫正帮教法

组团矫正帮教法是对一案多人或多案多人的违法青少年团伙的帮教方法。如2013年6月间，在检察院的指导监督下，市关爱团5名同志对张某等5名抢劫未遂少年实行附条件不起诉的帮教工作。对涉及一案多人的未成年人，关爱团的"五老"志愿者实行了联合帮教，并落实了定点、定时、定人、定责的岗位责任制。关爱团的"五老"志愿者分工明确，措施得力，对帮教对象实行"一对一""多对一"的帮教，并制订落实了"八个一"的帮教措施，即建立一份帮教档案，签订一份帮教责任书，每日写一篇工作日记，每周写一份思想汇报，帮教小组每季展开一次互动联系，帮教成员每月进行一次家庭走访，帮教对象每月参加一次义务劳动，帮教对象每季参加一次法制教育。经过半年的帮教，达到了预期的效果，检察机关做出了附条件的不起诉的决定，目前5名帮教对象均无违法违规行为发生，各自都走上了自食其力的道路。

又如乐山村金某，3年前染上吸毒恶习，经家庭多次教育，不思悔改。在家长的请求下，民警、禁毒办、矫正办、"五老"及家长联合组成了帮教队伍，落实了"多帮一"的帮教措施。经过近两年的跟踪帮教，金某浪子回头。经多次测试，戒毒成功。在回访中，金某反思说："我真傻，不懂事，犯了错，伤了身体害了自己，公安要抓我，爹娘要骂我，浪费了金钱，朋友也远离我。现在戒了毒，吃饭有味，干活有力，全家欢乐又幸福。"金某父亲高兴地说："帮好了一个人，救了我一家人。"

（五）联动帮教法

联动帮教法（爱心帮扶"6＋1"）是依靠群众预防犯罪和改造帮教对象，实行"多帮一"及"枫桥模式"的一种帮教方法。这种帮教法是对特殊对象采取特殊帮教的形式。如枫桥镇单家甸村未满18周岁的矫正对象谢某被判3年缓刑。我们采取了爱心帮扶"6＋1"的模式，落实了做思想上的教导员、学习上的辅导员、生活上的指导员、心理上的疏导员，并在联动帮教"连心"会上，形成了"诚心、爱心、热心"的帮教共识。经过近两年的努力，失足青年谢某已改邪归正。经回访，谢某现能安分守己、遵纪守法，目前在一家饭店做厨师。

（六）亲情帮教法

亲情帮教法是充分运用亲情、友情、爱情的一种情感式帮教方法。此方法主要针对在监狱高墙内的失足人员。在帮教工作中我们要用亲情温暖人，用道理说服人，用行动感化人。多年来，我们结对枫桥镇钟山村的骆某、迪山村的楼某，多次与村、镇、派出所、司法所、"五老"、家长组成亲情帮教小组进监狱实行面对面的亲情帮教，平时书信互动帮教，生活上送钱送物，思想上送情送谊，使骆某、楼某深受感动，促进其改造。亲情帮教已见成效，骆某一次性减刑 20 个月，提前释放，回归家乡，成为一名遵纪守法的好公民。楼某已多次减刑，还被监狱评为劳改积极分子和监狱改造先进典型，浙江省第一监狱的启迪电视台、《启迪报》对他做了专题报道。目前，楼某思想稳定，安心改造，监禁期满将被释放。

四、"五老"热心参与青少年维权服务，监管职能

枫桥"五老"2019 年上半年来，对未满 18 周岁的违规、违法青少年，"五老"参与陪审 10 多人，共 26 人次，既维护了未成年人的合法权益，尽到了监护责任，又保障了执法人员规范执法，起到了"就近、快速、高效"的办案要求。2019 年来，为辖区、校园调解了各类纠纷 6 起，为维护校园的治安秩序起到了较好稳定作用。

（杨光照）

守正创新　服务人民

　　"大姐，在家吗？"停好自行车，"小绍兴"敲开诸暨枫桥镇李大姐家的门，一只狗冲了出来，摇着尾巴绕着他转圈。"'小绍兴'，来啦。"李大姐把他拉进屋，递上一瓶水。"大姐，你早上问我的投资软件是诈骗，千万别下载。"他拿出资料，仔细嘱咐道。

　　"小绍兴"叫赵信，是枫桥派出所一名民警。从曾经张不开嘴的毛头小伙，到如今人人有事就先想到的"小绍兴"，赵信成为继金牌调解员杨光照之后，又一个枫桥百姓信任的名字。

　　这一变化，赵信说，得归功于"矛盾不上交、平安不出事、服务不缺位"的新时代"枫桥经验"。在跑坏了7双鞋、修了20多次自行车后，他逐渐明白，"枫桥经验"之所以能历久弥新，在于"枫桥经验"的为民初心始终未变，党建引领的政治优势始终未变，群众路线的精神实质始终未变，因时而动、与时俱进的鲜明特征始终未变。

一、入所伊始的"三堂课"

　　每次走进枫桥派出所接待大厅，看着"枫桥经验"公安陈列馆，赵信总会想起6年前的自己。2015年，赵信大学毕业，分配到老家枫桥当地的派出所。

　　进所第一件事，就是上"三堂课"：学习"枫桥经验"，新老民警"传帮带"，拜群众为师。

什么是"枫桥经验"？ 20 世纪 60 年代，在诸暨枫桥，基层干部群众用自己的创新行动，生动实践了"发动和依靠群众，坚持矛盾不上交，就地解决。实现捕人少、治安好"的朴素愿望。

1963 年，毛泽东同志对这一经验做出批示："要各地仿效，经过试点，推广去做。"

2013 年，习近平同志做出重要指示："把'枫桥经验'坚持好、发展好，把党的群众路线坚持好、贯彻好。"

彼时的赵信，对"枫桥经验"只有一个模糊的认识："枫桥经验"就是调解的经验。而所里将其娴熟运用，最有名的当数"传帮带"的老民警杨光照。

2010 年，杨光照退休，可群众的求助电话还是接连不断地打给他。民有所呼、我有所应，全省首个驻派出所调解中心"老杨调解中心"很快成立了。

杨光照 137 本跨越 30 年的调解日记，成了赵信的学习宝库：因为一棵树大打出手、兄弟俩争夺土地……一个个案例生动展示了杨光照归纳出的依法疏导法、联动调解法等"调解八法"。

面对邻居间因为一面墙吵了好几年的问题，赵信也想试试调解的力量。可他还没开口就吃了瘪——"村干部来了几次都没解决，你有啥办法？"群众说完，就关了门。赵信求教杨光照。"30 年前，我刚进入枫桥派出所，就被教导，要到社区、到行政村、到农民家里去。"说罢，杨光照打开手机通讯录，里面是多年来累积的 100 多名"得力助手"，全是愿意为调解出力的热心志愿者和专家。

赵信明白了，"老师傅"之所以能回回调解成功，不仅是因为调解本领强，更是因为他早已融入群众，赢得群众信任。而这，也正是"三堂课"的目的所在：让每一名民警知道，走群众路线才是"枫桥经验"的精髓。

二、平安枫桥"新警力"

2017 年，枫桥派出所开展常态化大走访。赵信成了走群众路线的有心人：自己的名字方言发音像"绍兴"，那就改名叫"小绍兴"；枫桥镇的道路并不宽敞，那就骑着自行车走访；多多联系热心肠的群众，比如开杂货铺的老板陈荣周，他在当地有威望，认识的人也多。

每次走访，杂货铺成了赵信必落脚的点。张家长李家短，短短几个月，赵信在这里收获不少民情民意。"那堵墙，是不是也能借助老陈的力量？"老陈一口答应，还喊上了那两户邻居的熟人上门。不到半天，两邻居就解开了心结。

果然群众力量大！赵信体会到了"枫桥经验"的魅力。如何把像陈荣周这样的热心群众聚在一起，充分发挥群众力量？赵信想到了那句枫桥镇每个党员都知道的口号："枫叶红大地，党建聚人心。"

在枫桥派出所党支部的牵头下，2017年7月，"红枫义警"成立，赵信任党支部书记，陈荣周为负责人。有党建引领，有章程宗旨，有派出所指导工作，"红枫义警"队伍很快壮大，与社区民警、村警组成枫桥"三警"基础防控格局，共同守护枫桥平安。

入夜，这支身着红色马甲的"红枫义警"就出现在街头。巡逻细致到什么地步？陈荣周说，大街上约500个井盖，哪个出了毛病，他们都摸得一清二楚。

一次巡逻中，一名"红枫义警"队员从村民口中得知，有两辆外地牌照的车辆很可疑，车上有人杀黄鳝，还将黄鳝血倒入矿泉水瓶，并掺入眼药水。"红枫义警"立即将情况报告给派出所，并第一时间赶往现场。"正是有了他们的及时报告，我们顺利打掉了一个'碰瓷'团伙。"赵信说。

三、服务不缺位

2020年4月，赵信有了一份新"兼职"——驻枫一村党支部副书记。这是绍兴公安在建设民意导向型警务新模式中的一项探索，意在把群众呼声带上来，把政策意见带下去，把服务送到家门口。

跨越半个多世纪，围绕"矛盾不上交、平安不出事、服务不缺位"，枫桥派出所落实"多元化解决矛盾，全时空守护平安，零距离服务群众"3项服务，让新时代"枫桥经验"开花结果。

如今，年逾七旬的杨光照依然活跃在调解矛盾第一线。不同的是，2020年他换了新的工作地点：枫桥镇社会矛盾纠纷调处化解中心。多元共治体系，让枫桥镇形成了以德治"春风化雨"，以自治"内消矛盾"，以法治"定分止争"的治理格局。

在"红枫党建"的引领下，"红枫义警"成为平安类社会组织的孵化基地，"红枫救援队""枫桥大妈""路路通"等群众自治、自助组织孕育而生，实现政府、社会组织、群众三方受益，释放党建新活力。

通过"最多跑一次"改革，枫桥派出所服务窗口与镇行政服务中心合署办公，

128 项公安业务可在服务窗口一次办理；在 29 个村级服务中心设立公安代办点，提供 5 大类 58 项警务的预约、代办等服务，做到一网办、就地办、马上办、一次办。

如今，赵信每每听到群众热情地喊自己"小绍兴"，总会想起刚进派出所时，所长那句意味深长的话："迈进枫桥派出所大门槛，先过群众工作这一关。"

（摘自 2021 年 7 月 1 日《浙江法制报》第 8 版）

后 记

　　《"枫桥经验"：人民调解的中国样本（乡村案例卷）》出版了！在此就这本书的编写初衷及感悟做一交代，便于广大干部群众对此书的产生过程有一个全面了解。

　　枫桥一直有乡贤参与民间纠纷调解的优秀传统。《奉县永禁团霸碑》上载有"两造允服，取结求息"。这是一方有关地方调解的古碑，现收藏于枫桥大庙。"枫桥经验"诞生于枫桥绝非偶然，这是枫桥历史文化孕育滋养的结果。从"枫桥经验"的发展历程来看，"矛盾不上交"仍然是新时代"枫桥经验"的核心要义和价值追求，防范化解矛盾风险是坚持和发展新时代"枫桥经验"的重大任务。

　　现已73岁的杨光照同志以善于调解矛盾而闻名，被枫桥当地人亲切地称为"老杨"。杨光照同志所做的并不是什么惊天动地的大事，他只是以"真心、诚心、热心、耐心"和对人民群众发自内心的爱，奔走在调解一线，在自己的岗位上发挥着"光照"作用，为群众化解纠纷、排忧解难，把"一地鸡毛"打扫干净。他把践行"枫桥经验"、传承"枫桥经验"、弘扬"枫桥经验"作为自己一生的理想与目标。

　　近年来，一大批专家学者从核心要义、时代价值、发展方向、创新路径等方面对新时代"枫桥经验"开展研究，呈现了一些研究亮点，为丰富"枫桥学派"的内涵创造了良好的学术条件。在新时代"枫桥经验"研究过程中，专家学者对杨光照同志几十年所积累的乡村调处纠纷、化解矛盾的案例高度重视。从整个新时代"枫桥经验"研究领域来看，有关基层社会矛盾调处化解的专著还比较缺乏，虽然近年也出过几本借用杨光照同志调解案例改编成的调解类书籍，但无论是案例数量，还是案例典型性，都很难准确反映基层社会调解工作的全貌。

2022年5月20日，浙江新时代枫桥经验研究院执行院长丁光飞到枫桥镇联合调解中心调研，了解到浙江工商大学出版社向杨光照同志约稿的信息，便立即委托浙江省新时代枫桥经验研究院派专人与杨光照同志一起着手进行编写。此书的编写得到了浙江省新时代枫桥经验研究院院长金伯中、诸暨市公安局常务副局长杨叶峰的全力支持。金伯中院长对书稿编写提出了希望和要求，并亲自为本书撰写了序言，极大提升了书稿的质量。在此要特别感谢枫桥镇人民政府傅海林书记、何曙昇镇长等领导的大力支持，感谢浙江大学新时代枫桥经验研究院执行院长汪世荣教授，浙江警察学院蒋国长教授，西北政法大学王斌通教授、薛永毅研究员的无私奉献，感谢中共诸暨市委党校田胡杰主任的宝贵建议，最后更要感谢《浙江日报》《浙江法制报》《人民法院报》《青年时报》《浙江老年报》《绍兴日报》等媒体的朋友对杨光照同志多年来的关心爱护。

2023年，"枫桥经验"走过了60年的辉煌历程，这本书一方面是向纪念毛泽东同志批示"枫桥经验"60周年献礼，另一方面也希望能为"枫桥学派"的理论研究提供活水源头和实践基础。

当然，由于时间较紧，人手不足，编写任务繁重，加上编者水平有限，匆促之中差错和疏漏在所难免，敬请读者批评指正。需要说明的是，本书案例中涉及的人物姓名、纠纷细节等已做处理，如有雷同，纯属巧合。

编　者
2023年10月